法院工作方法论

冯俊海　著

研究出版社

图书在版编目(CIP)数据

法院工作方法论/冯俊海著. —北京:研究出版社,2015.10(2024.8重印)
ISBN 978 - 7 - 80168 - 899 - 6

Ⅰ. ①法…　Ⅱ. ①冯…　Ⅲ. ①法院 - 工作方法 - 研究 - 中国
Ⅳ. ①D926.2

中国版本图书馆 CIP 数据核字(2014)第 099542 号

责任编辑:童　星　　责任校对:辛　馨
版式设计:李虎斌　　封面设计:高　建

法院工作方法论

冯俊海　著
研究出版社出版发行

(北京 1746 信箱　邮编:100017　电话:010 - 64042001)

三河市天润建兴印务有限公司　新华书店经销

开本:710 毫米 × 1000 毫米 1/16

印张:22.125　字数:345 千字

2015 年 10 月第 1 版　　2024 年 8 月第 3 次印刷

印数　1—3000

ISBN 978 - 7 - 80168 - 899 - 6　定价:68.00 元

目　　录

下　篇　推进法院各项工作的方法论

引论　法院工作呼唤方法论

作为国家审判机关的人民法院是我国国家机关的重要组成部分，担负着保障人民民主专政政权性质，确保法律严格实施，维护社会公平正义，推进依法治国方略顺利实施的重要使命。新的历史时期，我国的司法改革和法院建设工作，抓住了宝贵机遇，克服了重重困难，取得了瞩目成就，但该项工作仍需要进一步攻坚，向更深层次推进。

人民法院在设立依据、组织原则、活动方式、管理手法、考核标准、发展战略上与党的机关和行政机关有较大差异。如何有效的统筹好法院工作，如何有效的发挥法院职能，开创更主动、更有利的工作局面，提升法院的司法能力和司法水平，是一个全新的课题，我们既不能简单借用政府机构改革的做法，也不能全盘照搬国外司法活动的规则，而必须以我为主，坚持创新。

从目前人民法院建设的成效来看，关于司法指导思想、目的等世界观方面的问题，讨论得比较充分，各方面的意见也较为一致。而下一步，各级人民法院需要认真研究、有效解决的问题必定会落在如何提升法院管理水平、司法效率等方法论方面的探讨上。人民法院的改革和建设是一个循序渐进的过程，不能采用只解决现时面临问题的旧做法，而需要全面统筹，需要对法院工作规律、工作路径、工作方法进行整体的规划。方法论这一提法对习惯于以法律思维考虑人民法院工作的人士来说可能比较陌生，但从司法改革的整体推进形势和各地法院开展的个性化改革行动来进行观察分析，在法治建设的每一次跨越、司法改革的每一个突破背后，都可以看到方法论的影像。法院工作政治性强、专业性强、牵涉面广，做好法院工作既需要有坚定的政治观、专业的法律观、也需要有科学的管理观和切合实际的手段方法。人民法院工作时时处处离不开方法论的指导。

在构建平等、互助、协调的和谐社会过程中，人民法院发挥着突出的作用。由于当前我国正处于经济社会矛盾比较突出的转型时期，社会分化尤其是利益分化明显，日渐凸现的贫富差距已引发许多社会冲突和利益对抗；市场经济体制正逐步建立，但市场竞争中许多不合理、不合法因素的存在，致使我们离规范有序的市场经济体制还相距甚远。上述问题深刻影响着我国的长治久安，对中国共产党的执政能力提出了严峻的挑战。在我国，党的执政理念和行为是通过立法、行政、司法机构的政治行为和管理行为而得以体现的。新的历史形势对包括人民法院在内的政法机关的工作提出了更高的要求，树立了更高的标杆。如何使人民法院的工作更上一层楼，人民法院的面貌更添一份彩，是摆在我们各级法院，每位干警面前的紧迫使命，除了倍加热爱人民法院工作，倍加珍惜人民法院的荣誉，倍加勤奋尽职的履行人民法官的职责外，还需要我们更加深入地分析人民法院的工作目标，更加缜密地制定人民法院的工作方略，更加精细地创建和完善人民法院的各项管理制度，更加公正高效地处置各种工作难题。提升人民法院的管理专业化水平，需要我们更具自觉性、更高水平地掌握好、运用好人民法院工作的方法论，从而使人民法院工作发挥出良好的政治、社会、法律效应。

上　篇

法院工作方法总论

第一章　方法论的基本原理

第一节　方法论的范畴

一、方法论的词源

方法论是外来语汇，比较早地提及这一概念的是哲学家笛卡儿，他曾在 1637 年出版了著名的哲学论著——《方法论》(*Discours de la méthode*)，这一著作对西方人的思维方式、思想观念和科学研究方法有极大的影响，有人甚至说：欧洲人在某种意义（指受方法论的影响）上都是笛卡儿主义者，笛卡儿在《方法论》中指出，研究问题的方法分四个步骤：①永远不接受我自己不清楚的真理。就是说要尽量避免鲁莽和偏见，只能是根据自己的判断非常清楚和确定，没有任何值得怀疑的地方的真理。就是说只要没有经过自己切身体会的问题，不管有什么权威的结论，都可以怀疑。这就是著名的"怀疑一切"理论。②可以将要研究的复杂问题，尽量分解为多个比较简单的小问题，一个一个地分开解决。③将这些小问题从简单到复杂排列，先从容易解决的问题着手。④将所有问题解决后，再综合起来检验，看是否完全，是否将问题彻底解决了。在这里，笛卡儿主要探讨科学研究的发生、形成、检验以及评价的问题。

由于笛卡儿没有对方法论专门下定义，其以后的科学家们延续着对方法论的研究。我们今天所见的关于方法论的权威定义主要有以下几种：

一是朗内斯特在 1983 年所编的《哲学词典》中提到的：方法论是"对那些总是指导着科学探索的推理和实验原理及过程的一种系统分析和组织……也称之为科学的方法，因而，方法论是作为每一门科学的特殊方法的一种总称"。

二是 1977 年出版的《韦伯斯特大学词典》将方法论定义为："一门学

科所使用的主要方法、规则和基本原理……对特定领域中关于探索的原则与程序的一种分析。"

三是《韦氏新世界美国英语词典》，它将方法论定义为："方法的科学或方法的有序安排；特别是对与科学探索的推理原理应用有关的逻辑分支……任何科学中的方法体系。"

这些概念大同小异，人们可以看出，方法论的核心要义在于人们对一门学科的概念、理论以及基本推理原则的研究，是处于某一门学科之上的范畴。

在我国古代学术词汇中，包含有方法论意义的词汇大致有"策和器"，曾有人谈及"形而上者谓之术，形而下者谓之器"。《现代汉语词典》认为：方法论是指关于认识世界、改造世界的根本方法的学说，以及在某一门具体学科上所采用的研究方式、方法的综合。而《中国大百科全书》将方法论视为关于认识世界和改造世界的方法的理论，并指出方法论在不同层次上有哲学方法论、一般科学方法论、具体科学方法论之分。关于认识世界和改造世界，探索实现主观世界与客观世界相一致的最一般的方法理论是哲学方法论。研究各门具体学科，带有一定普遍意义，适用于许多有关领域的方法理论是一般科学方法论。研究某一具体学科，涉及某一具体领域的方法理论是具体科学方法论。这三者之间的关系是互相依存、互相影响、互相补充的对立统一关系，而哲学方法论在一定意义上说带有决定性作用，它是各门科学方法论的概括和总结，是最一般的方法论，对一般科学方法论、具体科学方法论有着指导意义。马克思主义哲学是一种科学的哲学方法论，它不仅是认识客观世界的武器，也是改造现实的武器。马克思主义的重要支柱——辩证唯物主义一贯重视和强调科学理论与科学方法对实践的指导作用，丰富多彩的实践总是强烈呼唤科学理论和科学方法的引导。方法论是在认识世界和改造世界过程中必须加以运用的工具，从自发走向自觉，从必然王国走向自由王国，就必须有方法论上的探讨。

二、方法论的科学内涵

从上述方法论的语义界定中，我们可以看出，方法论有着特定的语境和定位。现当代学术环境中普遍存在着对方法论的轻视，在研究中缺乏明确的逻辑主线和必要的广度与深度。因此，需要我们通过不同的线索来进一步挖掘方法论的科学内涵。

1. 方法论和方法的关系

方法论研究中最为常见的弊病莫过于把某个学科的方法论矮化为实现某一特定目的的方法，尽管方法论和方法有非常密切的联系，但两者是不同层级、不同幅度的范畴，两者之间有很大的区别。我们对方法论进行研究，必须要厘清方法论和方法之间的关系。

方法是使用频率非常高的词汇，"方法"一词源于古希腊文，它由"遵循"和"道路"两部分组合而成，意为"遵循某一道路，即为实现一定的目的，必须按一定的顺序所采取的步骤"。对方法的定义多种多样：《韦伯斯特大学词典》（1977年）将方法定义为做某件事，或为做某件事的方式、技术或过程。《韦氏新世界美国英语词典》（1968年）将方法定义为做任何事的方式、模式、程序、过程……有规则的、有条理的、明确的程序或方式。《现代汉语词典》认为：方法是指关于解决思想、说话、行动等问题的门路、程序等。

从这些定义中，我们不难看出，方法着重于实现目的的手段、技术、工具、方式等。如在科学研究中经常提到的实验的方法、优选的方法、社会调查法、比较法、分析综合法等，正是这些种类繁多的方法构成了我们在生产生活科学技术活动中的假想—结论、现象—规律、原因—结果之间的连接途径。

从上述介绍中，我们可以看到，方法论与方法有着内涵上的区别。"方法论"一词是指对给定领域进行探索的一般途径的研究。一般来说，它要涉及研究主体思考问题的角度选择、研究对象范围的确定、研究途径的比较选择、研究手段的筛选和运用、研究目的的限定等。这就决定了方法论的存在意义是"要帮助科学发挥最好的效力，或者说是要引导如何从事科学研究，而不是指导平庸的科学如何工作"。而"方法"一词则指用于完成一个既定目标的具体技术、工具。它的主要价值是旨在提高研究效率，但不能给予人们以指导。从功能效能上看，"方法论"对研究者带有约束性甚至强制性的规定，它要明确地告诉人们应该做什么，不应该做什么，先做什么，后做什么，怎样才能事半功倍，取得最大的效益。这就预示着其实质是特定世界观在特定对象上的具体应用。而方法不能告诉人们应该做什么，先做什么，只是在前两个问题解决后，提供用什么做，即怎样做的问题。曾经有外国学者谈及方法论时指出：方法论的任务是什么？"方法论的任务是说明这样一种方法，凭借这种方法，从我们想象和认识的某一给定对象出发，应用天然供我们使用的思维活动，就能够完全地即通过完全确定的概念和得到完善论证的判断，来达到人类思维为自己树立的目的。"可见，方法是工具，而方法论是包括一定的哲学认识论及逻辑推理过程的一套思考现象的理论体系。在完整的方法论框架内可以孳生不同的方法，同样，同一种方法也可以为不同属性的方法论所选用。

2. 方法论与世界观之间的关系

研究方法论不能不提及世界观这一问题。世界观和方法论的关系非常之密切，特别是在马克思主义哲学开辟的道路上，两者实现了紧密的交汇。

世界观，通俗地讲就是人们关于是什么、怎么样的观点，就是"观世界"，用世界观作指导去认识世界和改造世界，就成了方法论，就是人们认识世界、改造世界的一般方法，是人们用什么样的方式、方法来观察事物和处理问题。概括地说，世界观主要解决世界"是什么"的问题，方法论主要解决"怎么办"的问题。

第二节　方法论的功能和意义

一、方法论的功能

在科学研究中，方法论的运用极其重要。方法论旨在探讨科学研究的发生、形成、检验以及评价，以期在现象与规律之间、理论与实践之间架起一座桥梁。科学研究是一个动态的、永无止境的探究过程，而其首先要做的就是要发现问题并确定课题，通过制订明确的研究计划来指明科学研究的方向。"科学研究始于问题"这是科学研究发生方法论的命题。科学研究的发生过程需要注意课题的选择、研究计划的制订以及资料的搜集与积累，这是方法论的首要任务。任何科学研究成果都必须用科学理论体系的方式进行表达，如何建立科学理论体系，是方法论的主要内容之一。近代德国著名社会学家马克斯·韦伯提出了"理想类型"，通过比较研究，借助功能主义来梳理、整合，形成对事物价值、功能、结构、制度的实然批判和应然建构。从而发展出关于研究对象的必要性、结果、目标、步骤、制度变迁路径和方法在内的一整套科学理论。科学理论体系一经形成，是不可能马上就直接被运用到现实中去的，它必须受专门机构的检验和评价。只有通过了评价和检验的科学理论体系，才能将其成果运用到实践中去，使理论得以实现。科学成果的评价有其评价的标准，科学理论的检验既有实践的检验，也有逻辑的检验，这是方法论的内在逻辑。方法论是关于科学研究的方法的理论，这是一门思维科学。我们试图从复杂的科学研究过程中找出带有普遍意义的、一般性的东西，并力图把它表达清楚，其中的逻辑思维方法是科学研究过程中的必不可少的工具。此外，随着脑科学的发展，人们越来越注意到非逻辑的思维如灵感思维、形象思维在科学研究中不可替代的作用。现代系统科学的发展补充和丰富了唯物辩证法的内容，也为科学研究注入了新的方法，这是我们在科学研究中应该予以重视的。通过对自然科学与人文、社会科学的区别与联系的观察比较，可以从中看出方法论的共同场域、共性规律、共同作用结果，方法论慢慢发展成为科学技术哲学中的基础范畴。有的学者认为，在20世纪60年代以前，西方科学研究的方法基本是按照笛卡儿的方法论进行的，其对西方近代科学的飞速发展，起到了巨大的促进作用，虽然其也有自身不易克服的缺点。直到阿波罗号登月工程的出现，科学家们才发现，有的复杂问题无法分解，必须以复杂的方法来对待，简单方法论的方法才慢慢让位于综合性的方法论和系统工程。

人文社会科学领域存不存在方法论？现在看来这一问题的答案是不容置疑的，但在19世纪之前的相当长一段时间里，人文社会科学一直没有发展出自己独立的方法论而只能借用自然科学的一些方法，占主流地位的学术圈子甚至断定人文科学没有自己的方法论。德国哲学家狄尔泰的《人文科学引论》一书打破了这种论断，他指出："在自然世界中，一切都是机械动作，相反，人文世界是一个精神世界，它是由意识到自己目标的人创造的，它也是一个历史世界，因为它是随着人对世界的意识而改变的。"对人文世界的研究，狄尔泰建议用"理解"代替自然科学的因果解说法。他说："自然界需要说明，而对人则必须去理解。""理解"是一种认识方法，它是人文科学的方法，同时也是人文科学方法论的基石。一百多年来的发展表明，人文社会科学不仅仅是理论科学，同时也是应用科学，相应的，方法论也应该相应发展为理论科学的方法论和应用科学的方法论，前者侧重于规范分析，后者侧重于实证分析，前者要解决的问题在于回答"应该怎样"的价值问题，后者主要关注的问题为描绘出"是什么"的事实问题。各个人文社会学科对方法论的探求表明，所谓是与应是（实然与应然），或事实与价值（实证与规范）其实是交织在一起的。从逻辑上看，对事实描述的实证，于理应先于应是什么的价值（或规范）形成，实然和应然之间，规范与实证之间不仅不存在无法跨越的鸿沟，且它们相互关联补充，应然是以实然为基础，实然以应然为归宿。把"实然"和"应然"人为割裂对立，是不可取的，纠缠在这两者之间的争论也是不必要的。

方法论是多元范畴，在人文社会科学领域，可以细分为哲学方法论、经济学方法论、社会学方法论、法学方法论、历史学方法论、管理学方法论、文艺方法论等，这是一般方法论意义上的划分，主要对应着自然科学及其各学科领域的方法论。当然我们还有其他的划分方法：从意识形态入手，存在着马克思主义的辩证唯物主义和历史唯物主义方法论以及其他各式各样的世界观指导下的方法论；在学术思潮领域，存在着实证分析与规范分析的方法论，个体主义与整体主义的方法论。方法论不是独立和纯粹抽象的，应该具有一定的层次体系，我们不妨称他为方法论群。居于基础地位的当属在正确世界观指导下的马克思主义的方法论，它严谨科学地分析了各种社会现象中关于本质、目的、价值等问题，推动了一系列信念的产生。这些信念支配着社会实践者思考、判断和解决有关问题的兴趣或方式，规定或制约着他们所遵循的各种方法的某些具体内容，还影响着他们对方法的具体运用。换言之，它发挥着不可替代的导向功能。当然，我们不能仅仅停留在这一层面，而应该是顺着这一导向下去挖掘、探寻更加具体、有益的方法论，作为认识世界、改造世界、求索真理的武器。

二、方法论的指导意义

方法论的指导意义首先表现在理论领域，不少科学工作者认为：一切理论探讨，最终都可以归结为其研究方法论的探讨，一切理论变革又首先依赖于对其研究方法论的变革，只有方法论上的科学更新才能带来该学科的重大突破。无论从自然科学的发展史还是从人文社会科学的发展史观察，无论是马克思主义的自然与社会发展学说或者东西方其他学术流派，都揭示出一个结论：方法论，不仅是一门学科成熟与否的重要标志，而且是人类社会所创造的知识体系发展丰富的必要条件。巴甫洛夫曾说："科学是随着研究法所获得的成就而前进的，研究法每前进一步，我们就更提高一步，随之在我们面前也就开拓了一个充满种种新鲜事物的更辽阔的远景。"

毫无疑问，方法论是思维上的革命，是认识世界、分析事物、梳理逻辑的犀利武器。同时需要强调的是，从本质上说，方法论更是一种实践指南。"方法论与人的活动有关，它给人以某种行动的批示，说明人应该怎样树立自己的认识目的，应该使用哪些辅助手段，以便能够有效地获得科学认识。"可见，作为一种方法论都有其特定的认识论问题和逻辑问题。

在中国的学术土壤中探讨方法论问题有着别样的旨趣。众所周知，中国的传统哲学观与西方哲学有很大的不同。西方哲学是建立在主客二分、以人为主的基础上。在此基础上，西方把世界看成天人相分、天人相争的图景，由此演化出人人相争的人类社会景象。在中国，则强调人的本性、人的意义与世界的统一体，简言之，即"天人合一"。在此基础上，中国儒家、道家把世界看成是天人合一，人与人和谐相处的图景。这两种不同的哲学思维，使西方哲学重视对外在于人（主体）的客体知识的探讨，即认识自然，而中国哲学注重对人自身及周围世界本质存在意义的探讨。因而中国哲学为价值哲学，西方哲学为知识哲学。这两种不同的认知对象和目的，使西方哲学重于方法探寻，而中国哲学重于本体（根源）寻找，于是，西方哲学主要看重方法问题，而中国哲学则主要阐述本体问题。尽管当代的中国哲学在继承传统的基础上开辟了不少新领域，有力地吸收了西方哲学的养分，但是从某种意义上说，方法论研究在中国是一种学术移植，而不是传统文明自身的张力所致，我们在探寻方法论过程中要注意和既有的理念之间发生的不适配甚至是冲突，但我们更应当明确，方法论是能够和谐地融入我们的知识文化体系的。在中国现实政治、经济、社会生活中，方法论越来越成为一种活跃要素。毛泽东同志曾指出："我们不但要提出任务，而且要解决完成任务的方法问题，我们的任务是过河，但是没有桥或没有船就不能过。不解决桥和船的问题，过河就是一句空话。不解决方法问题，任务也只是瞎说一通。"通常人们认为这段话谈及的是方法问题，实际上它当中同样蕴涵着丰富的方法论哲理。我们的任何一项工作都好比过河，我们不能只盯着河对岸，而不重视过河的桥和船。桥、船与过河之间的关系，以及桥、船之间的关系乃至于人们关于几者之间的相互作用的实践和对有关实践的理论总结、丰富完善，就是受方法论驱动使然。

第二章 法院工作方法论的基本原理

第一节 法院工作方法论的缘起与演进

法院是司法机构的核心组成部分，是人类政治文明和法治文明孕育的产物，关于法院的产生、运转、建设的原理和规律集中体现在法学尤其是司法学、管理学等学科和法律的规定当中，前面已经谈到，方法论对这些社会科学门类既有统一的，也有个别的指导作用，因而，我们在此探讨法院工作方法论，应该从其源流和流变着手，逐步接近它的核心范畴，以便对法院工作方法论形成完整、清晰的影像。

一、法律（学）方法论概貌

法律方法是指法律人将现行有效的法律规范适用于个案纠纷获得一个正当法律决定的过程中所使用或遵循的方法。尽管法律和法学属于不同层面的概念，但在很多场合，研究者们也将两者合并称之为法律的方法论，法律的方法论和法学的方法论虽然只有一字之差，但两者之间究竟是什么关系，在学术领域还未形成共识，有的观点认为两者之间存在着一定的紧张关系，有的则认为法律方法与法学方法是耦合关系。我们认为，法律的方法和法学的方法是紧密联系在一起，相互影响的。每个时代都有自己独特的法律现象或法律问题，各个时代的法学必须针对这些现象或问题提出新的解释或解决方案；每一个时代有各时代的法学思考者和法律解释者，这些思考者和解释者的经验和知识及其所依赖的语言和思想情境各有不同，就可能使他们回答法律问题的方式及运用的话语体系存在差异；每个时代都有不同的法律制度及其制度变种，受时代之制度推动的法学也会随制度的变化而变化，呈现出时代之精神气质和制度气候的特殊印痕。相比而言，法学的方法论更具备新锐性，但其最终的复归还是在法律方法论的层面。

从形而上的思辨角度来看待法律方法，会引申出一些哲学化、学理化的思考。如我们常见的规范性问题可以分三个层次：一是语言表述，二是认知，三是义务。第三个层次又能分为两个层次，一是对行为的指引，二是真正的义务。规范性也有两个层面，即静态规范性和动态规范性，真正的规范性是动态规范性。法学所要探究的是具备动态规范性的法规范命题。再如表面的规则和深层次的规范目的问题，两者在主观意愿上应当是一致的。但在现实中往往存在很大落差，在通常情况下，有规则存在，而规则目的又不能同时推翻断然性和服务观念，那么规则就是最有利的选择。

人类社会对法律方法论的研究开展得较早，这里面既有宏观的概览研究，也有微观的分析论证，研究者们深耕的目的方法论将真正走向纵深化，宏观研究目的在于展示所要研究的问题框架，微观分析论证则在于提出了可供研究的具体视角。从宏观上看，法律方法论是一个矛盾体系的综合体，有些问题难以得到唯一性的解答，如法律究竟是说理的还是强制的；法律是确定的还是不确定的；法律的内容是不是客观的；法律是理性的、经验的还是感性的；法律实施中是谁在说理；法律说理的对象；法律借助了公共知识，还是不是一个独立的知识体系；法律决定的正当化过程是不是在规则体系中完成的；语言在正当化过程中有什么作用及法律是不是有独立的法律思维等十个问题。从微观看，主导法律方法论的内核是法律思维和法律认识，法律思维具有强烈的竞争性和批判性，法律思维既是群体的，也是个体性的独立的，法律思维应当是一种谨慎思维，准确的思维、可辩驳的思维。有的学者提出，法律认识既是基于具体法律条文与案件基础上的认识，也是建立在当事人行为心理分析的基础上，后者可能更利于对法律事实的建构。

传统的法律分析方法有浓厚的经验主义色彩和思想建构痕迹，在近现代社会，我们国家的偏向是忠实地采用阶级分析方法来看待法律现象和问题。随着社会结构的变化，法的阶级分析方法在中国未来还会有别的走向，随着越来越多的学科的知识被引入法学，法律方法论必定会产生变动。

二、司法方法论的发展流变

司法最早是和宗教活动混合在一起的，据西方著名社会学家马克斯·韦伯的考证，古代的祭司是最早的法官雏形，而一些宗教团体的僧侣则充当着律师的角色，因而，一些宗教的思维方式、行为准则构成了早期司法的方法论，其中有些部分对现代社会的司法仍存在着影响，比如我们熟知的宣誓制度和心证体系。随后，司法权和世俗政权结合在一起，同时还保留着宗教影响以及某些神秘主义的因素。

在中国的封建社会，司法权脱胎于皇权。在中国三千多年封建社会时期，司法权和行政权是合二为一的，县官既是县长也是法院院长，既催粮派款也包打诉讼。宋朝著名的包拯也并不是专门审案的，他的主要任务还是催粮纳款。历史上法官楷模，如管仲、张居正、海瑞，虽然他们是中国法律的前辈，但是他们本身的职务都是行政身份。在封建社会中，不可能有独立司法权，皇权统治一切，皇上就是法律。基于这一点，司法事务当中的方法论和行政权力运行的方法论是合为一体的，这对后世的审级制度产生了很大的影响。

在西方国家，司法权就走了一条不一样的道路，西方完整独立的司法权产生于中世纪后期，产生于宗教权力。西方中世纪，宗教势力占据统治地位，宗教审判是最重要的审判。随着宗教势力的减弱，到了中世纪后期，国王的权力越来越大，但是宗教审判到目前为止仍然留有它的遗迹：第一个是法袍，西方法官穿的法袍是由西方主教的教袍演变而来，我们中国也有借鉴。第二个是假发，西方大多数国家的法官审判时是戴假发的。孟德斯鸠提倡，对国王的权力也要有所制约，国王权力要让步给一个独立的司法机关。这种观念发展到资产阶级革命时期，尤其是西方资产阶级大革命的后期产生了比较成熟的三权分立原则。司法权从宗教审判中间独立出来，成了世俗的审判，形成了完整的司法权，发展到顶峰就是现在西方的三权分立。经过这样的一种变革，西方司法当中的方法论也得到了一个相对独立、自由的成长环境，较少受到世俗政治势力的干预。

本质上说，当代中国的司法权是无产阶级领导的政权性质的司法权，它产生于战争年代，在共产党领导下的司法权，是为战争服务而发展起来的。最早在江西中华苏维埃政权设立的最高法院，也叫最高法庭，是中华苏维埃第一个人民法院。这也就开启了中国司法权的发展，长期的战争年代使我们的司法权始终在为战争服务，大革命时期、土地革命时期、抗日战争时期一直到解放战争时期，在每一个解放区和边区都设立了法院。法院也就充当了军事法院的角色。"文化大革命"时期，法院成为政治运动的工具。公检法被彻底砸烂，司法权荡然无存，被军管权力所替代。"文化大革命"结束后至1979年，这期间的法院被称为是无产阶级专政的工具。十一届三中全会之后，国家改革开放逐步发展，到1994年确立社会主义市场经济的地位后，司法权得到了重新重视和进一步加强，司法权对社会的调控能力达到前所未有的水平。

在长期的司法实践中，我国也创造了一些独具特色的、本土化的司法方法，如广为人知的"马锡武审判方式"，这是一种具有便民、利民、简易特点的司法方式，体现了在我国特殊的经济社会条件下的司法创造能力。近年来，不少观点认为我国要大力学习引进西方国家比较成熟、正规的司法规则，而对传统司法诉讼中的一些固有优势认识不足，甚至把它认为是传统的、落后的民事诉讼模式，是计划经济、简单的革命司法经验的产物，这种认识是偏颇的，甚至是有害的。从方法论角度观察，这种审判模式的本质是简易化、平民化和一定的非正式化，其与以法典化为代表审判模式的确有所不同，但其中又蕴含着内在合理因素，特别蕴含着尊重民情、民意，强调便民性、利民性等积极因素。"马锡武审判方式"等具有中国特色的司法制度是有生命力的，在人民法院工作中尤其是在基层司法当中，在审理一些简易案件方面，是占有一席之地的。我们应当发扬它的某些精神，并加以现代化的改造，使它能与我们现代司法改革的潮流和方向融合起来。

从某种意义上说，我们国家真正独立意义上的司法权从形成到现在只有三十年的时间，这三十年是司法权真正摆脱作为政治斗争工具的时期，只有在这样正常的环境下，我们的司法工作方法论才能摆脱各种政治思潮的影响，走相对独立和完善的发展道路。同样也只有在这种有利的内外部环境下，我们才能真正重视和发展法院工作的方法论。

第二节　法院工作方法论的概念与特征

一、法院工作方法论的概念

法院工作的方法论，顾名思义是关于法院工作的思维方式、行为准则、监督控制等方面的全方位的分析路径。法院工作的方法论是一种带有社会科学性质的部门型方法论，有着自身的逻辑结构体系，在相应的关于司法和法律活动的世界观指引下发挥效能。

法院工作方法论是一个内涵丰富的体系，既包括作为整个司法系统或者说司法工作整体的一些方法论，也包括不同层级的法院、专门性质的法院的工作方法论；既可以细分为关于审判的方法论、关于执行的方法论、关于法院内部管理的方法论、关于法院队伍建设的方法论、关于法院文化建设的方法论、关于司法改革的方法论，也可以从职能上进行划分，如关于领导的方法论、关于规划的方法论、关于协调的方法论，关于控制的方法论、关于激励的方法论等。随着我们对人民法院工作内在规律认识的加深，对指导人民法院工作的世界观的正确理解，我们还能从人民法院工作所涉及的更多的领域挖掘整理出更多的方法论。

二、法院工作方法论的特征

首先，法院工作的方法论是应法院工作的需要而产生的，直接指导和服务于法院工作，人民法院的各项工作既要服从于政治大局，保持立场和本色，也要忠实于法律规范和司法规律，正确地履行职能，对于前一方面即法院工作方法论的政治特性我们关注得比较多，而对于法院工作中的方式方法与司法规律的关系关注则相对较少。

其次，法院工作方法论是多个层面、有主有次的系统性知识体系。

法院工作也可以视为公共部门的公共管理活动，可以分为宏观中观微观，对于方法论的研究也可以分为宏观、中观、微观等几个层次。法院工作的方法论同时还是管理的方法论，包括构建制度的方法论、选人用人的方法论、监督控制的方法论、法院文化的方法论。

法院是产出公正的公共部门，公正以及实现公正必须同时满足的效率问题是新世纪人民法院工作的主题，而管理是实现这一主题的重要途径。随着法院工作在政治、经济、社会生活中发挥的作用日益明显，关于法院工作的管理以及司法管理的问题日益引起司法者和全社会的重视。理论工作者开始将法院工作和管理原理结合起来研究，并上升到管理的理论，进而用管理的理论来指导法院行为。法院工作的管理就是利用计划、组织、协调、指挥和监督的手段对司法资源进行科学合理的配置。从方法论角度看，管理法院既是一种内部的管理体制和行政管理机制，也是一种行为规范机制，更是一种资源配置机制。法院工作方法论旨在帮助法院科学合理地管理司法资源。司法资源分为三类：第一类是可计量的司法成本，包括人力性资源和物力性资源。人力性资源就是各级法院的法官和其他工作人员。物力性资源就是经费、装备、车辆、计算机、法庭等，这些是可计量的。第二类是不可计量的司法环境。这是一种制度性资源或者讲是一种法制性资源。如行政法规对法院授权以增加法院职能的情况，以及许多对法院职能产生限制的资源，如法院编制、行政支出等，这些都属于制度性资源，这种资源是不可计量的。第三类是潜在的社会司法权威。司法权威是一种非常重要的资源。司法权威的提升有助于优化资源组合，如果说社会公众对法院的裁判都敬畏天书，一纸裁判当事人就能自动履行，那很多问题就迎刃而解。造成法院司法权威不高的原因有很多，主观方面的原因包括司法不公、执行不力、队伍建设等，客观方面的原因主要包括缺少办案经费、专门法庭数量少、缺少执行经费等，这些原因的存在就容易造成法律打白条，无法使被打破的平衡得以恢复，破坏了司法资源，降低了司法权威，丧失了司法公信力。司法资源是国家管理成本的组成份额，是国家管理社会的重要组成部分。国家管理社会分为立法权力、行政管理权力、司法权力、监督权力等权力领域。目前，我国的国家管理成本高，但司法资源所占的份额却较少，全国法院干警总人数只有三十二万左右，远远达不到其他国家的法官比例。面对这种形势，我们只有两种选择：一方面是尽量增加司法资源在国家管理成本中间所占的份额。如增加编制、经费及加强对法官和其他工作人员的培训。另一方面是要在法院内部对现有司法资源进行科学合理配置，使其发挥最大作用。司法管理的目的，就是使现有的司法资源得到科学合理配置，发挥其最大功能。人民法院既担负着维护社会主义市场经济秩序的重任，也担负着维护社会主义民主政治的重任，如何使人民法院的工作职能充分发挥只能依靠加强人民法院工作管理，规范司法行为，增加司法能力，提高司法效力，促进司法公正。

最后，法院工作方法论不仅仅是一个理论体系，更是一种实践指南。与法学方法论和司法方法论相比，法院工作方法论关注的领域更为具体，关注的焦点更为集中。如何谋划人民法院的工作，如何确立正确的工作定位和指导原则，如何使人民法院的工作尊重客观规律，如何使人民法院的工作更好地服务大局，如何使人民法院的工作既满足共性又体现个性，如何使人民法院工作在纵向、横向的对比中显露优势，如何更有效地推进司法改革，这些课题都兼备理论性和实践性，单纯依靠某一方面是无法得到有效解决的，只能依靠法院工作方法论去解决。

第三节　法院工作方法论的贡献与功能

一、法院工作方法论在司法理论上的贡献

法院工作方法论从产生之日起就与司法理论形成了密切的关系。法院工作方法论是一个丰富的知识体系和价值集合，其包含丰富的司法理论，并能对进一步发展司法理论起到促进作用。如长期困扰司法界的客观真实与法律真实问题，在法律界看来，客观真实是事物运动和发展的原状，法

律真实则是根据当事人举证得以证明的情况。从某种意义上来说，法律真实印证了客观真实的存在，且两者在大多数情况下是一致的。作为一种方法论，我们应当着眼于哪种真实是问题的关键。从理性的角度分析，我们应当追求案件的客观真实，追求客观真实与法律真实的一致。但现实中，由于案件时过境迁，一些能够证明事件发生的证据会消灭，证人的记忆也会因为时间的增加而变得比较模糊，有时候我们想要完全再现事件原貌是不可能的，这时我们就只能退而求其次，努力发现法律真实。在司法实践中，我们不能仅仅满足于根据法律真实来作出裁判，而应当尽可能地使法律真实符合客观真实，穷尽认知手段、排除疑点之后得出的法律真实才能经得起历史和法律的检验，甚至就可以将此作为客观真实。如果明知客观事实并非如此，却仅仅依据表面的法律真实去裁判案件，就违背了实事求是的原则，背离了司法的价值和目的。这就是我们经过长期审判实践得出的一种方法论体验。

二、法院工作方法论在司法实践中的功能

法院工作方法论中最引人关注的是裁判方法问题，即贯穿于案件审判全过程的司法实践问题。案件裁判工作主要分为事实认定和法律适用两方面，对于法官来说，虽然可能对实体法和程序法的相关规定都比较熟悉，但在如何认定事实、适用法律方面却或多或少地存在一些困惑。事实认定是法官根据双方当事人的主张、举证、质证情况来确认法律事实的过程。适用法律是法官根据法律规定来判断当事人的主张能否得到支持的过程。事实认定是适用法律的前提和基础，两者联系紧密，适用法律需要对法律进行选择、解释，而认定事实也需要以法律、规则为依据，这就需要裁判方法的指导。在裁判案件的过程中，法官对某些问题能够根据法律规定直接作出回答，而某些问题并没有明确的法律规定，法官对这些问题的处理就需要裁判方法的指导。法官科学地运用裁判方法和法学方法，创造性地解决疑难案件的过程就涉及复杂的方法论问题。

具体来说，法官认定事实既需要依据诉讼法及司法解释的相关规定，

也需要依据未规定在法律中作为重要司法方法的证据规则。从广义上说，有关的法律法规和司法解释也可以纳入证据规则范畴，这时，法官认定事实的过程则完全变成了用一般性的、普遍性的方法论来演绎具体案件的过程。目前我国证据立法并不完善，法官对证据材料作出判断时可以依赖的法律规定很少，很大程度上都是依赖不成文的证据规则和认证方法，这被称之为经验规则。我国的证据法理论和实践尚不发达，很多裁判文书中列举了一大串证据清单，但对于证据规则的解释和适用却很少。审判实践中，当事人对裁判不服，很大一部分是因为对事实认定不满，究其原因，并非是人民法院认定事实错误，而是没有熟练运用关于证据问题的方法论，没能深入浅出地把证据规则阐述清楚，没有具备法律上的权威。综上所述，如果法官在认定事实时能够正确地适用证据规则，对争议的事实作出准确、令人信服的认定，那就可以称之为成功的方法论了。

事实认定之后，接下来就是以法律为依据对案件进行裁判，进入法律适用阶段。实际上，事实认定与法律适用是不能截然分开的，法官在认定事实的过程中，根据当事人主张的法律依据或可能会适用的法律依据，会不时地调整查明事实的方向，也并不是所有的案件都是在查明事实后，才开始寻找据以裁判的法律依据。审判实践中，法律适用经常存在一些疑难问题：如没有明确规定，存在法律漏洞，或者虽有规定，但规定很原则，或者法律规定中有不确定的概念以及规定本身有多种解释，或者多种规定并行，需要从中作出选择。如果法官能够科学地、符合法学方法地解决上述难题，这也可以称之为成功的方法论。

法院工作方法论对解决新类型、典型性或疑难案件有着更为突出的作用和意义。新类型案件是指此种类型的案件在一定地域范围内没有受理和审判过。一般来说，新类型案件反映了社会经济生活快速发展中的新问题，相对应的立法往往不完善，法官在处理此类案件时没有先例可遵循，在定性和适用法律方面可能存在极大争议，而案件本身的处理又会对社会经济发展和人们生活产生重大影响，法官对此类法律问题的处理将会对今后类似案件起到参考指导作用。典型性案件是指在同类型案件中具有代表性的案件，典型案件是对某些社会矛盾的集中反映，也就是说，该案件集中了此类案件所涉及的重要法律问题，而其裁决又可为同类型案件提供参考。该类案件存在一些值得研究的典型性特征，可以为我们提供研究素材，如果其裁决结果正确、裁决方法得当，则可以为同类案件提供指导。在这些审判难度大、裁判复杂度高的案件中，我们用于认定事实、适用法律的基本思维武器和行动工作就是方法论。由此可见，在任何类型的案件审判中，方法论所发挥的作用都是不可替代的。

法院工作方法论同样也擅长于解决困扰司法实践的一些根本性问题。司法实践中，程序正义与实体正义问题始终是居于核心的话题。从20世纪90年代初开始，围绕程序正义的改革就已成为司法实践的主导音符，从举证规则到诉讼模式转换，从证据规则到诉讼程序改革，改革几乎渗透到司法过程的每一个环节，当然也包括了司法方法论。相对于实体正义评价标准的多角度、多层次、多元化，程序是否公正却是清澈见底的，案件是否超审限、庭审过程是否违法、管辖是否合乎法律规定等程序性问题，当事人是一目了然的。程序正义的逐步实现意味着社会民众在接受司法保护程度上的最大化，并且也使诉讼当事人切实感受到了"看得见的正义、活生生的正义"。

法院对程序正义的追求是无可非议的，但有时我们也会受到很多困扰，比如为什么依据公正的程序得出的裁判结果却往往得不到当事人和社会的认可？这种反差说明了什么？用普通的语言很难解释清楚，但是站在方法论的立场上，我们认为这从某些方面显露出了程序正义的有限性，即程序正义在评价标准上存有歧义。这种当事人能够轻易就触及的公正程序最容易招致当事人的不满与怨愤，些许瑕疵都可能被发现端倪，这种不公势必会引起当事人对裁判结果即实体裁判结果公正性的怀疑，即使实体裁判是最公正的也无法使当事人相信。从深层次上看，程序正义作为一种美好理想和精英的法律逻辑，并不能将法院从实体正义的价值判断标准中拯救出来，其内在的方法论逻辑在于：

首先，公正的程序不必然产生公正的结果。对于法官来说，进入诉讼程序的案件的再现都是历史的投影，如何最大可能地再现纠纷发生的历史是至关重要的，而这些需要诸多的"碎片"——证据来加以证实。受人类科学技术手段、思想认识等因素的影响，并非在任何问题上都不存在盲点。虽然在一般情况下，公正的程序比不公正的程序能够产生更加公正的结果，但是，公正的程序却无法保证案件事实的再现都是客观真实，最多只能是最大限度地接近客观真实，可是无论如何接近也仅仅是法律真实而不是客观真实。

其次，程序正义的实现须倚重司法权威。程序正义的前提有两个，即"对当事人意志和人格的尊重"和"对法官权威的承认"。对于前者，法院近年来的一系列改革已经最大限度地尊重了当事人的意志和人格，但后者则不尽如人意。可以说，现阶段我们对法官权威的承认不够，在此前提下，那种以司法权威来唤起民众法律信仰的愿望不免要落空。

最后，过分倚重程序正义的独立性价值，一定程度上损害了处于弱势地位的一部分社会民众的利益。一方面，人民法院在确保程序正义的过程中可能不自觉地把原本属于法院分内的责任分散到当事人身上，如强调程序责任分担和举证责任，使当事人的诉讼负担骤然加重，特别是使弱势方当事人不堪重负。另一方面，当事人地位平等是实现程序正义的重要前提，不考虑当事人之间的起点公平，等于认可弱肉强食的"丛林法则"，这必然导致实体的不正义。要充分发挥程序正义的独立性价值，就不可避免在程序的设置上要更加细化乃至于面面俱到，以期将诉讼中所有发生的、正在发生的和可能发生的问题都予以囊括，而"程序越精巧繁琐，人们在诉讼中就越需要专业化的法律服务，而这只有社会的强势群体才能'享受'得起，而弱势群体的实体正义也越容易被强势群体的程序正义所'消解'。"这种状况势必会加重那些弱势群体的负担，强者更强，弱者更弱，特别是在法律援助、司法救助等措施尚不健全的情况下，问题会更加严重。

既然我们能用方法论范畴解释这一问题，那我们能用方法论的思维和措施来调适这一问题，为人民法院在工作当中协调好程序正义与实体正义的关系提供一些有益的东西呢？答案是肯定的。我们可以这样看待这一问题，即公平正义是社会主义法治的价值追求，更是司法的生命和灵魂。公平正义应是程序正义与实体正义的统一，但现实中程序正义与实体正义并不总是遂人愿。司法实践中，我们应当充分认识程序正义的独立性价值，抛弃过去那种"程序依附于实体""程序以及程序规范只是保障实体法实现"的工具性价值论，但也不能过分地迷失于程序正义。我们应当把握的基本原则是：法律作为一种社会治理方式，必须解决实际问题，如果社会普遍认为法律结果是不正义的，那么司法者的任何解释都是苍白的。也就是需要我们将追求实体正义作为根本价值，选取明确的、规范的、能够对司法裁判实现可控性的实体正义的实现途径和评价标准，采用灵活的程序规则、运用娴熟的司法技术来保障实体正义的实现，通过掌握并灵活运用方法论，准确地捕捉到社会转型期中社会民众的迫切需求，有效权衡与对比不同利益之间的纷争，真正发挥司法作为社会"调节器"与"安全阀"的作用。

第四节　我国法院工作方法论的研究现状及存在问题

一、我国法院工作方法论的研究现状

在过去，我们在司法工作中谈到方法论，主要是指在审判案件中对于事实认定、证据取舍、法律适用、程序组织方面的一些法学性规则。近年来，随着人民法院审判、执行案件数量的迅速增长，法院系统对司法理论研究的重视程度也在不断加大，部分法院和一些工作在司法一线的法官开始总结一些审判和管理经验，推广一些有意义的做法，当中也涉及不少方法论的元素，如有的法官在谈及民事审案心得时，总结了自己的工作方法，其中就包括理性、中立和能力三方面的要素和一些规则，如：做到一个"抓住"即抓住争议焦点，两个"找到"即找到双方在诉讼中的共同点和把双方统一到共同利益上的有效途径，三个"公开"即证据公开、法律规定公开和承办法官的审案思路公开，四个"注意"即营造必要的调解氛

围，把握调解时机，坚持公开、公正、公平的调解原则，因人而异、因案而异地进行调解。

另外，我们在讨论和实施司法改革的过程中，比较重视司法改革的内外部因素、司法改革的路径、司法改革的模式、评价标准等深层面的问题，涉及对司法、对诉讼的本质的一些认识，当中较深层面地涉及方法论问题，强调在司法改革的过程中应遵循一定的方法论，应比较各国司法道路中形成的一些内源性因素，评估和建构本国的司法模式，并对有的司法领域的改革方案形成了一定的模板。

二、我国法院工作方法论研究中存在的问题

近年来，人民法院在司法实践中对工作方法论的探索还存在比较突出的问题，首要的表现是未给予足够的重视，而且往往对指引人民法院工作的认识论和方法论加以混同，不够深入细致。同时，人民法院在构思方法论的理论储备和技术路线上比较单一，而且存在高度的同质化，没有显示出特色。与此同时，人民法院在进行方法论探索时可借鉴的经验和投入不足，缺乏创新意识和持久的执行力。

第三章　法院工作方法论的研究范式

第一节　探寻法院工作方法论的指导思想和主要手段

一、探讨法院工作方法论的指导思想

探索人民法院工作方法论需要有正确的政治指导，从根本上说，方法论是衍生在特定的世界观基础之上的，脱离了专门政治使命的方法论只能是空中楼阁，而受到错误政治思潮引导下的方法论对法院工作的开展起到的是阻碍作用甚至是有害的影响。

1. 指导法院工作的根本指针

现阶段指导人民法院工作的是以党的十八大、十八届三中全会精神为核心的党的路线、纲领、方针和政策。党的十八大、十八届三中全会是在我国改革发展关键阶段召开的十分重要的会议。党的十八大、十八届三中全会精神是当代马克思主义在中国的重要发展，汇集了中国特色社会主义理论的最新成就，为党和国家的建设明确了奋斗目标和工作任务。深入学习贯彻党的十八大、十八届三中全会精神，创造性地开展好人民法院工作，是当前和今后一个时期首要政治任务。人民法院要把广大干警的思想统一到十八大、十八届三中全会精神上来，把力量凝聚到实现确定的目标任务上来，以高度的政治责任感和使命感，来推动法院工作方法论的探索。

探索法院工作方法论，要从认真学习、深刻领会党的十八大、十八届三中全会精神入手，深刻领会、准确把握其科学内涵和精神实质，打牢贯彻落实的思想根基。要以党的十八大、十八届三中全会对人民法院工作提出的新任务、新要求为出发点，进行战略谋划。党的十八大、十八届三中

全会确定的目标任务、发展战略和发展措施，对人民法院工作提出了新的要求，要求人民法院在指导思想、司法理念和改革举措上必须作出适应性调整。只有准确认识和把握这些新要求，自觉主动地调整思想认识和工作思路上与之不相适应的地方，围绕着确立纠纷解决观、维护稳定观、群众利益观和司法权威观，在法院工作方法论上开动脑筋，才能使人民法院职能作用的发挥更加贴近中心、服务大局，更加具有针对性和实效性。

探索人民法院工作方法论，要以党的十八大、十八届三中全会精神为指导，设定人民法院的工作目标任务和与之相配套的方法论。司法实践证明，党的政策、方针、路线与人民法院的工作内容、司法职能始终是有机统一的。我们强调以党的十八大、十八届三中全会精神指导人民法院工作，就要切实把握好以下几个方面。

一是始终坚持把维护社会大局稳定作为基本任务，全力做好维护社会稳定工作，为经济社会在新起点上实现新发展营造良好环境，认真思考和准确把握通过法院工作来维护社会大局稳定的工作思路方法。

二是始终坚持把促进社会公平正义作为核心价值追求，在确保案件审判效率的同时，狠抓案件质量，做到严格公正、文明司法，突出案结事了、定分止争。

三是始终坚持把保障人民安居乐业作为根本目标，把实现好、发展好、维护好人民群众的根本利益作为法院工作的出发点和落脚点。司法为民，既是历史唯物主义的基本观点，又是社会主义法治的核心原则；既是社会主义法律的根本标志，又是司法工作的目标追求，是检验人民法院工作方法论是否正确的试金石。要加强司法为民宗旨教育，使广大干警打牢维护人民权益的思想根基，从人民最满意的事情做起，从人民最不满意的问题改起，自觉把人民最期盼、最迫切、最急需解决的民生问题作为加强和改进司法工作的目标，真正让人民享有更真实、更充分、更广泛的权益保障。

四是紧紧围绕"努力让人民群众在每一个司法案件中都感受到公平正义"的目标，以个案的公正促进实现社会公平正义。探索这方面的工作方法论，要着力把社会公平正义的首要价值追求更好地体现在司法办案工作中。维护社会公平正义是司法工作的生命线，同样也是人民法院工作方法论的首要价值追求。在长期的司法实践中，我们总结出了一些有利于维护公平正义的思想规范和准则，如自觉抵御权力、关系、人情、利益等各种因素的影响和干扰，把每一起案件的办理都当作维护社会公平正义的具体实践，从实体、程序、时效上体现维护社会公平正义的要求，真正做到严格执法、公正司法。坚持法律面前人人平等，绝不允许有"法外之民"；完善司法救助和法律援助制度，切实解决弱势群体打不起官司、得不到救助的问题，这些观念和准则需要进一步具体化，需要有成熟的工作方法论来加以保障。

五是与时俱进，全面推动法院改革发展。改革创新是时代的精神，是新时期最鲜明的特点，也是构建公正高效权威的社会主义司法制度的要求。人民法院要进行改革创新，必须认真解决好人民群众反映最为突出的制约审判工作的体制性障碍、机制性束缚，改变不适应的工作方式方法，为履行审判职责和自身建设不断注入生机活力。人民法院要实施改革创新，就要从源头上加强司法民主，推进司法公开，强化司法监督，促进司法文明；坚持统筹兼顾，循序渐进，正确处理好法院改革中的各项重大关系、重大问题，使改革的各个环节、各项措施相互协调、相互促进。这些改革思路和举措都应当是有规律可循，有方法可指引的。

六是加强法院队伍建设。发挥思想政治工作优势，组织干警深入学习中国特色社会主义理论体系，用马克思主义中国化的最新成果武装思想，指导行动，推进工作，确保在政治上、思想上、行动上与党中央保持高度一致。通过强化职业道德、社会公德、家庭美德和个人道德教育，加强反腐倡廉建设，进一步规范司法行为，改进司法作风，树立良好的司法形象。

2. 探索人民法院工作方法论，必须贯穿社会主义法治理念

马克思主义既是一种政治观，也是一种法律观，既着眼于解决人类社

会发展中遇到的问题，更着眼于建设社会主义制度过程中所必然会面对的现实法治问题。马克思主义在司法活动中的集中体现就是社会主义法治理念。

法院工作方法论所要解决的问题和社会主义法治理念的倡导的内容是高度一致的，两者相结合才能够规范人民法院工作更加贴近中心、更能服务大局，更全面充分有效地发挥审判职能作用，更主动、积极稳妥地推进法院改革，为改革发展稳定大局提供有力司法保障和法律服务。通过社会主义法治理念的扎根，促进人民法院的司法队伍坚持公正司法、文明司法、廉洁司法，对于抓好法院队伍建设，为法院发展奠定坚实的基础有着明显作用。面对错误政治观点、法学观点的影响，面对市场经济利益原则的影响，面对封建人治思想的影响，加强思想政治建设具有特殊重要性。加强思想政治建设，关键是始终坚持党的领导，牢固树立社会主义法治理念，弘扬法治精神，促进形成自觉学法、用法、守法的社会氛围。在人民法院工作中，准确理解和深刻把握社会主义法治理念，对于牢固树立马克思主义在法院工作中的指导地位具有特殊重要的意义。人民法院工作的方法论必须植根于以马克思主义为根本指针的社会主义法治理念。

在法院工作方法论的建构和优化中，社会主义法治观的作用尤为明显。法院需要通过它来把握工作重点，评判工作绩效。在看待法院工作取得的成绩的大小的问题上，应该从是否了解熟悉大局、服务中心工作的成效是否明显、案件处理的两个效果是否统一、裁判公信力是否得到提高等角度出发，把各种工作方法拿出来加以评判，才能真正洞悉存在的问题。这要求我们在审判工作上进一步强化平等保护的理念，克服地方保护主义；落实案结事了的理念，解决群众打官司难的问题；强化程序公正、实体公正、形象公正理念，解决裁判公信力不高的问题。强化自觉接受领导、监督的理念，依靠党委的领导和人大的监督，优化执法环境。这些具体要求体现和转化到法院工作中，就需要有科学的方法论作为催化剂。

3. 探寻人民法院工作的方法论必须置于科学发展观指导之下

科学发展观是中国特色社会主义的必由之路，也是蕴涵着丰富智慧和多元方法的思维体系、行动纲领，将科学发展观的要求和各项工作的具体目标任务相结合，就能使我们的工作面貌发生深刻变化，使各种长期难以解决的问题取得根本性突破，在新的起点上开启事业新局面。因此，在科学发展观指导下，探寻人民法院工作方法论有着必要性和必然性。人民法院工作的当务之急是着力转变不适应不符合科学发展观的思想观念，着力解决影响和制约科学发展的突出问题，真正把科学发展观贯彻落实到工作的各个方面，创造出符合党和人民要求、符合经济社会发展需要、符合法院工作规律的政绩，并建构出具有科学发展品质、符合科学发展目标的法院工作方法论。

就法院工作来说，能否顺应社会主义经济建设、政治建设、文化建设、社会建设、生态文明建设的新形势、新任务和人民群众的新期待、新要求，需要人民法院在指导思想、思维方式、实际行动上实现新提升，在更高起点、更高层次、更高水平上来谋划、推进工作，最大限度地发挥职能作用，保障社会公平正义，促进社会和谐稳定。

在工作指导方面，科学发展观可以引导人民法院进一步端正司法指导思想，维护社会大局稳定，促进社会公平正义，保障人民安居乐业，实现司法活动与司法效果有机统一，实现与人民群众的相互理解、相互依赖。人民法院在科学发展观的指导下，可以更加自觉地顺应社会发展进步趋势，让人民群众感受到更安全、更方便、更文明、更和谐的要求，不断更新司法方式方法，实现法律、政策、经济、行政、教育等手段的有机结合，全面提升司法工作水平。

在接讼办案方面：一方面，体现为把调解优先的原则更好地落实到依法调节经济社会关系中，有效化解各类矛盾纠纷。当前，随着经济体制深刻变革、社会结构深刻变动、利益格局深刻调整、思想观念深刻变化，社会矛盾进入易发多发期。统筹协调利益关系，及时化解矛盾纠纷，始终是人民法院维护社会和谐稳定的重要任务。科学发展、科学司法的要义在于通过办案既解开当事人之间的"法结"，又解开当事人之间的"心结"，充分利用调解手段化解矛盾纠纷。要通过强化调解意识，整合调解力量，扩展调解范围，创新调解方法，科学地运用人民调解、行政调解、司法调解多管齐下的协调机制，积极探索刑事自诉案件和其他轻微刑事案件调解、行政诉讼和解等制度，民事执行和解等方法，建立健全多元化的矛盾纠纷解决机制，真正实现定分止争、案结事了。另一方面，体现为宽严相济的刑事政策。宽严相济是我国在维护社会治安的长期实践中形成的基本刑事政策，基本含义就是针对犯罪的不同情况，区别对待，该宽则宽、当严则严、宽严相济、罚当其罪，既不能片面强调从严，以致打击过宽，也不能片面强调从宽，以致打击不力，从源头上遏制减少违法犯罪的发生。当前，严的一手必须坚持。对刑事犯罪分子，既要通过打击、处理，达到震慑犯罪的目的，也要坚持惩办与教育相结合，通过教育、改造，使他们改恶从善，走上自新之路，而不能使他们走上与社会更加对抗的道路。对轻微违法犯罪人员、失足青少年、初犯、偶犯等，要运用好宽的一手，最大限度地减少社会对抗，最大限度地转化消极因素。人民法院需要根据立法、司法解释、刑罚执行制度的调整走向，在司法中统一宽严标准、执法尺度，确保宽严相济刑事政策在司法环节得到充分落实。

在司法能力方面，司法能力是党的执政能力在司法工作中的重要体现，是司法机关完成各项任务的重要保证。科学发展观的落实离不开司法能力的不断提升。广大干警的司法能力体现在既要胜任专业工作，也要有高超的群众工作能力。这些能力的培育需要从源头抓起，建立起符合司法实际、具有法院特色的教育、培训与考核、奖惩、晋升相结合的长效机制。教育引导广大干警掌握群众工作方法技巧，更加注重向社会学习、向群众学习，锻炼在基层一线摸爬滚打的经验和能力，使他们真正了解群众疾苦、掌握群众心理、增进对群众的感情，学会与群众打交道、交朋友，提高做好群众工作的实际本领。要通过研究，建立一套有效的管理体制和工作机制，把有经验、有水平的干警配置在司法办案的第一线，让他们安心做好工作。也要注重加强对广大干警特别是法院领导干部处置突发公共事件的培训，使他们不断增强做好特殊状态下的工作能力。

上述这些贯彻科学发展观的基本要求，在法院实际工作中体现为不同层次、不同体系的目标任务，是我们构建法院工作方法论的蓝本。

4. 探索人民法院工作方法论必须要有坚实的法学理论为指导

探寻方法论的法学理论指导是多方面的，首先我们要厘清中国特色社会主义的基本法律立场问题，主要包括以下几个方面。

一是社会主义的法治观。党的十八大、十八届三中全会关于社会主义法治建设的目标，明确了落实依法治国基本方略，加快建设社会主义法治国家的任务。关于法治建设总体布局，明确了全面推进科学立法、严格执法、公正司法、全民守法，坚持依法治国、依法执政、依法行政共同推进，坚持法治国家、法治政府、法治社会一体化建设。关于执政方式，将法治作为党治国理政的基本方式，强调党领导人民制定宪法和法律，党领导人民执行宪法和法律，党必须在宪法和法律范围内活动，真正做到党领导立法、保证执法、带头守法。关于根本宗旨，强调坚持人民主体地位，保证公民在法律面前一律平等，尊重和保障人权，保证人民依法享有广泛的权利和自由，保障公民的人身权、财产权等各项权利不受侵犯，维护最广大人民的根本利益。关于工作方针，强调加强宪法和法律实施，维护社会主义法制的统一、尊严、权威，形成不愿违法、不能违法、不敢违法的法治环境，做到有法必依、执法必严、违法必究。

二是以人为本的法律观。以人为本，强调了全心全意为人民服务是党的根本宗旨，党和国家的一切奋斗和工作都是为了造福人民，要始终把实现好、维护好、发展好最广大人民的根本利益作为一切工作的出发点和落脚点，尊重人民的主体地位，促进人的全面发展。从法律视角来理解，就意味着以人为本，尊重和保障人权。古代的法律观是维护神权，可称为神本法律观；资本主义的法律是以物为本，"私有财产神圣不可侵犯"，可称为物本法律观；社会主义的法律观是以人为本的人本法律观。这对于立法、执法、司法都产生了重大深远的影响。公民在法律面前一律平等，就是说公民在适用法律、执行法律、获得法律保护救济上一律平等。现在我们进一步提出，依法保证全体社会成员平等参与、平等发展的权利，树立自由平等的理念，这就是权利上的平等，最先进的平等理念就是权利平等，这一平等观的确立，意义深远。尊重和保障人权，依法保证全体社会成员平等参与、平等发展的权利，包括政治权利、经济权利、文化权利和社会权利在内的全面的人权体系，公民平等参与、平等发展的权利，以及教育、就业、就医、劳动、居住、环境、社会保障和人身财产安全等项权利，具有重大意义。

三是更高层次的公平正义观。党的十八大报告指出，必须坚持维护社会公平正义。公平正义是中国特色社会主义的内在要求。要在全体人民共同奋斗、经济社会发展的基础上，加紧建设对保障社会公平正义具有重大作用的制度，逐步建立以权利公平、机会公平、规则公平为主要内容的社会保障体系，努力营造公平的社会环境，保证人民平等参与、平等发展权利。关于公平正义的法律内涵更加丰富，除了在民主政治和依法治国中提到公平正义外，还对权利公平、机会公平、规则公平、分配公平提出了明确要求，要求着力构筑公平保障体系，使公平正义具体体现在社会生活的方方面面。公平正义已不仅仅是一种理性原则和道义要求，更体现为一种现实的社会关系；公平正义也不再仅是对司法机关的要求，而转变为深刻的社会理念和执政理念。

四是突出法律权威的理念。维护宪法和法律权威，就是维护党和人民共同意志的权威。捍卫宪法和法律尊严，就是捍卫人民共同意志的尊严。法律权威是法治的应有之义。作为国家意志的法律已经制定，就应当获得普遍的服从和遵守，而法律也只有具有当然的权威和地位才能发挥应有的作用。我们强调把国家各项工作都纳入法治轨道，将法律作为社会活动的最高行为准则。提出"依法治国""依法执政""依法行政"、"依法治军"，推进社会主义民主政治制度化、规范化、程序化，为党和国家长治久安提供政治和法律制度保障。在司法改革中提出建设"公正高效权威的社会主义司法制度"的目标。这些提法都是要求将权力的运行置于法律规则的约束之下，强调无法外之权，无法外之人，将法律置于最高规范的地位，作为共同遵守的行为准则。

五是慎重看待和吸收西方法学思潮当中的精华。近代以来的中国法学基于对西方法学思潮的介绍、学习、模仿而成长与展开，西方法学思潮始终是中国法学界所关注和研究的重点学术领域之一。我们在法学领域的研究中要坚定地走马克思主义法学的道路，发展马克思主义，而不能曲解和背离马克思主义。特别是司法机关作为法治建设的生力军，必须始终保持理论上的清醒，坚定法治信仰，牢固树立社会主义法治理念和政法干警核心价值观，自觉抵制西方错误思想观点的渗透，始终做到忠于党、忠于国家、忠于人民、忠于宪法法律。

二、探索人民法院工作方法论的主要手段

1. 在学习中探寻方法论

司法是知识型活动，不同的法院、不同的法官在工作过程中表现出的差异和差距主要体现在知识的多寡、学习的勤惰以及深层次的学习能力高低上。在调查研究中我们发现国家机关当中很普遍地出现一种学习停顿现象，不少曾经是各个领域、各个岗位的优质人才由于缺乏学习动力和钻研意识，曾经拥有的知识骤然"老化"，产生了一种"本领危机"。如何使法院干警始终保持不断进取的精神状态，增强学习动力，提高学习能力，凸显学习效力，不断完善自我，造就职业化的法院队伍，推动工作持续发展是法院工作的基础所在。探索法院工作方法论需要有效地学习，克服知识的贫乏，提高运用先进的资讯手段学习的能力，丰富学习渠道和方式，形成浓厚的知识型法院的氛围。此外，还要把引进人才与培养人才相结合，把外在培养与自我成才相结合，发挥人才的"聚集效应"，形成相互激励、相互竞争的格局，从而使法院工作的方法论更加丰富，不断更新。

2. 在创新中提升方法论

司法是一项有着深厚法律传统的活动，有人甚至指出司法是一项保守的活动，是不能轻易变动的。但我们认为，保守只是司法的形式，创新则

是司法的灵魂。中央旗帜鲜明地提出"司法体制改革",并不意味着过去长期坚持的司法制度、司法原则过时了,不适用了,而是通过改革创新使司法活动更好地服务于中国特色社会主义建设伟大事业,更好地加强和体现党对司法工作的领导,更好地践行"司法为民"工作宗旨,努力在全社会实现公平正义。法院工作要与时俱进,推陈出新,唯有不断创新。要找到适合法院工作的方法论,就必须在科学的司法理念指导下,在吸收借鉴先进经验前提下,在熟练运用现代化科技成果基础上,处理好继承与创新的关系,不断思考如何创新司法运作方式、司法手段,丰富司法内涵,把体现司法工作规律与满足社会群众的司法需求结合起来,努力实现司法功能的最大价值。

3. 在管理中体现方法论

管理是人类社会组织行为的重要表现。从一定意义上讲,管理是组织的存在方式。管理是生产力要素,有人将人员装备等生产要素称为基数,管理就是这个基数的指数。管理可以实现各个要素的优化组合,产生"$1+1>2$"的倍增效应。司法活动顺利开展,需要配套有相应的内外部司法管理,法院工作方法论的酝酿过程、定型过程和完备过程都必须与管理活动相结合,通过管理实践得以体现。成熟的法院工作方法论必然要求更新管理理念,融合宏观管理与分类管理、目标管理与手段管理、刚性管理与柔性管理、规范管理与文化管理等各种方式,结合法院实际,推进法院工作更加规范、更有效率。当代管理活动的信息化技术含量越来越高,不少部门竞相开发各种管理软件,增强了管理的科技含量,也使法院工作的方法论体现出科技色彩;有了法院工作方法论的参与,可以帮助法院将管理经验由感性上升到理性,努力探索成熟的理论和定型化的模式,真正实现管理长效。

4. 上下结合、多向度地研究思考人民法院工作的方法论

所谓上下结合,是指既注重从最高人民法院的工作中总结提炼指导人

民法院工作的总体、宏观方法论，又要以各级人民法院作为调研样本，从丰富多彩、富有个性的司法实践中去领悟和评判工作方法论。提出这样的原则是有现实考虑的。我国改革开放以来包括人民法院在内的司法系统一直处于改革创新之中，但从改革开放前期的情况看，司法改革创新的进程被一条自上而下的主线支配着，即由最高司法机关谋划、创设并强力推动。我们主要通过分析、梳理最高决策层的思路、举措来描绘人民法院方法论的轮廓。人民法院系统这种改革和管理方式无疑具有大跨度、大力度和全局性的优势，但这种自上而下的改革的主要抓手是依靠上级的权威和行政权力来推行新制度，有的时候不能很好地兼顾到具体的社会现实。随着改革创新的深入，影响和制约改革创新的深层次矛盾逐一浮现。一方面，人民法院的改革创新是单向度还是多向度的问题逐渐浮出水面。所谓单向度即指自上而下的推动，上级人民法院处于制度创设者的地位，下级人民法院处于被动的执行者地位，而所谓多向度，则是指人民法院在改革创新过程中逐步淡化层级的界限，形成比较统一的改革创新意念，根据各自所处的内外部环境，自主性地开展改革创新试点，并在若干形成改革共识的领域采取一致行动，互相支援，相互促进，凸显个性，保持共性，形成改革创新的网络。从现实情况观察，在改革开放向纵深推进的时候，这种多向度的改革创新之路正逐渐显示出其适应性和优越性。另一方面，改革是停留在改思路阶段还是更进一步发展到改做法、改方法阶段，也即改革创新的理念和口号如何转换为改革创新的实践问题。在改革过程中，我们往往注重其政治意蕴、法律价值，而对制度真正推行所必须考虑和必须调适的经济、管理、社会等现象、原理与规律，缺少充分的研究。特别是对改革创新的方法关注较少，使制度的实施受到不同程度的制约。实际上改革创新不仅仅是制度层面的，还有机制、流程等各个层面的问题，改革创新除了重点关注宏观层面，还要深入到中观、微观层面，要克服这一点，必须要主动地研究设计一些行之有效的方法规则，使之能够有效地将制度和理念导入法院日常工作中去，并与现实社会、文化环境相融合。这里所指的方法规则也可以称为"非正式制度"。相比传统的正式型制度，这些方法规则不是一开始就被预先创设出来，而是在制度变迁过程中通过创新主体的探索与努力，在整合各种知识基础、权衡各层面群体利益需求，分析对比内外环境与挑战等各种因素基础上凝练而成的。因此，我们不妨提出这样一个观点，各级人民法院都是规模各异的创新主体，在改革创新过程中不断摸索出的工作方法，对其加以理论上概括和扩展，就是对人民法院各方面工作和改革创新有一定指导和借鉴意义的方法群。法院工作方法论的形成有赖于广大法院干警，上自司法领域的谋划决策者，下至法院工作的具体执行者的勤奋思考和辛勤实践。正是缘于法院工作方法论对各级法院工作的强有力支撑，我们在司法领域实践马克思主义基本原理，运用中国特色社会主义规律，发展人民法院各项事业的能力和业绩有目共睹。

第二节　法院工作方法论的研究方法和技术路线

一、法院工作方法论的研究方法

对法院工作方法论的研究应本着对人民法院的使命、职能的正确认识以及对人民法院建设和改革所面临的内外部环境进行分析的基础上，以马克思主义理论为基点，以中国特色社会主义理论体系为指引，以法学、管理科学、行为科学、文化社会学等学科理论为支撑，以人民法院正在开展的制度创新、管理创新、文化创新为素材，进行系统梳理、比较、归纳、演绎、提炼，着重揭示和阐述人民法院内外部工作中应该积极遵循和主动践行的行之有效的路径、思维、方略、策略。就研究类型而言，这一研究处于中观层次，既有别于对法院工作的战略、体制的宏观概括，也有别于对法院工作具体项目的细微注解，力图达到对人民法院工作的认识论、系统论、方法论的有机融合并且突出方法论的鲜明特色，填补这一领域的空白。

二、探寻法院工作方法论的技术路线

1. 将公共管理方法技术运用于法院工作方法论探索

探寻人民法院方法论的理论工作必须置于对于国家机关职能和公共管理的观察和演变的视野上。国家职能和公共管理是国家机关的核心职能，涉及保障公民权利、协调社会利益、实施社会政策、管理社会组织、维护社会秩序以及处理社会冲突、化解社会危机等大量事项。

长期以来，公共管理是国家职能的中枢，围绕国家机关的行政职能行使，自 20 世纪以来，西方形成了大量的学术理论。它建立在两个全新的理论基础之上：一个是由伍德罗·威尔逊提出，并由古德诺系统化的"政治与行政二分"理论；另一个是马克斯·韦伯提出的"官僚制"理论。建构在这两大理论基础上的传统理论认为，政治与行政是可以分开的，在"二分"的情况下，国家机关的主要任务是有效执行既定政策或达成既定目标。国家机关工作应该保持价值中立，而不是以追求经济效益为目标。国家机关工作人员应保持政治中立，他们的任务仅仅是忠实和有效地执行政治官员制定的政策。据此，便可以建立一套科学的、最佳的行政管理原则。公务系统依据这些组织原则运作，剔除任何个人感情因素，行政管理便可以达到高度的"理性化"，国家机关管理也就可以以最小的投入获得最大的效益。在传统公共行政理论形成后不久，这些理论基础就遭到了激烈批判。部分学者曾指出"政治与行政二分"实际上是做不到的，传统行政模式的不切实际之处就在于，政治与行政必然是相互关联的，一个不含任何价值判断的公共行政只是一个神话。彼得斯也指出："行政管理与政策并非呈现出互不相关的离散现象，而是相互关联的。无论是通过主观方式还是通过客观方式，行政体系的属性都会影响到政治体系的政策产出。"经济理论的变革更是对传统公共行政模式提出了挑战。二战后，西方各国普遍接受和采用了凯恩斯主义的主张，对社会生活实行全面干预。当国家这只"看得见的手"干预市场并获得巨大成功时，与"市场失灵"相伴随的"政府失灵"也表现得同样明显。一方面，国家机关对社会、市场所承担的管理任务越来越多，成为"万能政府"；另一方面，国家机关内部官僚机构膨胀，效率低下，财政支出日益膨胀，国家机关的管理受到前所未有的挑战。传统公共行政是"工业社会的政府组织模式""19世纪的行政技术"，过于强调统一规制和监控，极大地抑制了公职机构的创造力，陷入了形式化和僵化。代表国家意志的政府管理和服务，忽视公共保障和服务的多样性，对市场信号和消费者需求的反应不够灵敏，已经不再适应当今世界的需要。对韦伯的"官僚制"理论，学者们也认为，由于官僚制的理性形式、不透明性、组织僵化以及等级制的特点，使得它不可避免地与民主制发生冲突。实际上，韦伯自己也把官僚制当作一种理想状态。在他看来，官僚组织的完善，必然使人们进入"铁的牢笼"。"哪里彻底实现了行政的官僚化，哪里所确立的权力关系的类型实际上是不可摧毁的。"要对付发达的官僚机器，一般的个人、官僚机构中的官员甚至掌握最高权力的统治者实际上都是无能为力的。显然，这一切并不是现代人所向往的。另外，官僚制在实践中的应用也与韦伯的设想有些出入，特别是官僚制在人事制度中的实践所产生的僵化、形式主义较之韦伯的设想有过之而无不及，但其精英主义的特征又远不能达到韦伯的设想，这直接导致了该体系效率的降低。这些理论都从根本上动摇了传统公共行政赖以立足的理论基础。随着时代的变迁和理论的发展，传统的公共行政模式已经在理论和实践的质疑声中陷入了"四面楚歌"的境地。越来越多的人认识到，传统的行政模式已无法反映出现代公共服务所需承担的广泛的、管理的以及政策制定的角色，它更多地体现为一种消极的控制形式，不是致力于为提高效率提供有效的激励，而是着力于怎样避免犯错误。那么，否定了传统的公共行政理论的指导，国家机关的职能研究要朝哪个方向发展引起了广泛关注。

二十多年前，"新公共管理运动"从英国起步，逐步席卷全球大部分地区，成为西方公共行政领域的时代潮流，政府已经利用它来改革和重塑国家的作用及其与国民间的关系。对今天的公共管理的理论和实践产生了重大影响。与其他任何一种理论一样，新公共管理理论的出现，有着被人们所接受的独特理论和现实背景。与以往理论不同的是，新公共管理理论有着强烈的被经济学和私营管理理论介入的背景色彩。对新公共管理运动影响深远的理论主要有：

（1）公共经济学及制度经济学理论。制度经济学理论是对全球政治活动发挥重要指针作用的理论。它创立了一系列的分析工具和测量方法，对政治活动进行指导评判。在制度经济学者眼中，制度是人们相互交往的规则，它抑制着可能出现的、机会主义的个人行为，使人们的行为更可预见并由此促进劳动分工和财富创造。制度经济学擅长于从个人主义的视角来解剖制度，对于制度变迁问题着力甚深。制度经济学中所提及的成本收益分析方法、利益相关者理论可以用来分析所要建立的机制，会对现行制度框架中的各个主体造成怎样的利益变化，有哪些促进因素，有哪些阻碍因素，通过利益博弈和制度约束值来决定制度的调整，推进纠纷的利益层面的解决，预测制度的变迁与演进，从而实现对完美的理论假设机制的可行性修改，保证制度能够顺利推行。

公共经济学提出了私人产品与公共产品的分野。私人产品是通过市场机制提供，满足社会个体需要的产品，而公共产品则是通过财政机制提供，满足群体社会成员公共需要的产品，公共产品的基本属性包括：①不可分割性。指公共产品是一体性的，不可以单独加以计量。②非竞争性。指某一个消费者在消费公共产品时不会同时影响到其他消费者或者后续消费行为。③非排他性。指的是任何消费者在理论上都可以不付代价消费公共产品。而介于私人产品与公共产品之间的混合产品是不同时具备上述属性的。

私人产品和公共产品之间的产品包括具有非竞争性和排他性的产品，具有竞争性和非排他性的产品，以及部分非排他性、非竞争性的产品。在公共产品的供给上，国家和政府要努力在宏观层次上做到公共产品供应总量合理，在中观层次上做到供给结构合理，在微观层次上做到高效率使用资金。公共经济学也揭示了利益集团的相关问题，利益集团是指有共同目标并试图影响公共政策的个体构成的组织实体。利益集团的成因有多种解释，传统观点认为，单个人组成利益集团可以获取集体行为带来的好处，集团能给成员带来普遍的、不可分割的利益，可以分享集团里的其他成员已得的利益，通过加入利益集团可以获得物质利益、目的利益、参与利益。利益集团的行为是促使集团利益最大化的政策出台，他们通过游说、操纵舆论、政治捐款以及推举代表、参加选举甚至游行示威等方式，影响政治均衡。利益集团汇集了个人偏好，可以在成员间分享信息收集成本，有效揭示沟通偏好，实现某种均衡，但是利益集团在提高本集团成员收益的同时，无形中也降低了全社会提供公共产品的经济效率和总支出。并且利益集团还有寻租问题，即通过政治过程让利益集团获得超过他们机会成本的经济回报。公共经济学还从经济视角发展了官僚理论。认为官僚机构相比私人机构而言，不存在竞争，具有非利润化特权，反应相对迟钝，而官僚们由于实行任命制而不是竞选，其行为具有相对独立性，有强大的影响力。在管理过程中，官僚机构倾向于追求预算最大化或者更多的预算结余，导致官僚机构不断扩大，并且导致公共利益不确定、信息不完整、政策执行受障碍，公私博弈不成功等误区，出现目光短视、行为短期化、缺乏代表性、缺乏监督等诸多问题。

（2）公共选择理论和管理主义理论。公共选择理论的学者采用"方法论上的个人主义"来研究政府官僚系统行为。他们认为，人类社会由两个市场组成，一个是经济市场，一个是政治市场。在这两个市场上活动的是同一个人，都是自利和理性的人。也就是说，政府公职人员与普通市民一样，都以自己利益的最大化为目的。至于国家机关，由于人民对其所有权分散且不可让渡，故缺乏加以监督的诱因，再加上没有市场竞争的机制予以有效制约，因而自利的官僚得以不顾社会公益，专注于追求个人的权力、名望和利益，最终造成国家机关效率不彰。基于这一认识，公共选择理论认为，要解决公共管理的危机，应减少国家机关的职能，尽量交由更有效率的市场来调控，以达到最有效率的资源配置。市场可以部分甚至完全取代政治或行政，成为管治社会的主导机制，只有将"经济效率"作为最高标准，通过市场这只"看不见的手"的作用，才能使众多自利的个体走到一起，增加社会福祉。管理主义理论是一种全新的，来源于类似商业管理的理论、方法及技术，重点在于为公共部门引入市场竞争机制，提高公共管理水平及公共服务质量。管理主义有以下特点：它是一种更加富有战略性或结构导向性的决策方法（强调效率、结果和服务质量）；分权式管理环境取代了高度集中的等级组织结构，使资源分配和服务更加接近供应本身，由此可以得到更多相关的信息和来自其他利益团体的反馈；可以更为灵活地探索代替直接供应公共产品的方法，从而提供成本节约的政策结果；关注权威与责任的对应，以此作为提高绩效的关键环节，这包括强调明确的绩效合同的机制；在公共部门之间和内部创造一个竞争性的环境；加强中央战略决策能力，使其能够迅速、灵活和低成本地驾驭政府对外部变化和多元利益作出反应；通过要求提供有关结果和全面成本的报告来提高责任度和透明度；宽泛的服务预算和管理制度支持和鼓励着这些变化的发生。

各个国家加入新公共管理运动有着共同的原因。首先是由于国家机关内容、形式、手段等不适当，国家提供的公共产品质量和效率都无法满足社会的要求，并且影响了社会经济的正常运行。究其原因，包括财政薄弱或收支失衡，国家缺乏充足的财力来保证公共产品的提供，官员队伍执行力羸弱，国家机关缺乏适应新情况的能力来提高公共服务的质量和效率。同时，知识经济的兴起加速了全球经济一体化的进程，并将全球经济一体化水平不断推向更高层次。任何一个国家政府的命运都将由其在全球政治和经济舞台上的竞争能力和其处理具有全球性特征的问题的能力所决定，不同国家机关之间的全球性的"政府效能"横向竞争的时代已经成为现实。各国都必须清醒地认识到，国家机关效能与合法性已不再只是一种历史遗产的惯性延续，国家机关治理能力和水平的竞争，犹如不同企业之间的竞争一样，只有在国际系统中不遗余力地寻求到保护和促进本国在全球竞争中利益的方略和战术，并有效地促进本国福利的实际提高，才能获得本国人民的认同和支持；那些对社会的要求与愿望反应迟钝或不愿作出反应的政府面临权威危机、信任危机和合法性危机。过去，我们对政府绩效以及对政府拥护度、忠诚度是采用单一的、纵向的参考坐标，而现在，本国人民也不会再满足于站在本国历史上的纵向比较中，也不能再容忍社会福利制度性的、永久性的不及他国。公众甚至可以像选择职业与工作单位那样来选择政府。为迎接这一挑战，对国家机关治理体系和治理方式进行结构性调整与重塑，国家机关效能无疑将成为各国政府明智的选择。在这种时代背景下，新公共管理运动回应了这一难题。它提出了解决这一问题的出路。不少人认为新公共管理运动除了有助于解决国家无法及时有效地提供社会经济发展所必需的公共品的问题，也有助于在行政组织方面造就一种替代传统科层制的新的公共管理范式，并且在新公共管理运动的基础上还进一步发展出了新的公共管理方式。这就是以治理理论为基础的新公共服务。新公共服务强调的是公共服务的社会和民主导向，主张用民主和社会的标准来衡量公共服务质量。奥斯本和盖布勒在《重塑政府》一书中，把"新公共管理"形象地概括为十个方面。即建立掌舵而不是划桨的国家机关、发挥社会组织作用的国家机关、把竞争机制注入到服务中去的竞争性国家机关、有作为而不循规蹈矩的国家机关、处处讲究效果的国家机关、满足顾客需要的国家机关、廉洁的国家机关、有远见的国家机关、注重分权的国家机关、以市场为导向的政府。新公共管理运动的主要主张包括：①政府角色定位。新公共管理倾向于决策制定（掌舵）和决策执行（划桨）相互分离的体制。为了实现两者分离，新公共管理主张通过民营化形式，把公共服务的生产和提供交由市场和社会力量来承担。而政府主要集中于掌舵性职能，如拟订政策、建立适当激励机制、监督合同执行等，引导它们为实现公共利益的崇高目标而服务。②专业化管理。新公共管理认为政府必须清楚自己在做什么、如何做和向谁负责。在政府中，管理型而不是专家型的人员应越来越多地担任部门领导。因为在新公共管理者眼里，管理是需要技能的职能。③企业管理方法的引入。基于管理具有相通性这一认识，西方国家在行政改革的实践中广泛引进企业管理方法，并用企业管理理念来重构公共部门的组织文化。新公共管理中的项目预算、业绩评估、战略管理、顾客至上、产出控制、人力资源开发等主要源于私人部门的管理实践，出现了公私部门管理在理论和方式上的融合。④绩效管理。绩效管理是在设定公共服务绩效目标的基础上对公共部门提供公共服务的全过程进行跟踪监测并做出系统的绩效评估。其内容主要包括服务质量、顾客满意度、效率和成本收益等。公共部门的绩效评估主要是以"3E"为标准，即经济、效率和效益。⑤产出控制。用绩效和计划预算取代原有的预算制度。计划预算是根据机构特定项目来进行资金分配，员工也变成了计划预算的一部分。同时，战略管理受到政府重视。这就意味着要明确组织使命并对其能否实现目标有所预期，还要了解组织与环境相适应的程度，组织在该环境中的优势与不足，以及环境带来的机遇和挑战。这些技术通过产出与资源相结合才能更好地利用各种资源。⑥竞争引入。新公共管理主张用市场的力量来改造政府。在公共部门中引入市场机制，在公共部门和私人部门之间、公共部门机构之间展开竞争，提高公共物品及服务供给的效率。竞争机制的引入带来了公共部门服务的市场检验、优胜劣汰的局面。⑦以顾客为中心。新公共管理把社会公众视为政府的"顾客"，认为公共组织应当以"顾客满意"为宗旨，并且强调国家机关对顾客有求必应；行政部门对顾客参与决策的公开程度是否存在补救措施，而且整个经济效率依赖于公共部门在提供商品及服务时如何对顾客需求作出反应。

"新公共管理运动"经过多个国家的实践，已经体现出了与传统公共行政模式的差异，比如更加注重管理绩效和管理效率，更加注重市场的力量，更加注重管理的弹性而不是僵化，更加注重公共部门运行于其中的相关的政治环境，更加注重私营部门管理方式在公共部门的应用，等等。不同程度解决了发达国家面临的财政危机和信任危机，提升了政府运作能力，回应了在全球化中保持国际竞争力的内在要求，克服了原官僚体制下对公共物品的垄断或管制供给的做法，而是采取分权和权力下放，实行组织机构变革和人事制度改革，改善了公共管理机构的形象以及对人员的管理。在服务提供者之间展开竞争，把国家机关的控制权从官僚机构那里转移到社区，授权给公民，把评估放在效果上而不是投入上，采用参与式的管理。这种全新的管理模式已经在公共管理领域逐步形成。

从新公共管理运动诞生之时起，也不乏对它批评甚至指责，使我们认识到新公共管理运动存在的一些局限之处。从整体上讲，在社会经济生活日益复杂，国家与社会的界限更加模糊的趋势，任何一种改革都无法彻底地消除公共权力部门的本质缺陷，只不过是对其缺陷的弥补，对既有问题的缓和。从局部上看，有专家认为，新公共管理运动把国家机关与公民的关系类比为"商家与顾客"关系，强调了政府的服务属性。表现出忽视民主参与、简化国家与公民关系的倾向。新公共管理运动虽然表面上倾向于使国家机关的服务提供更为商业化，但事实上产生了更多而不是更少的官僚政治化。公共管理改革带来了政治家对丧失政策执行控制权的担心，由此作为改革的一个结果，高级公共职位变得更富有政治色彩的同时也不安全。我们可以从中得到一个启示，我国国家机关（公共部门）的发展和改革，不能全盘模仿国外"管理主义""新公共管理""以市场为基础的公共行政""后官僚制典范""企业型政府"等看起来比较完美的模式，而应当正确解读这些制度构架背后的观念内核，通过比较和尝试，进行扬弃、借鉴和吸收，把它们作为构建新时期人民法院工作方法论的理论支撑。一是应当承认现代社会条件下，国家与社会边界越来越模糊，国家的干预影响和渗透到社会经济生活各个层面的今天，改善公共服务成为政府寻求政治支持和民众认可的重要来源。二是新公共管理运动从工商管理中借鉴了许多工具性做法，比如绩效管理、评估、重视结果等。这一方面说明了公共管理与私人管理之间具有相互学习的可能，打破了公共管理的神秘性，为日后的公共服务改革强调多主体参与提供了有力证据；另一方面也体现了以信息技术为代表的现代技术创新能够推动制度改革，因此技术创新与制度创新的互动关系在新公共管理中得到充分体现。三是新公共管理和新公共服务说明了国家机关提供公共服务的行为不单单是一种行政行为，还是政治行为，不仅要强调效率和效益，还要关注民主参与等社会政治价值。在新公共管理及公共服务中，公共利益是至高无上的，而且它是各种利益对话和"重叠"的结果。国家机关的作用是协调公民和其他群体之间的利益以创造出共享的价值。国家机关公务人员必须服从法律、共同体价值、政治规范、职业标准以及公民利益。这与我国一贯坚持的政治原则是相通的，与以人为本、执政为民的道理是统一的。四是要完善公共管理和公共服务，不仅要改革服务的程序、手段、方法这些技术层面的内容，还要进行制度层面的创新，为公共权力有效行使提供制度支持，为技术层面的创新提供制度保障，从而实现公共服务改革的全面性、系统性和可持续性。这些方面是我们可以借鉴的。

2. 将专业化分工思想融入法院工作方法论探索

法院方法论的探索是一种群体行为，存在着不同的分工。在这里面，人民法院领导者是非常关键的角色，在法院改革建设过程中，他们是掌舵者、主要设计者、强力推动者，同时也是风险承受者。现代公共管理理论认为，公共部门领导者需要培养和增强"企业家精神"，既要具有坚定的政治立场，敏锐的政治判断，独特的政治远见，也要有娴熟的管理经验，强烈的创新思维，专门的决策、领导、协调、控制能力，以及高度的成就需求，才能把握好局面。这一思想对包括人民法院在内的国家机关的领导人能够带来深刻的启迪，作为一流的人民法院领导者，既要紧密结合现实管理工作中的各项事务，又要着眼现实、未来和世界的发展潮流；既要把充沛的精力投入到法院的日常管理中，又要积极开展战略研究；既要善于在组织运用法院内部资源和优势，调动法院干警的积极性和创造力，也要善于借势，协调好各种外部关系，争取政策、资源的支持营造改革创新的良好氛围，才能在实际管理与领导活动中提高自己战略思维的素质与创新能力，推动人民法院的管理创新实践。从这个层面上说，人民法院的领导者既要当好国家机关的当家人，又要扮演好所在地方的法律权威的代表者，还要是一个具备"企业家精神"的现代化管理者。广大的法院干警是研究探寻法院工作方法论的主力军，发挥着不可替代的作用。此外，还应该充分重视"外脑"的作用。现在社会对人力资源的重视远超以往，知识分子代表着最优秀的人力资源，是社会的精英、国家的头脑。他们一方面有参与国家机关建设与管理的能力，比一般民众站得高、看得远、想得透，有更敏锐的分析、判断能力；另一方面他们有参与管理的热情，以得天独厚的文化修养和精神素质，以超越自身的济世胸怀和宽阔视野，对社会政治生活有强烈的责任感。重视知识分子的作用，使他们在国家机关的建设改革中发挥更大的作用，是一大良策。知识精英对国家的作用愈来愈突出，在各级国家机关的高层管理部门和各层级的参谋部门中，出现了不少高学历背景甚至海外学历背景的人才，不少知识分子经过国家机关的淬炼正在积极成长为政治精英。辩证唯物主义的思想表明，在人民法院工作中人的因素是头等重要的，既需要通过人才资源的开发，建立开放、自由、多样、有保障、制度化的渠道，让法院内部的知识分子更好地适应岗位，创造条件更好地发挥他们的才能，学以致用，也要构建法院体制外的知识分子与法院工作的密切结合，激发更多的知识分子群体将理论和实践相结合参与司法，引导他们改变对政治冷漠的态度，对于他们的各种建设性的建议和决策要真正地采纳，而不是流于形式，装点门面。要紧紧依靠人民法院培养学者型法官、学者型院长和众多关心促进司法进步的学术力量来实现人民法院的工作水平和管理创新能力上升到新的层次。

3. 在法院工作方法论探索中更多的借助政策科学理论

探寻人民法院工作的方法论是具有一定理论含量的工作，不仅仅依靠实践观察总结，还需要进行思维构建。在法院工作方法论的形成和实施过程中，政策科学发挥着重要的作用。政策科学又称公共政策或公共政策分析，它是以现实的政策实践、政策系统及政策过程为研究对象，运用类似于自然科学的研究程序和方法，对政策系统之间，政策与环境之间，政策过程诸环节之间以及系统内外诸因素之间进行因果关系或相关性分析，从而提供制定政策的相关知识，帮助改进政策系统，提高政策质量。政策科学是典型的跨学科和应用型专门知识研究。从 20 世纪 60 年代末，开始在各国的政策决策和实施过程中发挥作用。政策科学中所谈到的政策实际上是一种公共性政策，是由公共权力机关制定和推行的，公共政策的主体是国家、政府、执政党等，它通过政治过程决定资源在不同公共物品之间的配置或者使价值、利益在不同阶层、团体、个人之间进行分配，它明显不同于包括个人和企业在内的市场主体根据市场供求关系来决定私人物品的生产、供应或购买、消费行为等。政策科学的理论提出，我们相信有一套系统化的程序或能用于处理当今政策问题的政策分析方法，我们相信也有一系列属于这些基本方法的子方法，它们会产生即刻的效果并对做好政策抉择在理论上有很好的帮助。政策科学理论有各种模型，包括立项、论证、试验、评估、推行等各个环节，目的是更好地配置公共资源，提高公共服务绩效，使国家机关更好地履行公共职能。我国重视政策的作用，毛泽东同志所说"政策和策略是党的生命，各级领导同志务必须充分注意，万万不可粗心大意"。我们往往把政策看作经验型、调研型产物，忽视了它当中的科学原理，没有把它作为一门专门学问加以研究，党的十一届三中全会以后，党和国家越来越重视决策科学化的问题，催生了政策科学在我国的出现。20 世纪 80 年代中期，党和国家正式提出要开展政策科学化和政策民主化的研究。到 20 世纪 90 年代中期，政策科学的理论和实践得到了较大的发展，逐渐成为一门比较完整的学科。人民法院是公共权力机关，司法资源是公共产品，人民法院工作围绕着为全社会提供公共司法服务而展开，人民法院工作的思路、方式、方法、程序等问题应当纳入政策科学的研究范畴，其中包括方法论的问题。同时，我们也应当认识到，政策科学发端于对于政府机关行政管理活动的研究，人民法院的工作与其相比，既有共性又有特殊性，因此，在探寻人民法院工作方法论的过程中，我们不能照搬政策科学的一些既有结论，而是应当在参考、结合政策科学原理的基础上，针对司法工作的特殊规律特点，有选择地加以运用。

4. 寓各种本土化的管理思想于法院工作方法论之中

谈及管理，人们重视喜好用西方传来的管理理论和语言来发表意见，但是，我们更需要本土化的，用人民群众能够理解、能够接受的语言和习惯来认知管理，来践行管理，如何抓管理，管理抓什么，抓哪些管理。作为现代化的审判机关，作为优秀的人民法院的领导者应该解决好这些问题。现在人民法院战线已经在这方面取得了不少成果。一是关于制度与管理的关系。制度是带有根本性的。首先前者在制度的构架上要体现完整性，所有的制度规范要涵盖法院工作的各个方面，不留死角；其次在制度的内容上，既要体现"刚性"的，也要注重"柔性"的，实现民主管理与自我管理的相融；再次，在制度的操作上，要程序化，克服随意性，杜绝管理的"空当"。在此基础上形成的制度化管理可以视为一种规范化的管理。二是关于管理质量的问题。管理的目的在于激发人的积极性，提高工作质量。要处理好继承与创新的关系，不断地把法院的管理经验由感性上升到理性；要围绕法院工作规律，大胆借鉴和引进先进的管理理论，如 ISO 管理质量认证等，使法院的管理与国际公共管理接轨，提升管理水平，解决好管理的推广应用和传承问题。过去我们称之为标准化管理，现在我们可以更进一步，把它上升为一种质量化管理。三是管理信息化的问题。信息化技术的迅速普及，不仅更新了人们的思想观念和技术手段，而且也为管理科学化插上了腾飞的翅膀。我们要借助于信息化技术，克服传统管理方式带来的负面效应，进一步加大全员应用的力度，开发各种管理软件，增强管理的科技含量，进而推动现代化法院建设的进程。在追求管理科学化的过程中，实现和跨越管理信息化的阶段必不可少。

三、法院工作方法论的优选

法院工作的方法论的探索是一项理论工作，但是方法论并不是先定的，已然存在的，而是孕育于人民法院日常工作当中，靠我们去发现和揭示它。在各级人民法院研创出的诸多方法论中，我们有必要加以分析、比较、评估，找出最能体现法院工作规律、符合法院改革需要的方法之精髓，并且深入分析其哲学意蕴、思维技巧，找出背后更为深刻方法论源泉。当然，人民法院接受任何一种方法论以及在方法论指导下的制度、机制、变革过程都会有得益者和受损者。这种差异既可能是发展道路、发展重点的差异，也可能是发展质量、发展成本的差异，比如在方法论上我们偏向企业型国家机关、企业家型法院院长的理念，而引发的人民法院公共性属性和单位化属性的此消彼长。在对人民法院的干警进行业绩管理和素质评估过程的方法论中，如何衡量政治性能力和业务性能力的权重；在构思对人民法院进行以"三 E"——经济（Economy）、效率（Efficiency）、效益或有效性（Effectiveness）为基础的绩效评估方法论时，如何因时、因事协调这三者之间的关系；以及"三 E"标准本身的孰优孰劣等等，这是我们在未来工作中需要认真面对并切实加以解决的。

法院工作方法论的优选必须有充足的信息保障，使得决策者能够知晓各种可能对方法论产生影响和干扰的因素变量，这就要求我们努力克服信息不对称的问题。信息不对称肇始于市场交易活动，指市场交易各方所拥有的信息不对等，一方比另一方占有更多信息，处于优势地位。严重的信息不对称会导致市场机制失灵，表现为在交易时一方无端承担较高成本的逆向选择和交易双方达成合同后，一方以另一方为代价改变自己行为倾向的道德风险。在方法论的选择过程中，如果法院的职责人员对环境动向反应迟钝，对不同的意见闭耳塞听，对工作方法论可能导致的体制、格局变动所引发的司法效应和工作变局没有充分的瞭望和研判，就可能使得辛苦制定的工作方法论成为一纸具文。

方法论的优选过程背后有着严密的投票规则支撑，投票是在合议制决策体制中必不可少的个人意志传导和表达方式，个别化的提议要转变为集团的行动，一般通过投票。通过漫长的政治实践，人们发现最完美的投票方式是一致同意的投票规则，它的优点在于能够平等地体现权利，避免个人利益搭便车或者少数代表的意见被忽视，而它的缺点是复杂、费时、费力，容易引起冲突、威胁甚至恫吓，以及出现投票策略行为和隐瞒投票人真实偏好等不良倾向。次一步的选择是多数投票规则，它对于表决结果的产生具有一定的强制性，较好地体现了决策成本和外部成本两方面的因素，比较适用于针对两种备选方案的投票，同样也会忽略少数人利益，难以避免投票策略行为，如果有多个备选方案而且满足一定的条件，可能会出现"投票悖论"现象。甚至有学者认为，既具有效率，又尊重个人选择，而且不依赖议事规则日程的多数规则投票方法实际上是不存在的。这启示我们，在对人民法院工作方法论的设计、评定、选择时要考虑到有关的规律，不能简单立足于追求最优方案，形成最佳共识、发挥最大效益，而是要根据外部环境和组织特点，来适宜、均衡地确立不同组织、不同阶段、不同工作对象的方法论，并且采取开放、多元的方式听取各个利益主体对于法院工作方法论的意见。

第三节　法院工作方法论的绩效评价

一、评价法院工作方法论的目的

推进人民法院工作顺利开展，要依靠党的领导，人大的监督，上级法院的指导，政府、政协和社会各界的大力支持，依靠全体法官和其他工作人员的不懈努力，当然也离不开方法论的效用发挥。人民法院通过很多途径道路，基于各种指导思想设计和实施各种工作方法，有的方法可能立竿见影，有些方法可能经过长期运转才能见到效果，有的方法带来的工作成效是局部的，有的工作成效是全面的，有的工作成效是短期的，有的成效是长远的，有的方法可能需要的成本较小，有的方案可能需要的配套条件多，不同的领导风格、不同的工作环境、不同的执行力度也会对人民法院的工作成效产生影响，对于人民法院所总结实施的不同形式的方法以及在此基础上形成的方法论进行定型化、定量化的比较，测评它们的绩效，是非常有意义的。人民法院方法论的绩效评价需要解决好评价思路、评判依据、评判主体、环境变量等问题。

党和国家对人民法院工作使命的表述中，提出人民法院需要更好地把自身工作融入到党和国家工作大局之中，结合到为辖区经济社会发展服务中来，使法院工作始终与中心工作同向，以人民群众的新要求、新期待为信号，着力把维护人民权益这一根本出发点和落脚点更好地体现到法院各项工作之中，解决好人民群众最关心、最直接、最现实的诉讼需求，完善司法便民、利民、护民的诉讼举措，使人民群众在司法活动中享受到改革发展的成果。人民法院把追求社会公平正义作为首要价值，要着力解决好执法不严、裁判不公、执行难等问题。需要着力抓好社会管理，实现好管理和服务的关系，实现执法者与被执法者的相互理解、执法形式与执法效果的内在统一。人民法院要把化解矛盾作为职能作用发挥的更高定位，既要化解当事人之间的矛盾，也要化解当事人与国家、与社会、与政府的矛盾，努力促进社会和谐。这既是设计方法论的起点，也是观察人民法院的方法论是否具有绩效的终极指标，人民法院上下已经形成共识，那就是权力是人民赋予的，是用来保护人民利益、为人民服务的，我们的一切工作都要以人民满意不满意为出发点和落脚点，建立、完善由人民群众评判执法工作的机制，这也反映出人民法院方法论的评价权问题。

人民法院要立足现在、着眼未来，充分认识到"尺有所短、寸有所长"的原理，即要正视目前指导人民法院各项工作的方法论，通过认真学习借鉴兄弟法院、兄弟部门的好经验、好做法，不断改进方法论。

人民法院工作方法论具有正效应，也具有负效应，如果不及时发展完善方法论，人民法院工作不仅会止步不前甚至出现退步、拉大差距，如逆水行舟不进则退。因此，对方法论要进行经常性的绩效评判。

二、评价法院工作方法论的依据

对方法论的评判应当有一些相对固定、易于操作的标准，根据上述人民法院的工作目标和方法论的作用机制，我们认为，以下几个指标可以作为人民法院工作方法论评估中的标尺。

其一，把是否能为社会主义建设提供更有力的服务作为人民法院工作方法论是否发挥效用的根本标准，为经济社会建设贡献力量是人民法院工作中最大的政绩。在一定方法论指导下的人民法院工作，能否保持正确的司法指导思想。能否牢牢坚持科学发展观，牢固树立社会主义法治理念，我们也要考察人民法院在一定的方法论指导之下，自觉克服与新的形势任务不相适应的旧观念的束缚，坚持把促进社会和谐作为法院工作的出发点和落脚点是首要的观测标准。同时，我们也要观测人民法院工作能否充分发挥方法论的效用，把握好审判工作重点，通过充分发挥审判工作打击惩办、疏导调节、规范引导、教育预防职能，能否全力参与社会治安、经济和社会矛盾领域的综合治理工作，为经济社会建设提供强有力的司法保障和法律服务。观察工作的方法论能否引导人民法院工作实现理论创新、与时俱进，锐意改革，不断进行体制、机制创新，不断改进工作方式方法，克服各种弊端，适应新的形势任务需要。

其二，把是否能促使人民法院在审判工作中充分实现案结事了作为衡量法院工作方法论成效的重要标准。考核法院工作的方法论能否引领法院紧紧围绕党和国家中心工作来布局谋篇，维护稳定，化解矛盾，促进发展，以有为赢得地位。法院工作的方法论能否发挥进一步规范立案、审理、执行、涉诉信访等各个方面的司法行为的作用，促使法院干警以对党、对人民高度负责的态度精心审理好每一起案件，努力实现实体质量与程序质量、严格适用法律与实现司法目的、法律效果与社会效果的有机统一。检视法院工作方法论有没有彻底贯彻以人为本，是否有助于进一步完善便民利民各项措施，大力加强诉讼调解工作，增强司法的亲和力，提高裁判公信力。

其三，把能否确保把人民法院建设为以人民信任的法院作为评判人民法院方法论是否成功的风向标。观察法院工作方法论是否对抓好法院领导班子建设有帮助。能否促进法院领导干部讲大局、懂业务、会管理，树立科学的发展观、正确的政绩观和强烈的群众观，增强依法、民主、科学决策和按客观规律办事的能力，事事、时时、处处发挥模范带头作用。能否在法院上下强化纪律作风建设，强化政治纪律，大兴学习之风，改进工作作风，检点生活作风，推进党风廉政建设。能否有力地推动人民法院加强管理。坚持自律与他律，内部监督与外部监督相结合，严格监督、严格管理、严格执纪。能否营造法院文化建设氛围。坚持好社会主义核心价值体系，努力建设体现"司法为民、公正司法"的主线，引领思想，凝聚合力，营造氛围，做到法院外部人民信任、法院内部干警满意的现代化审判机关。

下　篇

推进法院各项工作的方法论

第四章　法院整体工作的方法论

第一节　法院工作的属性

法院工作的方法论是根植于法院工作环境当中的，首先我们要能够准确地描述出法院的存在目的、活动宗旨、本体价值等方面的问题，才能在此基础上来思考如何去构思法院工作的方法。相对于从世界观的角度来宏观叙事，我们在此采取中观的、具体的角度，主要探讨法院活动的性质和法院工作的立场问题。

一、法院与司法制度

在我国，人民法院的事业根基是中国特色社会主义司法制度。这一制度是以马克思主义法律观为指导，在充分考虑我国国情，总结我国社会主义司法实践成功经验，积极吸收人类法治文明优秀成果的基础上建立起来的，是人类法治发展史上的伟大创造，具有鲜明的中国特色。中国特色社会主义司法制度有完整丰富的内涵。在司法制度的本质上，我们毫不动摇地坚持党的领导、人民当家做主、依法治国的有机统一；在司法权的来源上，我们始终坚持司法权来自人民，属于人民；在司法权的配置上，我们自觉坚持审判权、执行权既互相制约，又互相配合；在司法权的行使上，我们坚持审判机关既依法独立公正行使职权，又自觉接受党的监督、人大监督、政协监督、群众监督；在司法权的运行方式上，坚持专门机关工作与群众路线相结合，等等。这一司法制度，既继承了我国历史上法制文明的优秀成果，又吸收了国外法治的有益成分，具有无可比拟的优越性。

人民法院的存在意义在于它承载着我们国家经济、社会发展所必需的公正、高效、权威的司法制度，公正、高效权威的司法制度，有三个密切相联的要素：一是司法公正，包括实体公正、程序公正，还包括形象公正。二是司法高效，要求以最小的司法成本获得最大的司法效果。三是司法权威，通过严格的司法程序、规范的司法行为向当事人和全社会所展示的一种司法威望，一种公信力。习近平总书记在全国政法工作会议上明确指出要"进一步深化司法改革，努力建设公正高效权威的社会主义司法制度，不断提升执法司法公信力"。

就公正、高效、权威关系而言，公正、高效、权威三要素是一个有机整体，相辅相成，缺一不可。第一，公正和高效相辅相成。司法失去公正，效率就没有意义，这样的公正是伪公正；司法不讲效率，案件久拖不决，公正就会大打折扣，正所谓"迟来的正义是非正义"。第二，公正高效与权威互为前提条件。权威首先来自公正与高效，案件得到及时公正处理，裁判才能得到公众认可。同时，只有在权威的司法制度保障下，司法的公正与高效才能得到有效落实；司法如果没有权威，即使办理的案件再多，也无法起到有效化解矛盾、定分止争的作用。第三，公正、高效、权威具有衡平性。衡平即价值的均衡，在同时追求几种价值的实现时，往往会难以得到全部满足，在这种情况下应当选择衡平的价值。公正、高效、权威都是社会主义司法制度的重要价值。在三种价值中，公正是第一位的，但适应不同社会历史条件和现实的需求，可能会在不同时期出现各有侧重的情况。过去我们一直强调司法的公正与高效，中央在公正、高效之后增加了"权威"一词，便是在科学分析新的历史条件和司法状况的基础上所作出的重大判断。

从 20 世纪 70 年代末开始，我国迈上了改革开放新征程，在改革开放以来的市场化进程中，中国社会发生了深刻的变化，随着社会治理方式和法治观念的变化，人们更多地依赖法律手段而不是行政、道德手段来解决纠纷，民主与法制建设占据了社会公共话语的主要空间，整个社会对司法的需求不断增长，对人民法院的工作空前关注。而人民法院内在的司法能力强弱成为各方面瞩目的重要问题。我们现有的司法制度与公正、高效、权威的司法制度还有一定的距离。因此我们还需要开展艰苦细致的深化司法改革，从宏观层面看，这场改革涉及整个司法体制的方方面面，从中观层面看，主要是优化司法职权配置的机制改革；从微观层面看，主要是规范司法行为，这些改革建设的方向、目标，归根到底就是建设公正、高效、权威的社会主义司法制度。对于司法制度的公正和高效，我们过去讨论得比较多，形成的共识也较多，在法院工作中得到执行的也比较多，而对于司法制度的权威性，则关注不够，应当说，目前司法制度和法院工作的权威性是影响改革的关键性因素。维护司法权威，是法治国家建设的必然要求。没有司法权威就没有法律的权威，没有法律的权威就没有法治。维护司法权威，是充分发挥司法功能、维护稳定、化解矛盾的客观需要。近年来，全国法院每年审理的案件逾千万件，与改革开放前的 1978 年相比，增长约 50 倍。当前，我国仍然处在各类矛盾的凸显期，司法如果没有应有的权威，它的防波堤、缓冲器的作用就难以充分发挥。维护司法权威是解决司法权威不足的现实要求。在过去长期的计划经济条件下，司法权被严重弱化、矮化，改革开放以来虽有很大发展变化，但仍与市场经济发展的客观要求不相适应。因此，维护司法权威是当前建立公正、高效、权威的司法制度的关键环节。当然，在公正和效率方面存在的问题也不能忽视。从法院工作自身来说，主要是通过改革改善工作、加强管理、提高队伍素质、转变工作作风等，提高办案的质量效率，增强司法的公信力，在制度体制上则要依靠党和国家统筹安排部署，自上而下地整体推进。

二、法院与司法权

法院的首要职能是代表国家行使司法权，司法权是学理概念，据学者们的研究，它包括司法权的基础理论，司法的理念，价值取向与宏观目标、司法权行使的具体步骤，司法审查和法院管辖的范围，法院管理体制与内部司法管理模式，司法质量评判，司法监督，司法改革等林林总总的问题。

我国的司法权来源和发展过程与西方国家有很大的不同，长期以来，司法权被行政权所兼并，被封建专制的权力所凌驾，近代以来，国家的司法权行使环境非常特殊，主要服从于战争以及阶级斗争的需要，作为政治工具在进行运行。

近年来，司法权能的定位和承载的职能发生了很大的变化，这种变化缘于多方面的原因，第一个原因是自 20 世纪 90 年代后，党和国家明确提出我国要建立和完善社会主义市场经济，打破关于市场经济姓资姓社的争论和禁区。市场经济就是法制经济，市场经济就是每一个生产者和交换者在市场上的独立自主行为的总和，要遵守一套完整的交易规矩，而这种规矩就是法制。第二个原因是在党的十六大上，我们党系统地提出建立社会主义民主政治国家的宏伟目标。我们国家有十三亿人，十三亿人都参加管理国家不现实，就要立规矩，立办法，来制定法律管理国家，所以建设社会主义的民主政治就是建立社会主义的法制政治，民主如果没有法制作保证就是空谈，当然法制如没有民主作基础就是专治，就是独裁。第三个原因是党的十六届四中全会中央提出来建立社会主义和谐社会。建立社会主义的和谐社会不是说在社会主义的条件下大家都以和为贵，坚持互相一团和气。和谐本义是从音乐中间划出来的，中国古代音乐的宫、商、角、孜、羽五音，但是要敲出五音来要有许许多多的乐器，所以各种各样的乐器在一块，各行其是，各自为政，就不成调。必须有个指挥，组合起来以后就形成了很优美的曲子。按照指挥，就达到了一个和谐。那么引申到我们社会，建立社会主义和谐社会：一是调整各种利益关系。把每一个团体、每一个机关、每一个人的利益关系进行协调，相互之间互谅互让。二是协调利益取向。企业以追求利益的最大化为目的。但是在建立社会主义和谐社会中，为了实现长久的利益有些时候不得不牺牲一些眼前的利益。每一个人都有自己追求的终级目标，有些时候要做出退步甚至牺牲。三是调整利益的取得方式。在利益的取得方式上各个主体的工作重点和奋斗方向不尽相同。大家相互之间要进行协调，避免冲突。在利益取得的方法上，进行了相互协调、相互融和，这样就达成了一种和谐。但是当个别主体为了获取利益，不惜采取非法手段，如何才能保证社会和谐？这需要定规矩，这个规矩是什么，就是国家的法律。法律面前人人平等，在法律允许的范围内来实现合法利益最大化，那么社会就在法律的框架下达成了一种和谐，建设社会主义和谐社会实际上就是建设社会主义的法制社会。真正执行法律，真正把这个法制落到实处的是行政执法机关。首先是立法机关，然后是行政执法机关，再就是司法机关，而且司法机关在当中扮演着重要而又特殊的角色。从根本上说，司法权就是维护社会治安、稳定，维护社会的发展的一种公共服务和法律保障。

司法权归属于人民法院，但从根本上说，司法权是人民赋予的神圣权力，作为人民法院要保障和实现好司法权的依法行使、司法权的独立行使、司法权的高效行使、司法权的合理配置。司法权是抽象的，在人民法院的工作当中，司法权外化为组织审判活动，即行使审判权，审判权是一种直接的权力，可以区分为若干个层面。审判权的主要内容有：一是要求权。当事人到法院来打官司主张权利，法院可以向当事人提出满足诉讼需要的各种要求。比如提供诉讼证据、规定时间出庭等。二是认知权。当事人提出来的诉讼请求，法院必须认知，包括证据。三是限制权。法官在审判的过程中，依法可以对当事人的诉讼行为进行限制和规范，可以根据法律的规定行使这种限制权。四是强制权。应该到庭的当事人可以拘传到庭。没有正当理由不到庭的，可以缺席审判。不自动履行生效判决的可以强制执行，对妨害诉讼行为的可以采取强制措施。五是裁判权。可以就当事人的诉讼请求加以裁断，做出支持或否决的最终结论。六是处置权。处置权是落实法院判决的权力，诉讼法赋予法院不仅可以处置当事人的财产，还可以处置当事人的人身关系和其他社会关系。七是说教权。在西方国家尤其在法制比较健全的国家，除了强调司法的强制作用外，也非常重视司法的宣教作用，在美国，有的案件判决书是几百页，法官在判决中不但述明事实问题，而且对法理进行探讨，提出独特的法律观点，表明司法权力对某种社会现象的态度。在我国的判决文书中也有说理部分来体现一种法律精神。八是建议权。对单位和个人可以提出司法建议。

人民法院围绕审判权的行使所进行的司法管理活动是行使司法权的必要要件，可以进一步划分为司法审判管理、司法人事管理和司法政务管理三者之间的相互关系是以司法审判管理为中心，以司法政务管理为基础，以司法人事管理为保障，来构建完整的司法管理体系，形成完整的司法管理机制。

司法审判管理主要包括：①组织权。组织起一支审判队伍，确定独任法官。②配置权。包括人力的配置，如承担审判任务的书记员、法官助理、司法警察等，也包括物质资源的配置。③监控权。即对审判流程进行管理控制，通过对各类案件的性质、审判取向、难度的分析，从有利于提高效率，保障程序的公开、公正，防止不当的拖延和权力滥用的角度入手，厘清案件审理中必要和不必要的管理环节，建立相应的工作体系、标准规范和运行机制，结合信息化建设，做到更加公开、高效，提高法院裁决的公信力。④监督权。监督权和检查权结合在一起就是考查是不是正确履行了审查权，是不是依法保护了当事人的权利，对当事人的诉讼权有无损害。⑤评价权。评价权是一种核心权。可以对审判行为是否合法、审判结果是否公正进行评价，也可以对案件质量、法律效果和社会效果进行评价，在此基础上形成案件质量评查制度，通过确定案件质量评价依据和标准，并加以细化，形成一系列符合审判规律，科学、合理且具有较强可操作性的指标体系，对案件审判发挥正确引导作用，提高法官的工作成效。⑥救济权。审判管理权力中必须具备救济权。它指的是内部的一种行政性的、程序性的救济，比如通过审判管理，进行案件质量评查并通报。通报实际上就是一种管理救济。通过计划、组织、配置、检查、监督、评价和救济，达到促进司法公正。利用审判管理权的运行来规范司法行为，促进司法公正，提高司法效率。上述审判管理中涉及的问题很多，既有宏观指导方面的问题，也有流程管理方面的内容，同时也包括审判质量监控方面的内容，构成了人民法院工作的主要方面。

三、法院司法权能的延伸

法院除了践行国家司法制度、履行审判职能之外，在自身的组织建设、能力建设方面也应有一定的作为，如果把审判工作视为中心工作，那其他方面的工作就是中心工作的延伸，与中心工作形成相互配合、相互促进、缺一不可的关系，这是我们在思考和总结人民法院工作的方法论时不可忽视的问题。人民法院工作的延伸主要体现在以下几个方面。

1. 法院管理模式问题

20 世纪 40 年代开始，美国司法系统开展了法院统一化运动，诞生了法院行政官这一新的领域，在欧洲，荷兰的法院建立司法委员会，逐渐重视和加强法院司法事务的管理。在我国，关于法院管理的研究起步较晚，正处方兴未艾之势，尽管文化背景不同，司法理念模式各异，司法实践也存在着不小的差异，但全世界范围内，司法界都公认法院管理是现代司法制度的重要领域，法院管理的内容是相当丰富充实的，法院管理的形式是灵活实用的，就我国而言，法院管理尚处于探索阶段，有很大的提升空间。2004 年 2 月最高人民法院曾专门主办过"法院管理制度改革比较研讨会"，研讨了法院管理所涉及的一些基本性问题。对广大的人民法院工作者而言，首先，需要界定清楚法院管理的性质、范围、分类、模式、改革趋势。法院管理是独立于法院审判工作之外的一项专门性、技术性、保障性的管理活动，法院管理体制初步划分为法院组织体系、法官管理体制、经费管理体制等，和我们常说的司法行政事务相比有一定的类似性，但又不完全等同。法院管理实际上已经存在于我们的法院工作当中，但我们尚未充分意识到它的独立性和重要性。法院管理的加强是法院发展的必由之路，能够为"公平与正义"的实现提供切实的保障。其次，我们应当坚持进化与建构相结合的发展思路，进一步提升法院管理的水平，法院管理必须建构于适当的管理体制与模式之下，就世界范围内的法院管理体制而言，大致有"分离制""合一制"两种基本模型，分离制是将法院的核心司法审判业务和司法事务管理体制分开，交由不同的机构来行使；而"合一制"是由法院来统一、集中行使司法审判和司法行政事务。两种模式有着自身的优势，也存在各自的弊端，两种模式的利弊还需要进一步观察和研究。大多数专家都认为我国现行的法院司法行政管理模式既不是"合一制"，也不是"分离制"，而是"分离制"与"合一制"之间的一种混合体制，都普遍认同司法事务管理应当由法院来行使，而不适合交给其他机构，但我国究竟应该选择哪一种合适的法院管理体制以及不同级别的法院，其管理体制是否应有所差别，这些问题还需要进一步探讨。最后，法院管理体制的一些具体内容。第一项是法院管理的决策机制与实施机制问题，在国外的法院，这项工作已经开展有多年，据了解，在美国法院，其法院管理是由法院政策制定者（首席法官、法官会议）与法院行政官一起决策，由行政官组织实施。我国过去对法院决策机制的理解是执行党委领导下的集体决策机制，对法院管理实施机制则缺乏研究。现在越来越多的法院领导者和专家意识到，我国法院管理工作改革的方向应当是决策和实施逐步分立，贯彻民主决策原则，让法官成为决策的主体，可以建立司法行政委员会。对于司法行政管理机构来讲，应当统一、精简，走专业化、专门化的路子。第二项是法院人事管理体制，法院以往的人事管理是强调政治挂帅、业务其次，岗位职能分工模糊，针对法院人事管理中存在的问题，最高司法机关提出了改革的思路和措施，改革选人、用人机制，实现分类管理、推进专业化、职业化进程。着重是推进书记员单独序列和法官助理等司法类公务员改革，同时对司法行政类人员如财务、后勤人员进行专门化管理的探索。改革法官遴选制度，增加本人申请、实务技能培训等程序，把由具备法学知识的人才到合格法官的过渡阶段剥离出去，由法官培训机构承担，而不是法院来完成。专家们认为，人事体制的改革还需要继续推进，在进行法官职业化的同时，也要高度重视和推进司法行政及其人员的职业化，更加有利于保障司法的统一性、独立性，有利于实现司法效率与公正。第三项是法院经费管理体制问题，法院的经费保障一直是困扰法院工作开展的突出问题，当前人民法院的经费保障状况得到很大的改观，但现阶段的经费保障还是存在着较强的政策性和不稳定性，需要从经费保障体制入手，牢固建立长效稳定的经费来源与保障制度，克服这方面的一些弊端。专家们对此方面的观点比较集中，就是要借鉴国外的做法，明确法院经费属于司法经费而非行政经费，实行预算独立，逐步提高经费保障的层次，最终实现由国家权力机关审查、决定，政府财政部门执行、审计，为公正、高效地开展司法活动提供保障。第四项是法院内部管理基本模式问题，一方面，国外的法院内部管理结构和模式给我们的启发是，法院管理中应当强化法官的中心地位和本位作用，并且应该根据司法环境、法院地位等具体情况加以摸索和创新。另一方面，法院的内部管理应当朝着专业化的方向发展，体现出管理是一种专业性活动的特色，国外法院采取的聘请行政官（管理专家）进行司法行政管理的做法很值得研究。为此，司法行政人员应当实现职业化，以适应管理工作专门化的要求，尽快地造就法院内部管理的专业队伍。当前的内部管理运作需要逐步转变，比如法院院长，应当只进行决策，从繁重的行政管理事务中解脱出来，把主要精力放在加强审判宏观指导、审判实务研究、制定司法政策等方面，而不应当审判、行政事务一把抓，分散精力。

2. 法院人力资源建设问题

在市场经济观念的浸润下，人们日益接受人力资源的理念，日益重视人力资源的作用，在司法活动中，法官就是一种重要的人力资源，需要我们用全新的眼光去看待，去管理。以往人民法院的人事管理沿袭行政管理的模式，局限于档案式的管理，或者是登记表式的管理，这种管理方式已经过时，不适应司法的需要。法官作为一个社会精英群体，既具有国家工作人员的共性特征，又有司法职业所要求的一些个性特征，如广博的知识和文化结构，不同于常人的心理素质，道德修养。司法人事管理就是要研究法官、识别法官、培养法官、约束和激励法官，比如根据法官的脾气性格，或气质特征，来决定从事什么类型的审判。在组成合议庭时也要考虑法官之间的性格搭配等等。对法官的工作进行考评是现实的需求，世界各国都建立了不同的法官考评制度，提出了考评法官时涉及法官独立审判与法官的司法表现的关系问题，要怎样去细化法官考评的主体、内容，改进法官考评的程序，实现双向互动，如何正确看待和使用考评结果，使之更加符合审判工作和法院工作的规律。

3. 司法政务支持问题

司法政务是幕后的工作，但其重要性不亚于前面所述的内容，这一类管理要解决的问题就是怎么样在资源配置基础上进行科学合理的成本核算。浅层次理解就是如何把钱管好、把车管好、把房管好、把网络管好。而深层次的司法政务管理则有更深远的用意，通过观测一个法院、一个法官每年办理了多少案件，在多大程度上维护了当地的社会稳定和经济发展，在多大力度上保护了老百姓的合法权益，国家投放给法院的经费、法官的工资、福利和职务消费是否获得了应有的效益。除了这种宏观的观察，还可以针对某一类具体的案件直至每一个个案来进行核算，来评价案件的司法成本、各个审级的资源消耗情况，来帮助法官，帮助人民法院，帮助司法决策者来制定更高效率的司法解决方案。我国有近四千个法院，近二十万法官（法院总人数三十余万），每年受理的案件一千余万件，各级财政每年投入的司法经费三百余亿元，从这些数字也可以看出对人民法院的资源和负荷进行精确核算的重大意义。

4. 司法实践与理论转换的问题

人民法院从事的司法纠纷处理工作，是一项纷繁复杂的事务，一方面，人民法院工作要面对社会转型所引发的外部经济、社会、文化环境。另一方面，人民法院处理司法纠纷所依赖的各类法律法规、诉讼规范处于不断的变动当中。因此，人民法院的工作内容中，调研工作是重要的一个环节，围绕法院工作重点搞好调研工作，能够服务大局，服务审判实务和司法，服务领导决策，服务法院改革，服务队伍建设。总之，法院建设的各个主要方面都可以展开调研，当然，人民法院调研工作的重点应当放在影响审判发展的主要矛盾方面，实施重点突破，如法律适用问题，使调研更有针对性。审判活动是人民法院的中心活动，法律适用是审判的首要问题。加强法律适用研究，能够逐步提高法官释法明理的能力、公正裁判的能力；通过抓重点、促一般，解决一些常规性的审判问题，如针对犯罪发生特点和发展趋势对刑事司法进行调研，针对群体性矛盾、民间纠纷的特点，对民事纠纷解决机制进行调研、探讨解决路径，对庭前调解问题、群访群诉案件等问题，找出特点和规律，研究相应对策，提出指导审判的意见，把理论研究与审判实践结合起来，对于有意义重大的调研课题，法院有责任充当牵头角色，邀请有关方面专家学者参与，借助"外脑"提高调研质量。使每一个调研课题都能够做深做透做实，不断推出新境域、高水平、深层次的调研成果。调研工作的另一个方面是将调研成果加以转化，增强调研的应用性。应用是调研的动力，也是调研的价值所在，两者之间能够形成"调研为应用，应用促调研"的互动运转模式是最佳状态。法院调研工作的前端是创造调研条件和课题，而调研工作的后端则是注重应用，讲求调研的效益，及时把调研成果转化成司法建议、决策参考、指导意见、工作部署等，使调研成果尽快发挥作用。为做好人民法院的调研工作，需要考虑构建一种调研工作机制，确保调研的一贯性。逐步建立起一套"问题收集—课题筛选与确定—实施调研—转化—应用—反馈—再调研"的良性循环体系。制订调研整体规划和年度计划，每年通过调查问卷等形式上下结合，筛选出一定数量的课题列入范围，区分宏观性、综合性、专门性课题三个类别，区分一般调研课题和重点调研课题两个层次。对调研课题采用招标等形式进行分配，确定责任人和完成期限，明确调研要求和标准，根据各个庭室的职责分工和职能优势，组织实施调研活动，形成渐次推进、良性循环的态势。

除了上述内容，人民法院的职能和工作还随着环境、使命的变化呈现出其他的特点和倾向，需要我们进一步关注。

第二节　我国法院工作所面临的挑战

如果把人民法院的工作视为一种有机、有序的组织体系，把人民法院看作整个社会大生态、大家庭中的一个重要部分，则在人民法院的内外部存在着一系列的变量或者挑战，可以用它来解释和探讨人民法院工作当中遇到的一些问题和矛盾。在依法治国不断推向深入和市场经济逐步完善的今天，法律的作用日益彰显，法院的地位更加突出，案件的范围急速扩展。随着人民法院第一、第二、第三五年改革纲要的陆续实施，法院改革步入快车道，必然涉及法院工作的一些热点和难点问题。从某种意义上说，法院改革处于攻坚时期，从营造更为适宜的法院生态角度观察，法院工作中的一系列重点、难点、热点问题也是法院不可回避的挑战。在这些方面我们要抓住机遇，深化改革措施，解决制约性因素。

一、法院工作所面临的外部性挑战

1. 如何确定好法院的定位问题

根据习近平总书记在全国政法工作电视电话会议就做好新形势下政法工作作出重要指示精神，我们认为，新时期法院工作最简明的定位是"服务大局、维护稳定、司法为民、促进和谐、与时俱进、创先争优"。这既是人民法院当前工作的指针，更是今后工作应当全力遵循的方向。

这一定位的内涵是非常丰富的，从狭义上理解，人民法院要实现工作的先进性，重点是组织好两个方面的工作，一是法官能够做到树形象、正作风、讲方法，牢记全心全意为人民服务的宗旨，忠实地履行人民法官的神圣职责，加强人生观、价值观和职业道德学习教育、培育一心为民的优秀品格、无私奉献的工作精神、求真务实的工作作风、敬业爱岗的职业操守，树立法官形象，端正审判作风，讲究审案方法、不辞劳苦，排忧解难、真情关爱，做合格法官。二是审判活动能够自觉地贯彻科学发展观、实现司法关注民生、审判服务百姓，工作促进和谐，维护稳定。公正司法、坚持宗旨，融情于法，坚持原则，切实解决纠纷，防止矛盾激化，力争案结事了；依法办案，有错必纠，树立公正司法形象，不断提高工作质量和水平，实现法院工作的科学发展、创新发展、和谐发展、率先发展。

从广义上理解，在人民群众心目中，人民法院是打官司的地方，是说理的地方，是解决纠纷的地方。纠纷的解决方法不仅仅只有诉讼一种，打官司也不是只有一成不变的定式，而是有着相应的客观规律和发展空间。

人民法院要准确地实现工作定位，更需要将自己定位为司法功能优化和解决机制多元化机制的一种引擎角色。

（1）司法功能优化的问题。在当今世界司法发展当中，存在着司法过程中法院功能转化的趋势。它指的是一种新型模式，即为公民提供更多、更便利的纠纷解决方式，使公民更加便利地接近正义，是目前的发展方向。其中一种努力是使诉讼简易化，使司法更加接近民众日常的生活，使司法从一个高位向下延伸，这种向下延伸并不会大量地占有司法资源，而是通过半社会化的方式，即法院通过把社会力量调动起来参与这种简易化的运动来实现的。世界不少国家通过对审判组织、审判资源配备的简易化，甚至对于法官的资质要求适度地放宽；并大胆地引进社会力量参与这个过程，这样可能比追加大量司法资源、无限扩大法院更好。另一种努力则是不同程度地允许非诉讼方式存在，西方各个国家普遍承认非诉讼方式的作用和地位，通过立法和制度设计，鼓励当事人选择这种方式，最后是在立法和制度设计中设定强制性的机制，要求当事人必须使用，如适度强制调解的制度，用它在一定程度上取代部分诉讼。司法职能发展的一个主要趋势是纠纷处理的简单化、便民化以及通过社会化力量完成，而法院在这个机制中起主导作用。在中国，这股改革的浪潮已经开始波及司法活动中，法院的司法能动主义倾向成为一种值得注意的现象。法院在司法职能转换过程中的积极变化对人民法院参与和谐社会建设，发挥更重要的政治、社会功能也是非常有利的。

（2）推动多元化纠纷解决机制的问题。当前，社会矛盾由于涉及的利益主体多、原因复杂、社会影响大，任何一种纠纷解决机制都无法单方面解决，我们必须根据纠纷产生的原因、特点和规律，采用多管齐下、多种形式的纠纷解决机制，这就要求法院从过去的单一纠纷解决机构，越来越多地转向统合整个社会多元化纠纷解决机制提供者，在其中起核心作用。这种机制对于建设社会主义和谐社会具有重要意义。从法院的实际工作来看，建设多元化的纠纷解决机制，需要进一步明确认识，更新观念，改变"法律纠纷就是司法纠纷、解决纠纷就是到法院打官司"的观念和做法，要进一步统一认识并高度重视这项制度建设，要加大对探索机制的人力、物力投入，为多元化的纠纷解决机制提供必要的条件和保障，相关单位和部门要加强对工作人员的培训和指导，不断提高工作人员解决纠纷的能力与水平，保证多元化纠纷解决机制执法与司法的公信度和效率；要研究多元化纠纷解决机制的方式创新问题，对现有方式的利弊优劣不断总结和评估，注意规范，不断完善，同时根据社会的发展和情况的变化，研究借鉴其他国家、其他地区多元化纠纷解决机制的新经验和新做法，不断创新切实有效的、形式多样的纠纷解决方式，并解决好多元化纠纷解决机制发展不平衡问题；要研究各种纠纷解决机制的法律效力、分工、配合与衔接问题以及如何形成合力与有机整体等问题。

现阶段，人民法院在多元化纠纷解决机制的构建中重点工作是"大调解"格局。调解是解决社会矛盾纠纷解决机制的重要层面。人民法院要在法官队伍明确支持、指导人民调解的法律责任和政治使命，在人民法院内部建立健全组织机构，加强领导，建章立制，着力推进一手抓诉讼、一手抓调解，并将诉调对接工作列入日常工作计划，有计划、有步骤、规范有序地进行，为调解的开展创造良好的条件。党委政法委和人民法院主持下成立人民调解工作指导委员会，将调解工作制度化、定期化，在法院与人民调解组织间建立经常性工作联系和沟通机制。通过多种形式培训人民调解员，提高人民调解员的法律素养和业务技能。对人民调解工作具有指导作用的案件，及时邀请人民调解员旁听庭审，增强指导工作的针对性和有效性。共同研究民间矛盾纠纷产生的规律和特点，排查原因，分析对策，制定预警和防控方案。探索法官助理庭前调解制度、特邀调解员参与调解制度、律师主持和解制度、诉前和解制度等多种调解和解模式，赋予当事人充分的选择权。

2. 如何充分发挥法院的职能作用问题

法院是国家机关的重要组成部分，是公共权力部门，简单地说，法院职能作用的发挥即如何更好地把人民法院工作融入到党和国家工作大局之中，结合到为辖区经济社会又好又快发展的服务轨道上来，始终保持法院工作与中心工作同向、同步。如何使法院工作迅速地响应人民群众的新要求、新期待，把维护人民权益这一根本出发点和落脚点真正地体现到法院各项工作之中，通过哪些途径来满足人民群众最关心、最直接、最现实的诉讼需求，利用哪些渠道来更进一步完善司法便民、利民、护民的诉讼举措，使人民群众在司法活动中享受到改革发展的成果。如何设法把社会公平正义的首要价值追求更好地体现在审判工作中，如何保证把每一案件的处理都当作社会公平正义的具体实践，如何切实地从实体、程序、时效等各个方面体现维护社会公平正义的要求。采取何种方式化解当事人之间的矛盾，化解当事人与国家、与社会、与政府的矛盾，努力促进社会和谐。这些问题既有宏观性，更有现实意义；既有共性，也因法院工作组织开展的水平差异而呈现出不同的特性。

　　法院职能的发挥要建立在对当前法院面临的形势任务和存在的问题深入分析和思考基础上，要紧扣法院面临的基本矛盾来集中攻坚。当前，影响法院工作的突出问题有三个：一是"执行难"问题；二是裁判公信力问题，集中表现在涉诉信访案件上；三是干警素质问题。要解决好这些问题，要使司法的理念、司法的制度和司法的行为都要能够切中主要弊端，解决主要矛盾，首先要从理念入手，深入理解"高、快、好、省"四字方针，即审判质量要高、审判效率要快、审判效果要好、审判成本要省。要牢固树立社会主义法治理念，坚持党的事业至上、人民利益至上、宪法法律至上，端正法院工作的政治方向。所谓公信问题，就是要以让人民群众信赖人民法院、信任人民法官为标准，从人民满意的地方做起，从人民不满意的地方改起，从满足当事人的诉求、保障当事人的诉讼权利、实现当事人的合法利益出发，扎扎实实地解决影响法院和法官形象的突出问题。所谓素质问题，就是要通过不同的载体，提高法官的政治素质，始终保持良好的精神状态和奋发进取的精神面貌，改进审判作风，切实解决好对人民群众的感情问题。其次是通过内外结合的工作指导思路，通过优化的司法制度和司法行为，内要大力提高业务素质，增强司法能力；外要理顺关系，优化流程。在法院内部增强司法功能，主要靠加快案件繁简分流、建立速裁机制等，以缓解审判压力。在法院外部增强司法功能，则要靠积极构建多元化纠纷解决机制，把大量的社会矛盾化解在基层、解决在萌芽状态。要发挥诉讼文化的引领作用。当前，"杀人偿命"、"以命抵命"、请托说情等旧的诉讼理念的糟粕还不同程度地存在，给审判工作带来很大压力。在法院和法官自身，也存在一些与社会主义法治理念不相适应的地方。在法院内部，要运用多种手段，构建"公正、文明、和谐、卓越"的法院核心价值体系。在法院外部，要使更多群众能够理解、支持法院的工作，优化司法环境。要强化诉讼能力的救助功能。在法院外部，要根据当事人诉讼能力的高低，加强引导、救助，提高他们的法律意识和诉讼能力。在法院内部，要提高法官的司法能力，使他们具备较高的理论功底、丰富的实践经验和高超的审判艺术。要完善诉讼监督的制约机制。在法院内部，既要加强司法监督和审判管理，也要注重司法民主。在法院外部，要自觉接受当事人监督，把法院的工作置于社会监督之下，确保法院公正司法。

法院职能集中表现在顺应时代和环境的需要上。能否做好以下几个方面工作是检验人民法院职能掌控能力高低的标准。

（1）能否准确地认清和把握形势。要清醒地认识到，面对复杂的环境和形势，仅依靠司法手段无法解决所有问题。为此，人民法院应当认真学习和深刻领会党中央的重大部署，积极配合党委，立足于法院审判、执行与司法服务的本职工作，制订和实施应对社会矛盾和纠纷的措施，保障党中央作出的重大政策的贯彻落实。

（2）通过司法力量全力维护市场经济秩序。越是在经济发展遇到困难的时候，越要着力维护良好的市场经济秩序。人民法院应当通过依法审理各类案件，有效化解经济纠纷，严厉打击各类影响市场秩序的违法犯罪行为，保障有序竞争，维护市场秩序。

（3）化压力为动力，强化队伍建设，完善司法工作机制。社会转型时期新情况、新问题对人民法院工作提出了更高的要求，需要不断探索和创新工作机制。

（4）如何提高司法服务水平。应对金融危机，促进经济平稳较快发展，要求司法救济必须高效、便捷，尤其是一些关系到企业生死存亡的案件，更要提高司法效率。一方面，积极探索简化案件审理的新方式，加快审判流程，使案件在确保公正的前提下快审快结；另一方面，加大执行力度，改进工作方式，使当事人的合法权益尽快得以实现。

（5）如何主动服务大局，适时提出修改法律的意见和建议。当前，社会矛盾处于高发态势，一些深层次的问题有可能尚未暴露，目前的应对措施也可能不够完善。因此，人民法院应当加强调研工作，进一步开展对经济社会发展和司法工作受社会环境影响的调查研究，密切关注经济社会环境的新情况和新变化，提高对各类敏感问题发展趋势的预测能力和疑难复杂问题的处置能力。利用司法统计数据及时发现司法领域内产生的各类新情况、新问题，深入开展前瞻性的调查研究，深入基层，及时了解人民群众的司法需求，认真研究审理因金融危机产生的新类型案件，不断总结审判经验。人民法院作为司法机关，通过具体案件的审理，能够及时发现现行法律与实际的脱节之处以及法律的空白与漏洞，这是法院工作的优势所在。因此，人民法院应当及时归纳总结现行法律法规的不足之处，及时向立法机关提出修改法律的建议，以推动法律的不断完善，增强法律的适应性，维护社会主义法制的权威性。

二、法院工作所面临的内部性挑战

1. 法院队伍建设问题

法院队伍建设的重点在于确保市场经济条件下法官队伍保持本色，永不变质。法官是社会正义的最后守护者，法官之为法官的意义不仅在于惩治犯罪、解决诉诸法院的当事人之间的现实纠纷，更为重要的是通过公正司法来唤起社会对法律的尊重，确立法律至高无上的地位，推进法治进程，满足人们亘古以来对如何实现社会正义这一理想的追求。甚至有的西方学者宣称，法官职业是今天处于人与"神"之间唯一的一种职业。这要看广大法官能否牢牢树立职业神圣感和使命感，深刻认识到所从事工作的重大意义，切实承担起历史赋予的社会重任；在自我意识当中不断强化职业意识，增强献身精神，勇于为了法官这一神圣职业牺牲个人利益；要忠诚于法官职业，以对法律的信仰和自身正气，让人们明确无误、毫不怀疑地看到广大法官是在主持正义。法院队伍管理的一个要求是确保法院工作人员做到独善其身。弘扬正义需要有坚实的素质保障。作为一个以法律科学为基础的职业，法官必须具备扎实的法学理论、深厚的法律知识、良好的法律意识、高超的司法技能、丰富的社会经验以及对现实社会的深刻理解，这些要通过不断学习和实践锻炼才能获得，这是作为一名法官的基本前提。但要成为一名真正的法官，其更为明显的标志在于个人的道德操守。广大法官要大力加强个人修养，"善养吾浩然之气"，使之转化为处断是非的内心动力和本能；要彻底克服因自身经历所导致的个人好恶和主观偏见，始终保持居中裁判者的风范；要培养忠于职守、刚正不阿的气节，惩恶扬善、伸张正义的良知和正直善良、公道正派的品质；要做到"日三省吾身"，时时反思自己的作为，匡正去邪，净化心灵。通过不断加强业务学习和自身修养，使自己成为一名具有先进的理念、渊博的知识、娴熟的技能、优秀的品格的时代法官。法院队伍建设要力塑职业形象。正义之气内蕴于思想，外显于行为。要在处理案件的过程中，以确保司法公正为最高价值标准，坚持中立、平等、公开等法治原则，遵循审判规律，凭借对法律的理解和良知，作出公正裁判；在行使审判权时，既要自觉接受监督，又要自觉抵制来自外界的各种非正常的干扰、影响甚至压力，维护司法权威，提高法官和法院的社会公信力；要迅速、快捷、高效地履行司法职责，严守审限规定，节约司法资源，降低诉讼成本，提高审判效率；要顾大义去私欲，保持清正廉洁，绝不能利用权力和个人影响为自己或他人谋取私人利益；要恪守司法礼仪，保持良好的仪表和文明的举止；要增强自律意识，谨行慎独，约束业外活动，杜绝不良嗜好和行为。要把法官所具备的特质与凛然正气贯穿于审判的每一个环节，融合于生活中的一举一动中，力塑法官的个人魅力，树立人民法官的公正形象。近年来，在司法人员队伍中也出现了一些腐败现象，表现为徇私枉法、权钱交易、生活腐化、道德败坏等，这一小撮违法犯罪分子的劣迹玷污了司法形象，动摇了司法权威和公信力，在人民群众当中造成了非常负面的影响。要推动法院工作取得成绩，就丝毫不能放松审判队伍自身的建设，党中央、政法委提出的推进在人民法院工作中司法民主的精神，人民法院要最大限度地扩大和落实审务、执行公开，最大限度地让司法权力在阳光下运行。要诚心诚意地听取人大代表、政协委员的意见、建议，发挥好人民陪审员、人民监督员、特邀监督员的作用。要以人民满意为司法工作的核心标准，建立、完善新型的由人民群众评判执法工作的机制，推动建立新型司法关系，确保广大法院干警真正做到司法为民。

　　法院队伍建设的另一大重点是如何提升人民法院工作人员的学习能力和竞争力。学习竞争力是一个人或一个组织学习的动力、能力和效力的综合体现，是学习型组织的根基所在。不断提高学习竞争力，特别是个人的学习竞争力是加强法院队伍职业化建设，推进司法改革，进而实现公正与效率这一工作主题的关键环节。人民法院的工作人员具有学习竞争力是时代的呼唤。我们现在所处的时代，是一个后工业的信息时代，是一个知识经济时代，知识的力量正在深刻地改变着整个经济和社会生活。当今知识更替的速度不断加快，知识积累速度也日益提高。我们已强烈地感受到知识的贫乏，曾经拥有的知识骤然"老化"，产生了一种"本领恐慌"；也逐步体会到应对时代的进步已从知识的竞争、人才的竞争发展到学习竞争力的竞争。因此，我们一定要把握时代脉搏，增强学习动力，提高学习能力，凸显学习效力，不断完善自我，推动工作发展。人民法院工作人员有了学习竞争力意识，才能真正确立正确的学习观。首先要树立全面学习的观念。既学习法律知识、人文科学，又学习自然科学；既学习知识，又学习技能；既学习历史，又学习现实；既向书本学习、向别人学习，又向实践学习；既研究本国的实践，又借鉴外国的经验，通过全面学习，做到博而专、精而深。其次要树立终身学习的观念。吾生有涯，而知无涯。要克服满足于取得了什么学历、接受过什么培训的思想，把学习贯穿于工作、生活的全过程，时时学习，处处学习，真正把学习融为人生必不可少的组成部分。三是树立知行统一的观念。学习的目的在运用，在于如何整合到实际的工作实践中去。看待学习的效果，不仅仅在于掌握了多少知识，更重要的是看怎样获取知识，如何通过对知识的运用提高才干，提高工作水平。因此，在学习过程中要注重学以致用，知行合一，增强学习的能力，切实发挥知识的力量。人民法院要围绕确定和维持工作人员的学习竞争力，配置相应的学习保障体系。学习竞争力既靠个人的自觉行动，又需要外界的有效促动。要教育引导广大干警充分认识学习的重要性；要结合队伍建设的实际，建立激励约束机制，激发干警追求知识、超越自我的热情；要构筑坚实的学习平台，建设能够及时获取各种信息的设施、场所和载体，满足大家学习的需要，提供彼此交流的机会，拓展学习知识的视野；要积极营造尊重知识、尊重人才的良好氛围，倡导创造性的学习，不断提高大家学习的自觉性；要在坚持传统的学历教育和岗位培训的同时，根据审判工作作为一种经验性职业的特点，采取切实可行的措施，进一步加大审判技能锻炼的力度，全面提高"操作"法律的能力。总之，提高学习竞争力是现实对每一个人的新的要求，也是法院队伍建设的中心任务之一。

2. 法院的思想工程建设

要做好人民法院的工作，思想上的统一非常重要。思想方面的问题，说起来容易，但要切实贯彻，始终如一地坚守，是非常困难且具有挑战性的。有几个关键性问题必须很好地加以解决。

（1）关于司法为民的统一思想导向问题。我们必须严肃、认真地回答好司法为民这一攸关人民法院工作方向的重要问题。即我们为什么要坚持司法为民，司法为民能为人民法院工作带来怎样的积极变化，我们如何做到司法为民等一系列问题。

首先应当认识到的是，司法为民是人民司法本质的具体体现。方向问题是根本性的问题。要加快推进法院的建设和发展，在社会文明进步中发挥其应有的作用，必须首先解决好"为谁"的问题。古希腊哲学家普罗泰戈拉早在公元前五世纪就提出了"人是万物的尺度"这一著名的命题。中国儒家经典《尚书》指出："民为邦本，本固邦宁，为政之要，在于得民。"中国古代史上出现的文景之治、贞观之治等盛世局面，无不表现出轻徭薄赋、与民休养生息的共同特征，而历朝历代的覆灭，也大都是因为统治阶级横征暴敛，致使民不聊生，从而动摇了其统治地位。实践表明，人心向背，始终是决定一个国家、一个政党兴衰成败的根本因素。深刻汲取历史经验教训，不难得出这样一个结论：为民，事业才能健康发展，国家才能长治久安。我们党是全心全意为人民服务的党，我们国家是人民当家做主的国家，我们法院是人民法院。我们的一切司法活动都必须以实现好、维护好、发展好最广大人民的根本利益为崇高目的和根本标准，权为民所用、利为民所谋、情为民所系、法为民所司。这是由我们党的宗旨和社会主义制度的性质所决定的，也是我们的司法制度与封建主义、资本主义司法制度的本质区别。背离了"为民"这一根本宗旨，我们的司法工作就会迷失方向。

其次，我们应当把司法为民和通过司法实现公平正义有机结合起来。公平和正义是社会物质、政治、精神三大文明建设的基本内涵，是司法活动的终极追求。它不是抽象的，而是体现在全社会成员的正当权益都能得到平等的尊重和保护上。中国古人就提出"法，平之如水"，但在"刑不上大夫"的封建社会，法是为君主、为权贵、为少数人服务的，所以不可能在全社会真正实现公平和正义。只有做到司法为民，为大多数人服务，全社会的公平和正义才会有实现的基础。党的十八大指出，"公平正义是中国特色社会主义的内在要求"。维护社会公平正义是司法的重要使命，是衡量司法公信力的重要标准。同时，必须认识到，司法活动是社会正义的最后一道防线，不仅直接关系到当事人的权益，而且影响着全社会共同理想信念的形成，影响着人民群众对法律的信仰、对党和国家的信任，关系着党的执政基础和国家政权的稳固。当前，司法实践中暴露出来的一些问题，比如有的案件久拖不结、久拖不执，有的法官素质不高、态度不好、办案水平不高，有的不能公正地对待当事人，甚至枉法裁判，侵害了当事人合法权益，损害了法律在人民群众心目中的形象。这些问题，归根到底是由于司法为民的宗旨观念不强造成的，最终也必须通过司法为民来解决。

其三，我们需要把司法为民置于经济和社会发展的大环境中考虑。当前，我们在全面建设小康社会的进程中，需要着力完成好两大任务：一是加快建立社会主义市场经济体制，顺利实现"转轨"；二是进一步扩大对外开放，顺利实现"接轨"。在转轨过程中，各种新情况、新矛盾、新问题大量涌现，其中有许多以诉讼的形式要求法院予以解决。从近年来的司法实践看，各地人民法院在法律适用等方面存在着一定的差异，在个别方面甚至出现失范和混乱，严重地影响了司法的严肃性和统一性。要统一公正地审理好这些新型案件，关键是要解决好司法活动的方向和原则问题。在接轨过程中，我们也遇到了一些新问题。比如，如何批判地学习借鉴西方资本主义国家的司法理念、制度、做法等，做到既能为我所用，又不脱离社会主义司法制度的性质；如何既切实保证依法独立行使审判权，又能坚持党的领导、人民当家做主和依法治国三者的有机统一，自觉地服从和服务于党和国家的工作大局等等，这些都迫切需要我们作出回答，根本的还是要解决好司法工作的方向和原则问题。最高人民法院适应新形势的要求，及时、明确地提出了司法为民的宗旨，就为这些问题的解决，从根本上提供了统一的标准，指明了正确的方向。

其四，如何坚持和贯彻好司法为民。司法为民就是一种在司法领域全心全意为人民服务的要求。

司法为民能否落实，要看人民法院有没有为当事人服务的意念。当事人是我们的直接服务对象，是有了诉讼、需要司法帮助的人民群众。司法为民能否落实，关键是看法院能否以深厚的感情对待当事人，能否像对待自己的父母、子女、兄弟姐妹那样对待当事人，不把他们都看成是刁民、坏人甚至敌人，就是对绝大部分刑事犯罪人也应该如此。司法为民能否落实，要看人民法院有没有良好的作风，能否全心全意地为当事人排忧解难，把各类案件办得更高、更快、更好、更省；能否设身处地地为当事人着想，把便民、利民、亲民、为民的措施落实到工作的各个环节。司法为民能否落实，要看法院是否自觉从当事人最需要的事情做起，从当事人最不满意的地方改起，不断改革改善改进我们的工作。这就要求我们时刻注意体察民情，倾听群众呼声，了解群众的的疾苦。就人民法院来说，现在比较突出的问题是执行难、办案效率和审判作风，这几个问题解决好了，让老百姓感到法院的切实变化，才能表明司法为民不是停留在纸面上。

（2）关于坚定党的政治路线的思想基础问题。人民法院的中心工作必须围绕着学习好党在新时期的重要政治纲领路线而展开，党的十八大对中国特色社会主义道路、中国特色社会主义理论体系、中国特色社会主义制度作出了精辟阐述。人民法院高举中国特色社会主义伟大旗帜，必须毫不动摇地坚持中国共产党的领导，确保党的路线方针政策和重大部署在司法领域得到不折不扣的贯彻执行；必须毫不动摇地坚持为人民服务的根本宗旨，更好地保障人民权益；必须毫不动摇地坚持中国特色社会主义司法制度，推动完善中国特色社会主义司法制度；必须毫不动摇地坚持社会主义法治理念，切实肩负起中国特色社会主义事业建设者、捍卫者的职责使命。党的十八大报告深刻指出，法治是治国理政的基本方式。要推进科学立法、严格执法、公正司法、全民守法，坚持法律面前人人平等，保证有法必依、执法必严、违法必究。人民法院推动实现"依法治国基本方略全面落实"的目标，必须着眼于完善中国特色社会主义法律体系。人民法院推进司法公信建设，要以严格公正司法为基石，坚持依法独立公正行使审判权，坚持在法律面前人人平等。要以维护社会公平正义为追求，使社会主义公平正义观更加深入人心。要以创新和加强审判管理为保障，实现审判管理的规范化、科学化、信息化。要以着力解决群众关注的诉讼难题为突破，进一步提升案件执结率和执行标的实际到位率，及时解决群众合法合理诉求。在司法工作中坚持正确的社会主义政治路线，遇到的主要挑战有如下几个方面。

一是人民法院能不能自觉增强党的观念。我们党是执政党，司法权是国家政权的重要组成部分，是一项基本的国家权力，必须置于执政党的领导掌握之下。党对国家的领导是我国宪法确定的一项基本原则，也是社会主义法治的政治优势和根本保证，是司法工作健康发展的根本保证。我们党没有自己的利益，代表的是全国最广大人民的根本利益，我们党领导司法不会影响司法公正，在理论上没有障碍。司法机关的工作人员绝大多数是党员，能够时刻牢记我们是为党执掌司法权的，要忠于党的事业，自觉地接受、服从党的领导。要认真贯彻执行党的路线方针政策，要把适用法律与执行政策紧密结合起来。法律是相对稳定的，政策则具有灵活性。党的政策是国家法律的灵魂，对制定和执行法律具有重要指导作用。以政策的调整来应对形势的需要，在相当长的时期内，将是解决社会生活丰富多变与法律相对滞后矛盾的重要手段。所以要通过认真贯彻执行党的政策，提高正确执行法律、适用法律的能力和水平。要充分发挥司法职能为实现党的执政目的、巩固党的执政领导地位服务。我们办理各类案件、开展各项工作都要为党和国家的大局服务，都要为实现党的执政目的服务，都要为维护、巩固党的长期执政领导的地位服务，不能单纯地就事论事、就案办案。

二是人民法院能不能寓政治于业务，做到从政治高度上保证严格公正文明司法，确保司法公正，体现宪法法律至上和公平正义的权威。党的十八大报告和习近平总书记的讲话明确指出，维护社会公平正义是司法的重要使命，是衡量司法公信力的重要标准。公正是司法的生命，是司法公信力的基石。推进司法公信建设，要坚持有法必依、执法必严，坚持在法律面前人人平等，让人民群众切身感受到人民法官严格司法、不偏不倚的优良作风。要规范执法尺度，完善案例指导制度，统一类案裁判标准；推进量刑规范化工作，促进量刑公平公正，确保自由裁量合法合情合理，使每起案件都经得起法律、人民和历史的检验。要严格执行实体法和程序法的各项规定，法律有明确规定的，必须严格执行，规定不明确的，要按照法律原则和立法精神去办，决不能任意妄为，没有法律依据的事情不能办，要通过提高队伍素质、规范执法行为，排除干扰和影响，确保严格公正司法。严格司法并不意味着不近人情的生硬司法，严格司法同样需要文明执法，需要密切联系群众，体现司法工作的人文关怀。公平正义作为一种崇高的价值追求，是衡量社会法治实现程度的重要标尺。保障社会公平正义是司法机关的重要职责。司法机关要履行好这一职责，最根本的要求是实现司法公正。没有司法的公正，社会公平正义就难以得到切实保障和落实。坚持司法公正，要求司法机关准确把握合法合理、平等对待、及时高效、程序公正的原则，始终坚持以事实为根据、以法律为准绳，实体公正与程序公正并重，公正与效率并重。在具体司法实践中，既要学习借鉴国外先进科学的法制文化成果，又要坚持发扬我们的优良传统，防止和抵制西方法制文化的错误影响。在我们的司法工作中，要时刻注意把维护公平正义作为根本的价值追求，我们改革的设计程序、司法人员主观能动性的发挥，都要围绕着如何让真正有理的人打赢官司来进行，我们对法律的解释、对案件的判决处理结果，必须既符合法律，又符合公平正义，符合道德人情。

（3）人民法院的思想作风的端正性问题。人民法院担负着维护党的执政地位、维护国家安全、维护人民权益、确保社会大局稳定、为中国特色社会主义事业的发展进步营造和谐稳定的社会环境的重任。在战胜各种困难、克服各种消极因素、努力争创先进性的同时，人民法院还应当在成绩和荣誉面前保持高度的清醒，要充分认识到，法院工作所取得的成绩并不能归功于领导集体和任何个人，成绩的取得来自各级党委的有力领导，各级人大的信任监督，上级法院的指导，政府、政协和社会各界的大力支持；归功于全体法官和其他工作人员的不懈努力。而归结到最根本，法院的工作成就来源于人民群众的支持和拥护。要认识到法院取得成绩不易，更要意识到逆水行舟、不进则退的道理，警觉到法院工作停滞不前甚至倒退却是相对容易的，而且是随时都有可能发生的，要立足当前、着眼未来，把荣誉转化为做好工作的强大精神动力。同时，马克思主义辩证法告诉我们，"尺有所短、寸有所长"，法院工作即便取得了引人注目的成绩，但工作中的不足不会因此遁形，而是继续存在并且继续困扰法院的工作，法院的工作在横向、纵向对比上处于前列，并不意味着法院的各项工作措施、工作方法已经无懈可击，应当看到在兄弟法院、兄弟部门中不断地涌现出的一些好经验、好做法，都需要加以学习、借鉴，更进一步改进工作。同时，人民法院要明确好发展和稳定两者之间的关系，将稳定视为各项工作的重中之重，明确稳定是硬任务，是第一责任。

3. 法院管理的挑战

相对于人民法院的审判工作水平而言，管理工作则是人民法院相对的弱项，也应当视为法院工作的重点难点。法院管理致力于研究如何有效加强管理工作，推进管理的规范化、精细化、科学化，如何与时俱进推进法院管理的改革创新，为建设公正高效权威的社会主义司法制度增加有生力量，为人民法院职能作用发挥提供更有力的制度、机制保障，是区别于一般的企业管理、私人管理的全新课题。当前法院的管理还存在着诸多不适应的地方，停留在感性管理重于理性管理、刚性管理多于柔性管理层面上，管理水平滞后于法院其他工作的改革。即便是现在，在不少的人民法院，对加强管理的重要性已形成共识，但对法院管理抓什么、如何抓的问题，则找不到很好的解决办法。法院工作之间的差距从表面上看是法院工作成绩的差距，而从深层次看则体现为人民法院核心竞争力的差距，核心竞争力的要害在于管理优势和人力资源，做好法院的工作，管理和人才缺一不可，这已经成为人们所公认的事实。如何使人才和管理成为法院工作的强力推进器是我们面临的重要课题。提升法院工作的核心竞争力还有赖于创新的力量，实现不断创新，包括管理理念、运作手段、实现方式等各个方面，创新是在竞争面前保持优势、推动法院工作层次递进的动力源泉。管理无定式，但管理以人为本则是不争的事实。管理先管人，管人先管心。因此，法院的管理必须首先在调动和发挥人的积极性、创造性上找到突破口，发展适合本法院建设和改革的优良管理方式。

4. 法院司法能力建设的挑战

司法能力问题是制约法院工作的"瓶颈"所在，无疑也是法院工作的重点难点，司法能力的提升是一项全面、系统性的工程，包括思想建设、领导体制建设、业务素养建设、工作作风建设，管理效能建设，涉及方方面面的问题。在思想政治建设方面，如何发挥人民法院的政治优势，如何牢固确立"政治建院"的基础目标，如何开展和加强中国特色社会主义教育，如何扎扎实实地开展学习实践科学发展观的活动，如何更全面地践行社会主义司法的核心价值观和社会主义法治理念，如何时时刻刻始终坚持党的事业至上、人民利益至上、宪法法律至上，确保法院工作的正确政治方向，都需要法院工作者来思考和规划。在领导力建设方面，如何加强领导班子建设，如何把法院领导班子打造成为自觉贯彻党的路线方针政策和领导科学发展的坚强集体，如何督促法院领导班子做廉洁表率、公仆表率、人民群众信得过的法官表率，需要得到重视和解决。在业务技能培育方面，如何采取切实有效措施来强化和吸引法官和其他工作人员投身业务素质和司法技能教育培训，如何敦促法官队伍改进工作作风，如何从点滴入手，塑造和提升法官群体在人民群众心目中的司法形象，需要有长效的机制和得力的措施。

5. 法院改革的挑战

纵观世界各国的诉讼司法史，由于诉讼时机、诉讼成本、诉讼程序等方面的制约，它们的司法体制不乏变动，有的是小幅修正，有的则是大幅调整，有的是主动改革，有的是被动跟随。到了 20 世纪 80 年代，司法改革似乎汇聚成为一种全球性浪潮席卷而来，世界上很多国家都在不同程度推进司法改革。考察世界各国司法改革的动因，主要集中在两个方面：一方面是司法制度本身存在问题，影响了司法公正与效率，或者严重脱离了社会需求，从而受到公众的指责。另一方面是经济全球化渗透到政治和司法领域，导致全球性的一致行动。

半个多世纪以来的司法实践证明，我国的司法制度是符合我国国情的，对保障、促进中国特色社会主义事业的发展进步作出了不可替代的贡献。为适应加快建设社会主义法治国家的新要求，我们要在维护国家利益和最广大人民根本利益的前提下，继续吸收、借鉴国外有益做法，积极进行制度、体制、机制、方法创新，不断完善我国社会主义司法制度。目前，人民法院不同程度地存在着司法需求庞大、司法功能不足的压力，必须通过改革人民法院的管理体制和运行机制，以提高自身的司法能力。

（1）法院要面临准确把握改革方式和积聚改革资源的挑战。在改革方式的把握上，必须坚持我国司法体制改革在性质上是中国特色社会主义司法制度的自我完善和发展。在吸收、借鉴国外有益做法时，必须清醒地认识到，我国现阶段的政治制度、经济制度、文化形态远不同于西方国家，我们绝不应照搬西方司法制度，我们必须用符合人民群众意志的思路、方式，必须用符合现阶段实际的司法制度解决现阶段的问题，走独立自主的法治道路，不能超越阶段提出过高要求，否则司法制度的改革将陷于错误。

（2）法院要面临改革动员和改革推进方式的挑战。法院改革在很多场合变成了老生常谈或光说不做的尴尬现象，其原因在于改革的制度性张力不够，压力缺乏，在动员力和推进力方面乏善可陈。人民法院的一些改革思路提出很早，有的也形成了相应的规章制度和工作措施，但落实起来能不能到位则千差万别。如审限跟踪管理制度早就有，但通报、惩罚措施始终不健全，一开始一季度通报一次，后来半年一次，再后来通报归通报，没有整改措施，制度成为空文。

（3）人民法院面临着如何评价和保持改革成效的挑战。改革无定式，改革也无禁区，但是改革有度量之别，有优劣之分，如何评判改革的真实成效，如何保持改革的宝贵成果，是人民法院必须思考的，衡量司法改革效果好坏的标准有效率、效能、成本、收益等各个方面，但归结到根本点，应当是党和人民是否满意，特别是广大的人民群众能否感知到、享受到改革的成果。人民法院的工作是直接面对人民群众的，西方有学者曾经谈到，不同社会的阶级、阶层之间的同质性、觉悟高低和组织程度是处于不同发展阶段的。在第一阶段，行业或集团成员意识到自身团结和同质性，意识到组织集团的重要性。在第二阶段，某一社会阶层全体成员觉悟到利益的团结。在第三阶段，人民意识到自己的社团利益在现在和将来的发展将超越纯粹经济阶段的社团制约，能够并且成为其他从属集团的利益。由于我国现阶段的经济社会发展程度、国民文化教育发展水平、法制宣传普及水平的差异性，人民法院所面向的人民群众的个体性差异和群体性差异均存在。针对不同的社会阶层、不同的群众群体，在坚持社会主义法制基本原则的前提下区别性地开展司法工作，是人民法院实现自身使命的必然要求，也是判定人民法院工作能力和水平的重要标志。现阶段，党的中央领导集体号召我们在党和国家各项工作中要做到以人为本，关注民生、保障民生，促进和实现人的全面发展，这不仅仅是一个口号，更是一种核心的理念和行动的指针，人民法院之所以冠以"人民"二字，其渊源也在于此，客观地检视当前人民法院的工作，我们遇到的困境和短板也集中体现在这一方面，需要我们认真地加以解决。如何通过法院改革来确保法院工作时时处处做到以人为本，是我们必须解决的问题。在法院工作中加强"以人为本"这一命题进行研究，非常必要，因为它有着宏大的政治背景，是形势任务的需要，是责任和使命使然，是指导法院工作的旗帜。它和当前全国上下学习贯彻党的十八大精神，落实科学发展观，建设社会主义和谐社会是一脉相承的。科学发展观的核心是以人为本，建设社会主义和谐社会的最主要目标，就是要让人民群众共享改革发展的成果。科学发展观就是要求全党，特别是我们国家机关工作人员，要以解决人民群众最关心、最直接、最现实的问题作为我们的工作重点，要以人为本，把人作为发展的主体和根本动力，作为发展的终极选择和根本目标。司法部门在审判活动中要围绕这一要求进一步端正指导思想，牢固树立社会主义法治理念。在2014年的全国政法工作会议上，习近平总书记重提"三个至上"——党的事业至上、人民利益至上、宪法和法律至上，这是新一届中央领导集体上任以来，第一次强调了"三个至上"。最高人民法院院长周强于 2013 年在陕西调研时强调，要始终坚持司法为民，通过依法审判各类案件，充分保障每一个当事人的合法权益。这些都充分说明，以人为本理念在司法领域中不可动摇的地位。最近，人民法院在以人为本的基础上更深入地提出了以当事人为本的司法理念，提出要在司法工作中更加主动、更加自觉地依法维护当事人的合法权益。通过强化爱民意识，增强亲民的情怀，在我们的工作中牢固树立司法为民的意识，体现人文关怀。积极制定并落实司法便民利民护民的措施，尽最大可能为当事人在诉讼上提供便利，解决好"打官司难"和"执行难"等一系列问题。同时切实转变工作作风，提高办案质量，维护好人民群众的合法权益。在司法实践中一方面坚持公民在法律面前一律平等，要努力维护社会的公平正义，维护社会主义法治的统一、尊严和权威，依法保护双方当事人的合法权益。另一方面坚持公民的合法权益与社会公共利益相一致的意识，克服二者是从属关系的片面认识。并区分好公民、集体的合法权益与个人主义、本位主义的区别。有些案件中当事人提出一些过高或无理的要求，法院在审理案件时要准确把握，合法的权益要坚决依法保护，非法的诉求不予迁就。

如何把以人为本体现和融入到法院各项改革中，使之由战略思想转化为具体实践。具体而言，我们需要思考和解决以下几方面的问题。

一是如何真正地确立"以人为本"的司法改革观。动员好、组织好法院的广大法官和其他工作人员自觉主动地深入学习党的建设理论中关于以人为本的权威论述和解读，如何正确理解、把握以人为本的科学内涵和精神实质，时刻关注如何将这一点具体化到司法工作当中、使司法能够彻底反映以人为本的价值取向，实现好、维护好、发展好最广大人民的根本利益。如何在法院工作决策和决策实施的全过程中坚持"发展为了人民"的正确政绩观，把维护广大人民群众的根本利益放到首要地位，如何真正坚持发展依靠人民，如何言行一致，把人作为发展的动力，尊重和保护好广大法官在法院建设中的主体地位和首创精神，如何维护和保障诉讼参与人诉讼过程中的诉讼地位和诉讼权利。如何在法院工作中实现发展的成果由人民共享的初衷，依法保障和实现人民群众的合理诉求，如何把个案的公正处理和促进实现社会公平正义有机结合起来，使人民群众切实感受到人民司法的温暖。如何使把人民群众的满意度作为评价法院工作成效的价值尺度不成为一句空话，把法院人民建设成为人民群众信任的审判机关。

二是如何把"以人为本"全面贯彻到人民法院的管理体制改革当中。通过哪些方式来坚持民主决策、科学决策、依法决策，利用哪些渠道来建立完善广大法官和其他工作人员的决策参与机制和利益表达机制，使法院的各项工作决策都能体现民意，集中民智，做到知行合一。怎样才能更好地、更多地确立法官在法院中的主体地位，围绕法官能够依法行使审判权来合理配置审判资源，并且优化配置结构；如何完善确保法官依法独立审判案件的制度和机制，为法官履行职责营造良好的外部环境。既保障、监督好法官和其他工作人员履行职责，又满足和实现法官个体的全面发展，满足他们在不同方面进步的需求；如何正确处理好个人与集体的关系，保障个体在履行职责和实现集体利益的过程中实现自身价值。

三是如何在审判工作改革中率先做到以人为本，做到既严格依法办案，在确保公正的前提下提高办案效率，又着眼和谐、谋求和谐，实现办案法律效果与社会效果的有机统一。如何抓好与人民群众生产生活密切相关的案件的审判，通过具体的案件审判来关注民生、保障民生，怎样才能更有效地尊重和保护人民群众的首创精神，依法保护各社会主体在改善民生中的积极性、创造性。通过哪些方面来进一步完善便民利民的各项司法举措，依法保障当事人行使诉讼权利；如何加大对弱势群体的司法救助力度，彰显司法的人文关怀。通过哪些方面来积极构建和谐的诉讼秩序，正确处理、协调好法官、当事人和其他诉讼参与人在诉讼中的关系，共同完成所承担的维护稳定、化解矛盾、促进和谐的职责。怎样去净化、优化人民法院工作人员的工作作风，树立良好的司法形象，密切与人民群众的联系，增强人民群众对法院工作的满意度。

6. 法院工作监督制度的挑战

在法院工作当中坚持加强监督制约，确保司法公正廉洁，是人民法院工作的重点难点所在。权力的行使往往具有一定的任意性，因此，我们强调要对公共权力以及司法权力的行使，坚持分权、放权、制权相统一，强化制权，是权力正确行使的必然要求。法院工作中的强化监督制约，就是要按照职权由法定、有权必有责、用权受监督、违法受追究的要求，逐步建立和完善司法业务、司法人事、司法行政管理体系，更大程度地发挥信息科技在系统整合、同步控制方面的功能，在机制运行中实现对法院各项权力的动态监督制约，确保司法公正廉洁。

在司法业务管理体系方面，要实现以"高、快、好、省"和廉洁办案的要求，思考如何对审判、执行权运行机制中的权力进行梳理，找出在权力行使与权力控制、监督方面存在失衡的部位，以便建立完善相关措施。寻求强化二审、再审程序和信访工作对审判工作的监督的途径，思考如何充分发挥审委办、立案庭、审监庭等部门以及院长、庭长的审判管理职责。加强对容易发生问题的要害部位、重点岗位、关键环节的重点监控。立足于工作需求和工作重点的导向，合理配置人力、物力资源，优化法院内部各部门间的职责分工和衔接配合，提高工作流转效率。完善审判质量指标评价体系，科学合理设置指标权重，发挥对审判工作的引导、激励、评价作用，保证诉讼活动健康、协调、有序进行。在司法人事管理体系方面，人民法院需要按照严格公正文明司法的要求，进一步健全干部队伍管理的目标责任制，落实领导干部"一岗双责"制度和上下级法院领导班子之间的层级负责制度。严格约束人员业内业务活动，确保能够严格执行最高法院"五个严禁"等廉政建设的各项规定。深化人员的分类管理，使法院不同类别人员各负其责，互相支持，形成合力。完善体现科学发展观要求的业绩考评办法，实现对各级法院和法院内部各庭室、不同类别人员的全面、综合、科学考评。在司法行政管理体系方面，要思考如何做到服务至上和质量、效率、效益相统一；如何进一步明确行政管理事务范围，实现行政管理与审判管理有机分离；如何建立完善机关事务、审判设施与装备、公文档案、信息工作事项的制度规范和运行机制以加强行政管理各环节、各部门之间的衔接配合；如何减少差错，提高效能，按照因需供给、物尽其用的原则，科学合理进行资源配置，最大限度发挥对审判工作的维护保障作用。这些问题的最终解决需要缜密的思考、周详的计划和严格的实施。

第三节　法院整体工作的方法探索

法院整体性工作应当遵循和发展的方法论，主要应围绕以下方面进行谋划构思，并形成一定的思路、举措和方法。

一、如何全方位提升法院驾驭整体工作的能力

2014 年 2 月 17 日，省部级主要领导干部学习贯彻十八届三中全会精神全面深化改革专题研讨班在中央党校开班。习近平同志在开班式上讲话强调，必须适应国家现代化总进程，提高党科学执政、民主执政、依法执政水平，提高国家机构履职能力，提高人民群众依法管理国家事务、经济社会文化事务、自身事务的能力，实现党、国家、社会各项事务治理制度化、规范化、程序化，不断提高运用中国特色社会主义制度有效治理国家的能力。现代社会发展需要更为现代化的国家机关，国家机关的现代化不能仅仅体现在外观上，更应该体现在内涵上，其重要支柱和载体是工作组织现代化、工作流程现代化、工作手段现代化，这些都可以归结为工作方法。制度经济学理论认为，现有的知识和技术的存量规定了人们活动的上限，但它们本身不能决定这些限度内人类如何取得成功。政治和经济的运作方法决定着一个经济的实绩及知识和技术存量的增长速率。从表层看，司法机关的工作活动涉及法律法规建设、法律案件处理、社会秩序维护、司法队伍管理等诸多方面。从深层面看，可以将司法机关的活动抽象化为四个关键环节：战略管理、政策管理、资源管理、项目管理。司法机关的管理能力在这一系列活动中显现出来，具体而言，包括战略规划能力、策略创制能力、资源运用能力和项目管理能力，这些能力内化于整个司法活动的动态过程之中，在当前复杂多变的社会环境中，这四方面管理能力的建设至关重要，而这四种能力的发展和运用，应当是在法院工作方法论中

居于内核的因素，也是法院方法论建设的核心主题。

1. 法院的战略规划能力及培育途径

管理学理论认为，战略规划能力是指管理者和组织者通过思考，在衡量影响组织未来的内部和外部环境的基础上，为组织创设目标、前进方向、焦点和一致性的能力。战略规划能力的强弱直接影响政府等公共部门长远的生存与发展，影响到公共部门能否在迅速变化的环境中取得更大的绩效，甚至还影响到公共部门的合法性、正当性和公正性。人民法院作为宪法和人民法院组织法设置的特殊而重要的国家机关，从本质上讲也属于公共部门，其承担着利用人民所授予的公共权利，去解决公共问题，谋求和维护公共利益的神圣使命。一直以来，人民法院不断发挥审判职能，推进现代化审判机关建设，实际上就是围绕着如何认识和实现人民法院的战略目标和使命而展开的，习近平同志在全国政法工作会议上提出，政法机关要把维护社会大局稳定作为基本任务，把促进社会公平正义作为核心价值追求，把保障人民安居乐业作为根本目标，坚持严格执法公正司法，积极深化改革，加强和改进政法工作，维护人民群众切身利益，为实现"两个一百年"奋斗目标、实现中华民族伟大复兴的中国梦提供有力保障，这是对人民法院战略使命的全面准确概括。在这些重要精神的指导下，各级各地人民法院结合自身实际探索和发展自身的战略定位。改革开放之初，我国的司法战线处于拨乱反正和恢复重建阶段，没有事先规划好的发展道路可走，没有现成经验可以借鉴，采取的是"摸着石头过河"的渐进模式，忙于解决当前出现的问题，无暇顾及或不注重规划司法工作的发展方向，导致人民法院建设的一些重要目标或者方向模糊不清，人民法院发展的一些前沿问题无人问津。在这种工作模式的影响下，人民法院工作出现内部部门职能不明、协调不灵等弊病，有些地方法院甚至出现了指导思想偏差、职责使命缺位、注重短期利益和部门利益而忽视长期利益和根本利益的倾向，严重影响了人民法院职能作用的发挥和整体工作的发展。因而，人民法院应当立足依法治国方略的实现和社会经济发展的需求，围绕审判职能作用的有效发挥和人民群众对审判工作的新需求、新期待，理性考量人民法院整体工作发展的现状，准确定位人民法院工作的发展方向，统筹建立人民法院工作发展的长期战略、中期规划和短期目标，整合人民法院工作整体战略和局部发展之间的关系，促进审判职能作用的充分有效发挥和现代化法院建设的不断推进。

2. 法院的策略创制能力及培育途径

策略创制能力是指国家机关部门在战略规划的指导下，制定具体的管理创新方案和行动能力。策略创制能力对国家机关提出了诸多的要求，要求各个机关能够对某一具体问题的历史成因、现实条件、制约因素等做出明确的解析，制订出既符合时效原则又科学可行的最优方案。毛泽东同志曾说过："政策和策略是党的生命。各级领导同志务必充分注意，万万不可粗心大意。"但实践中，策略创制能力不足是影响当前人民法院职能作用发挥的一个重要制约因素。导致这种现象的原因有很多，诸如一些法院制定自身法院发展规划目标时脱离人民法院发展的全局性司法政策，脱离地方经济发展现状和自身实际，对一些政策策略没有进行科学论证就付诸实践，有些制订实施计划策略是在浪费时间，凭借管理者的主观臆断和历史经验进行决策管理等等。这些不科学不严谨政策规划和实施方式，严重影响了人民法院工作发展。因而，当前人民法院开展各项工作，应当在树立科学的发展理念的基础上，建立科学的政策制定思路、合理的政策论证体系、严格的政策实施方式和相应的政策评价机制。

3. 法院的资源管理能力及培育途径

资源管理能力是指国家机关部门获取、配置并有效使用管理创新所需要的各种资源的能力。作为完成工作任务、达致工作目标的物质保障，管理资源的重要性不言而喻。在当代管理学的眼中，作为一个公共组织至少应该拥有四种实现预期目标所必不可少的的硬性资源：包括物力资源、人力资源、财力资源和技术资源，除此之外，还应该拥有必要的软性资源：

包括信息、制度以及公众的认同和支持等。人民法院要履行宪法和法律所赋予的职责，要实现法院自身建设和司法改革的任务，需要丰沛的资源作为依托，尤其是物力财力的支持。从世界各国的情况来看，在公共财政预算中都有专门的司法活动和司法机构的预算项目，用于支持法院开展活动，各国都根据社会环境状况、法律普及程度、司法案件的数量等确定司法机关的人员编制、职能类别，为司法活动提供必需的场所，配置专门的设施，并在教育、文化、科技等方面的社会建设中体现司法活动的一些需求。应当承认，人民法院履行审判职能所需要的大部分资源依赖于国家财政给付，虽然人民法院收取一定的诉讼费用，但其终极目的是从一定程度上满足和弥补司法活动产生的耗费，减轻对国家财政的负担。从经济学角度来看，诉讼费用也可以视为司法行为的社会成本。改革开放以来，随着我国综合国力的增强，财政收入的增加，党和国家对法院工作的重视，国家机关选人用人机制的逐步规范，各级公共财政对人民法院的投入逐年增加，人民法院的人员配置、装备配置，办公条件等也得到了很大的改善。但也存在着一些深层次的矛盾。一方面，包括法院在内的国家机关的资源管理意识，资源管理制度、资源管理技术、资源监管机制方面还比较弱，在日常公务活动中，还存在着资源投放对象不明确，资源消耗方式不经济、资源铺张浪费现象普遍等问题，如何最大限度地运用好有限的资源，发挥出更大化的效率的问题已亟待解决。另一方面，我国仍处于发展中国家的水平，经济建设和社会建设的负担重，日益扩张的需求对各类资源的产出、配置都形成了巨大的压力。虽然各级政府财政收入有所增长，但各种名目的财政支出项目不断增加，中央政府的财政处于赤字阶段，各级地方政府的财政状况也不宽裕。国家机关及其公务活动不应该耗费过多的财政资源，增加社会和民众的负担，应当科学调配，物尽其用，厉行节约。基于此，人民法院的财务管理和控制能力应该大幅度提升。此外，人民法院最核心的资源配备是人力资源，目前法院系统的人力资源配备在素质、能力、结构比例等与建设现代化法院建设需求还存在着不相适应的地方。因而在当前和今后一段时期，人民法院要进一步转换思路，从人力资源配备和发展的角度，注重加强队伍建设，重视干警的政治思想、道德水准、业务能力、工作作风、廉政方面的建设，运用科学的管理理念和体制，最大限度激发干警工作的积极性、主动性和创造性，是实现法院工作科学高效发展的有效途径。

4. 法院的项目管理能力及培育途径

项目管理能力是指将战略规划具体执行的能力，是将理想的目标转化为可见的现实的能力。项目管理就是在一定的时间、成本、人力资源等约束条件下，以项目为对象，由项目团队对任务进行高效率的计划、组织、领导、控制和协调，以实现项目目标的过程。其内容涉及范围管理、时间管理、费用管理、质量管理、人力资源管理、风险管理、沟通管理、采购管理、合同和综合管理等诸多范畴。项目管理是从企业管理和工程管理借鉴的概念。目前，项目管理在我国政府管理中的运用尚不普遍和成熟，如政府部门对于项目时间、成本、收益、风险的关注甚少，往往疏于对项目实施监控、评估和延展等，导致通常所见的开工时轰轰烈烈，建设时拖拖沓沓、竣工时马马虎虎、使用后冷冷清清、隔段时间破破烂烂的不良观感。那么，在人民法院工作中有没有必要引入项目管理的理念，人民法院需不需要注重项目管理能力呢？答案无疑是肯定的。审判工作是一项既有管理共性，又有法律和政治特性的工作，审判工作同样也要注重各个工作目标的细化、分解和实现。具体而言，如审判工作中的立案、审判、执行工作，队伍建设中的司法理念、作风建设、廉政建设以及在此基础上开展的审判质效、绩效考核等就构成了人民法院工作的一个个子项目，各个项目高效有序推进，体现为人民法院职能作用的充分有效发挥和现代化法院建设的整体推进。因此，人民法院应当提倡和培育项目管理的基础意识，科学地确立工作范围，合理地授予工作职权、精确地划定工作时限、实施及时严密的费用支付和审核、严把项目质量关、有预见性的预测、控制和处置项目风险，在案件办理环节毫不折扣地实施项目管理制度，通过锻造高超的项目管理能力，实现人民法院工作的网格化、链接化、网络化，形成完整严密、脉络清晰、重点突出、协调推进的工作局面，从而避免部分法院存在的"胡子眉毛一把抓"的窘迫局面和"换了领导就另起炉灶，换了办事人员就重头再来"的低效格局。

以上分析的四个方面的能力是在对人民法院工作进行一般性抽象研究的基础上形成的，我们可以从人民法院在长期的工作实践中所总结出的工作经验来印证这几点：第一，始终坚持党的领导，确保了法院工作的正确方向；第二，始终坚持接受人大监督，确保了法院工作的顺利进行；第三，始终坚持"公正司法、一心为民"的指导方针，确保了法院工作得到群众拥护；第四，始终坚持以正确的理论为引导，确保了法院工作符合司法工作规律；第五，始终坚持继承与借鉴相结合，确保了法院工作符合中国国情；第六，始终坚持循序渐进的推进改革，确保了法院改革的整体推进。其中，第一、第三项经验体现了人民法院的战略规划思想，第二、第四、第五项经验反映了人民法院的资源运用能力，第六项经验体现了人民法院的项目管理意识，上述六条经验更是集中反映了人民法院针对新时期的策略创新能力。

法院工作方法论的创新离不开对法院的环境、资源、优势、劣势的准确判断，正确认识并充分利用这些因素是新时期提升法院管理创新能力的前提。人民法院要立足当前法院管理现状，紧密结合主客观条件，熟练掌握和运用这几种能力，更好地探寻适合人民法院特性的工作方法，推进人民法院工作的更好更快发展。

二、如何规划和平衡好法院的发展目标

在我国，人民法院是中国特色社会主义伟大事业的建设者、捍卫者，是和谐社会的保障者、推进者，这些论述高度浓缩了人民法院的历史地位和现实使命。建设现代化审判机关是当前人民法院的总体发展目标，具体包括政治目标，审判目标、管理目标、效益目标等。

1. 规划法院政治目标的基本思路

在我国，人民法院担负着巩固党的执政地位、维护国家长治久安、保

障人民安居乐业、服务经济社会发展的神圣使命。坚持在建设中国特色社会主义的各个阶段和各种复杂多变的社会环境下始终保持正确的政治方向，坚持党的领导，坚决执行党的路线方针政策，积极服务社会经济发展大局和人民群众安居乐业，是人民法院的根本性政治目标。

具体而言，人民法院要在思想上切实增强对中国特色社会主义的政治认同、理论认同和感情认同，形成建设和发展中国特色社会主义，是中国共产党领导全国人民从我国国情出发，建设富强民主文明和谐的社会主义现代化国家的伟大实践，是国家富强、民族振兴、人民幸福的根本保证，是历史的必然、现实的选择、未来的方向这一重要共识。真正把中国特色社会主义作为伟大旗帜来高举、作为正确道路来坚持、作为科学理论来运用、作为共同理想来追求。人民法院的性质和地位决定了人民法院工作具有高度的政治性，要坚持用社会主义核心价值观武装头脑，定位工作。社会主义核心价值价值观的基本内容是"富强、民主、文明、和谐、自由、平等、公正、法治、爱国、敬业、诚信、友善"，这与人民法院的政治目标是完全契合的。只有牢固确立社会主义核心价值体系的主导价值观地位，才能确保法院工作正确的政治方向。在新的形势下，人民法院要结合司法实践认真践行社会主义核心价值体系，要坚持与时俱进，开拓创新，积极解决困扰审判工作的体制性障碍和机制性束缚。要坚持以人为本，大力开展社会主义荣辱观教育和法官职业道德教育，培养知荣辱、讲奉献的职业化队伍。要坚持理论联系实际，将具体的审判实践演绎成"为大局服务，为人民司法"的生动实践。

人民法院工作中，审判权行使的公正性需求、法官的职业归属感和社会主义核心价值体系，共同构成了整合法院全体工作人员共同为社会主义和谐社会建设服务的精神纽带。因此，要充分发挥思想政治工作的优势，重视对法院工作群体共同价值观的培养，把职业意识、职业技能、职业道德教育与政法工作的核心价值追求有机结合起来，使审判权自身的价值与社会主义和谐社会的主导价值观实现和谐统一，形成思想上的共识、行动上的合力，体现社会主义核心价值体系的整合作用。具体到司法实践中，要把促进社会公平正义的核心价值追求贯穿于法院工作全过程，体现在处理的每一项工作和办理的每一起案件中，以严格执法、公正司法的实际行动，肩负起维护社会公平正义的神圣使命，让人民群众切实感受到公平正义就在身边。同时，人民法院在充分发挥社会主义核心价值体系引领作用的同时，也要注重结合人民法院的工作性质和司法实践，把个体价值的实现、不同的利益诉求导入法院整体工作目标中，形成更为具体明确的指导理念，如当前指导人民法院工作的"为大局服务，为人民司法"工作主题的确立和践行，东营市中级人民法院倡导形成的"公正、文明、和谐、卓越"的东营法院精神，引领人民法院更好地实现政治目标，推动了法院工作的持续有效发展。

2. 规划法院审判工作目标的基本思路

在我国，人民法院的中心任务是捍卫中国特色社会主义制度，捍卫改革发展稳定的大好成果，捍卫最广大人民的根本利益。具体而言，人民法院通过运用审判职能推进依法治国方略的实现，维护社会稳定，调节经济关系，维护社会管理秩序，服务保障民生，维护社会公平正义，促进社会和谐，与此同时，努力实现裁判公信力和司法能力的不断提高。为实现这一目标，人民法院要紧紧依靠党委领导，正确处理坚持党的政策和运用国家法律之间的关系，自觉维护党的政策和国家法律的权威性，确保党的政策和国家法律得到统一正确实施，为实现"两个一百年"奋斗目标、实现中华民族伟大复兴的中国梦提供有力保障。这要求人民法院在履行审判职能过程中，切实维护社会大局稳定，要处理好维稳和维权的关系，把群众合理合法的利益诉求解决好，完善对维护群众切身利益具有重大作用的制度，强化法律在化解矛盾中的权威地位，使群众由衷感到权益受到了公平对待、利益得到了有效维护。要处理好活力和秩序的关系，坚持系统治理、依法治理、综合治理、源头治理，发动全社会一起来做好维护社会稳定工作。发挥刑罚作为最严厉制裁手段的作用，突出重点，对严重犯罪分子依法从重从快进行判处，同时高度重视刑事司法中的人权保障，发挥其惩治、教育、预防等全方位的价值和功能。要积极进行诚实信用市场经济环境的构建，发挥法律对市场的调节、疏导职能，积极鼓励符合市场规律的经济流转，依法制裁各种欺诈、恶意串通以及不正当竞争行为，平等保护各类主体的合法权益，营造诚信的市场环境。强化对行政行为合法性、合理性的监督，积极维护和谐的干群关系。要以现代司法理念为指导，通过公开、公正的审判行为，正确处理公平与效率、政策与法律、公权力与私权利的关系，促进和谐稳定的社会管理秩序构建。要把人民群众的事当作自己的事，把人民群众的小事当作自己的大事，从让人民群众满意的事情做起，从人民群众不满意的问题改起，公正高效审理好每一起案件，让人民群众在每一起案件审理中感受到司法的公平和正义，保障人民群众安居乐业。要充分运用法律手段，积极服务于经济、政治、文化和社会管理体制改革，依法促进社会资源的整合、机制的衔接、体制的完善，调动一切积极因素，形成干事创业、奋发有为的创新环境，促进构建公平有序的社会管理秩序。

3. 规划法院司法改革目标的基本思路

改革开放以来，人民法院司法改革经历了三个阶段，第一个阶段是从20世纪70年代末80年代初开始，伴随着经济改革的开展和宪法刑事诉讼法、民事诉讼法（试行）、人民法院组织法等一系列法律的实施，人民法院的审判体制和审判制度得到恢复和重建，从而奠定了中国现行法院制度的基础。第二个阶段是从20世纪80年代末至90年代中期，随着社会主义市场经济体制的逐步建立以及法律的完善，特别是民事诉讼法的正式颁行、刑事诉讼法的修改，法官法的颁行，人民法院司法改革进入了新阶段，主要表现是以庭审改革为核心的审判方式改革。第三个阶段是从20世纪90年代末起直到现在，随着中国共产党第十五次和十六次全国代表大会提出推进司法改革和司法体制改革的要求，人民法院司法改革进入崭新阶段，最高人民法院于1999年和2003年相继颁布了《人民法院五年改革纲要》和《人民法院第二个五年改革纲要》，全面系统地提出了人民法院改革的目标和任务。经过十年来各级人民法院的共同努力，第一个五年改革纲要确定的 39 项改革任务和第二个五年改革纲要所确定的 50 项任务已基本完成，在很多方面取得了突破性进展。党的十八届三中全会研究通过的《中共中央关于全面深化改革若干重大问题的决定》提出，深化司法体制改革，加快建设公正高效权威的社会主义司法制度，维护人民权益，让人民群众在每一个司法案件中都感受到公平正义。司法体制改革的重点是：改革司法管理体制和符合职业特点的司法人员管理制度；健全司法权力运行机制，优化司法职权配置，加强和规范对司法活动的法律监督和社会监督；改革审判委员会制度，完善主审法官、合议庭办案责任制；明确各级法院职能定位，规范上下级法院审级监督关系；推进审判公开，增强法律文书说理性，广泛实行人民陪审员、人民监督员制度，拓宽人民群众有序参与司法渠道；完善人权司法保障制度；健全国家司法救助制度，完善法律援助制度。司法改革的终极目标是提升司法能力和司法公信力，建立公正高效权威的社会主义司法制度，确保司法机关更好地履行宪法和法律赋予的职能，为中国特色社会主义事业发展进步提供强有力的司法保障。在司法实践中，各级人民法院在中央关于司法体制改革的大格局下，要注重将司法改革的总体目标与自身实际有机结合，统筹规划，稳步推进，立足司法体制改革的优化配置，建立和完善有利于人民群众行使诉讼权利、有利于提升公正与效率的各项举措，着力满足人民群众的司法需求，最大限度发挥保障民生的职能作用，切实解决执法不严、司法不公和诉讼难、执行难等顽症，让人民群众真正感受到司法的公正和高效。

4. 规划法院队伍建设目标的基本思路

队伍建设是人民法院的核心竞争力。人民法院的队伍建设目标是按照政治过硬、业务过硬、责任过硬、纪律过硬、作风过硬的要求，努力建设一支信念坚定、执法为民、敢于担当、清正廉洁的法官队伍。法院队伍建设的关键在于领导班子建设。

一是领导干部要着力提升领导科学发展、开创政法事业新局面的能

力。做到六个表率：做勤于学习、善于思考的表率；做以人为本、执法为
民的表率；做求真务实、真抓实干的表率；做解放思想、改革创新的表
率；做严于律己、廉政勤政的表率；做抓好班子、带好队伍的表率。自觉
的推行民主决策与科学决策、依法决策，健全广大法官和其他工作人员的
决策参与机制和利益表达机制，使法院的各项工作决策都能体现民意，集
中民智，做到知行合一。

二是广大干警要始终保持高度的政治意识、大局意识、责任意识、法
律意识和廉洁意识，始终坚持党的事业至上、人民利益至上、宪法法律至
上。坚持党在心中，政治坚定、旗帜鲜明，确保党的路线方针政策在法院
工作中得到不折不扣的贯彻执行；坚持人民在心中，执法为民，根除特权
思想，杜绝冷硬横推、吃拿卡要等恶劣作风；坚持法在心中，带头学法、
守法、用法，通过每一起案件的办理和自身行动弘扬法治精神，维护社会
主义法制的尊严和权威；坚持正义在心中，恪守以维护社会公平正义为核
心的价值观，筑牢拒腐防变的思想道德防线，做到严格执法、公正司法。

三是牢固确立人民法官在人民法院工作中的主体地位，为人民法官公
正司法提供良好的职业保障。依法行使审判权合理配置审判资源，优化配
置结构；完善和健全确保人民法官依法独立审判案件的机制，为法官履行
职责营造良好的外部环境；保障和促进法官和其他工作人员履行职责，在
教育培训、晋升提拔等方面提供机会，满足他们在不同方面进步的需求；
正确处理好个人与集体的关系，把法院工作目标与个体目标有机结合起
来，保障个体在履行职责和实现集体利益的过程中实现自身的价值；通过
深入进行社会主义核心价值观、社会主义荣辱观、社会主义法治理念和法
官职业道德教育，引领、整合思想，培养共同的职业价值观和职业荣辱
观。要充分发挥领导干部的模范带头作用，形成向心力、凝聚力。

5. 规划法院党建工作目标的基本思路

人民法院工作要旗帜鲜明地坚持党的领导。坚持党的领导，就是要支
持人民当家做主，实施好依法治国方略，坚持党对法院工作的领导不动

摇。人民法院在确定党建工作思路时，要注意处理好贯彻党的政策与国家法律之间的关系，要深刻认识到，党的政策与国家法律在本质上具有一致性，均反映了广大人民的根本意志和根本利益，但党的政策与国家法律各自有其发挥作用的方式，不能以党的政策取代国家法律，认为"党的政策就是最好的法律"，同时也不能认为党的政策是法治化的障碍、遵守国家法律会和执行党的政策产生冲突，而应当看到基于我国特有的国家权力结构及其运行机制，党的政策在国家法治化进程中起着重要的指导作用，并且党的政策发挥着对国家法律进行补充的功能，尤其是在当前的法治建设阶段，政策填补法律空白和漏洞的功能更为凸显。同时也要正确处理党的领导与人民法院依法独立公正行使审判权之间的关系。党对司法工作的领导主要表现为政策、方针和组织上的领导，人民法院在坚持党的领导的前提下，依法独立公正行使职权。此前，最高人民法院在《关于建立健全防范刑事冤假错案工作机制的意见》中指出，人民法院应当"严格依照法定程序和职责审判案件，不得参与公安机关、人民检察院联合办案"，就是独立行使审判权的有效例证。从微观层面讲，人民法院要加强党建工作，要加强执法监督的规范化、制度化建设，既保障对执法办案活动实施有效监督，又保障执法部门依法独立公正地行使职权。人民法院的党员干警要充分发挥共产党员的模范带头作用，不断增强党员意识，自觉讲党性、重品行、作表率，带动人民法院队伍的整体率先发展。

6. 规划法院审判管理工作目标的基本思路

审判管理是社会管理的重要方面，是确保司法公正的制度和机制保障，也是当前人民法院改革的重点和难点。长期以来，人民法院在审判管理中缺乏科学性、系统性和针对性，主要表现在管理职能重叠化、管理手段单一化、管理程序行政化，以及考核标准公式化，这种审判管理模式已经不适应党和人民群众对法院工作的新要求和新期待，不适应人民法院自身的科学发展。因此，必须创新和加强审判管理，推动审判管理规范化、科学化、精细化和信息化，不断提高审判质量与效率。

一是以制度建设为抓手，推动审判管理规范化。要规范管理组织，设立审判管理办公室，专门负责和全面开展对审判执行工作的管理和监控；要规范执法尺度，确保执法的统一性和严肃性；要规范执法行为，确保法官执法公正、廉洁、高效，树立人民法院和人民法官的良好形象；要规范岗位职责，形成齐抓共管、人人参与、个个有责、分层级负责的管理体系。通过上述措施，确保使每一个执法环节、每一项执法行为都有具体的标尺，从而实现审判管理的规范化。

二是以绩效考核为动力，推动审判管理科学化。审判绩效考核是根据审判工作的目的、功能和特点，综合运用法学、管理学、统计学等多学科的知识和研究方法，对审判工作质量效率效果和社会满意度等各方面情况进行定性与定量的总体考评。建立科学的审判质量考评体系，形成符合审判规律的收结案动态平衡机制；建立科学的考核程序，确保考核客观性和公正性；建立科学的评价体系，依托绩效考核结果，全面、客观、公正地评价法院工作和法官的司法能力。建立完善审判绩效考核机制，对于促进法官积极履行职责、激发工作热情、推动法院工作科学发展具有十分重要的意义。

三是以流程管理为基础，推动审判管理精细化。审判流程管理是由专门机构根据案件在审理过程中的各个不同的环节和阶段进行组织、管理，并进行跟踪监督的审判管理机制。审判流程管理是人民法院整个审判管理工作的重要组成部分，是推动审判管理精细化的前提和基础。人民法院要通过不断健全完善审判流程管理，使审判管理渗透和作用于案件办理的每个环节、各个细节，有效实现审判管理从粗放型向精细化、阶段型向常态化、单一型向系统化管理的转变。

四是以"科技强院"为保障，推动审判管理信息化。审判管理信息化建设，是运用现代信息化管理手段，提高审判管理效率、实现科学化管理的必要途径和有效措施。要加强法院专网建设，实现上下级法院审判信息互联互通和数据共享；加大信息化应用力度，对案件从受理、分案到审理、执行、归档等全过程实现信息化，提高审判质量和效率；提高法官信息操作水平，要加强网络安全教育培训，使广大法官严格遵守和执行国家和最高人民法院下发的信息网络安全保密方面的各项规定，确保信息网络安全运行。

7. 规划法院科学发展目标的基本思路

科学发展是改革开放三十多年来，在不断总结、反复实践发展模式中所得出的宝贵经验，人民法院应当立足科学发展观，从更高的起点、更高的层次，找准人民法院工作科学高效发展的切入点。一是人民法院要把自身工作与促进经济社会科学发展相结合。立足于经济社会发展大局和法院自身工作大局，找准履行审判职能与促进法院自身发展的着力点，实现服务经济发展大局与法院自身发展的齐头并进。二是把自身工作与关注民生相结合。坚持司法为民，把满足人民群众对司法工作的新要求、新期待作为人民法院工作的出发点和落脚点。以人民群众的评价作为标准，不断推出便民利民措施，解决人民群众关注的执行难、申诉难等问题。三是要把人民法院工作与促进社会和谐相结合。人民法院要把建设社会主义和谐社会作为最重要的目标追求，依法化解各类社会矛盾纠纷，努力做到案结事了，促进社会和谐。四是要把人民法院工作同维护国家安全和社会稳定相结合点。正确贯彻宽严相济刑事政策，依法打击严重刑事犯罪，努力维护社会稳定。五是要把人民法院工作与解决司法廉洁问题相结合。针对工作中的薄弱环节和容易发生问题的部位，加强司法廉政建设。

8. 规划法院基层建设的目标的基本思路

基层人民法院担负着全国 70% 的审判任务，基层法院执法水平、司法形象和群众满意度的高低，直接决定着司法权威和司法公信力。人民法院工作重心在基层，探索法院工作的方法论应当从基层法院的需求入手，要充分考量上级法院所设计的制度策略在基层法院落实的针对性与可行性。要把加强基层法院领导班子建设作为重中之重。通过机构改革，优化基层法院领导班子结构，配强基层法院一把手，提高基层领导班子的政治水平、业务素质、决策能力和领导艺术，增强领导班子的凝聚力、号召力和向心力；要积极推进基层法院的各项改革，规范立案、审判、执行以及保全、鉴定、评估、拍卖等各个执法环节，从制度上规范执法活动，减少随意性，提高办案的质量、效率和裁判的公信力；要抓好基层队伍建设，要突出职业道德教育和司法能力建设，加强法院文化建设，改进司法作风，促进司法廉洁；要提高基层法院的管理水平，坚持以制治院，建立一整套操作性强的规章制度，完善审判、人事和行政管理的运行机制，提高管理的规范化水平；要积极探索行之有效的矛盾纠纷化解方式，做到案结事了，定纷止争；要立足长远，加强基层法院的物质装备建设特别是审判法庭建设，提高基层审判的科技化、信息化、网络化水平，提高司法效益。

9. 规划法院文化建设目标的基本思路

法院工作离不开法律，同样也离不开文化，就像法官判决案件所需要的深刻的理性一样，法院建设需要浓厚的文化积淀。法院文化建设目标可以分解为几个层面：第一，要分析出法院文化建设的正确方向。要坚持思想领先的原则，做到理论与实践相结合、全面推进与重点突破相结合、继承和创新相结合。第二，要概括出法院文化建设的内容，要围绕精神文化、制度文化、行为文化、物质文化形态四个层面，以建立符合法院工作、审判工作规律的管理制度和运行机制为重点，以提升法官和其他工作人员的精神境界、职业素养、文明程度为关键，以完善符合司法理念、富有法文化内涵的审判建筑、工作设施和办公环境为保障，不断增强法院的有形资产和软实力，建设现代化法院。第三，要构思出法院文化建设的路径。法院文化建设既有物质、行为领域的范畴，又有精神领域的内容，必须坚持"渐进"路线和"突出重点"的推进策略。要围绕文化建设的总体目标，每年要确定阶段性的重点，提炼出简洁、鲜明的内容，开展形式多样的法院文化活动，不断提升法院文化建设水平。第四，要清楚认识法院文化建设中人的地位和作用。法官和其他工作人员是法院文化建设的对象，更是法院文化建设的主体。法院文化建设要把提升人作为第一要务，紧紧围绕提高人的思想境界、司法能力、文化素养来进行。要弘扬司法民主，开辟公平对话、释放情感的渠道，用事业和感情凝聚人心，增强主人翁的责任感，齐心协力共建和谐法院。第五，要确立好法院文化建设的平台载体。发挥好各种司法讲坛、法官论坛、理论刊物、互联网站等的作用，弘扬宪法理念、培育法治精神、规范司法运作、普及法治宣传。要树立先进典型，使法院精神人格化；要改进方式方法，提升规范化管理水平、推进信息化建设与应用，使文化建设常规化。第六，要整合好推进法院文化建设进程的各种资源。要坚持实用有效的原则，从实际出发，统筹规划，循序渐进，既要防止形式主义，又要避免抽象化，与法院建设与工作实际相脱节。做到软与硬、虚与实、内容与形式的统一。加强法院与其他政法机关和高校的互动，建立法院文化建设的专家咨询队伍，积极借助"外脑"，吸收先进的司法经验，丰富文化建设的思路，推动法院文化建设的深入发展，进而推进法院各项工作和谐、持续、快速发展。

三、如何全面理顺法院的工作流程

人民法院的司法活动与其他国家机关的行政管理活动相比，具有较强的专业性，因而人民法院应当按照法律精神、法律思维、法律逻辑为主线来组织实施，即必须严格按照人民法院组织法、民事诉讼法、刑事诉讼法、行政诉讼法的要求进行，但由于上述法律法规的规定比较抽象，在具体实施过程中人民法院需要明确哪些领域是工作重点，哪些环节是效率节点，哪些方面是瓶颈因素，哪些程序应当简化，哪些过程需要加强，哪些工作方式需要提倡。通过理论上的梳理和实践中的检验，规划出人民法院各项工作的合理的流程图。

1. 人民法院的基本管理方案

研究人民法院工作方法应注重管理规律和管理流程，主要从以下几个方面入手：

一是建立决策目标体系。把握三个环节，即规范决策权限，完善决策程序，确定决策的基本目标和阶段性目标。遵循决策目标"提起—调研—论证—试行—评估—推广"的工作程序，紧紧围绕建设现代化法院这一长远目标，树立科学的政绩观和发展观，坚持制度建院、科技建院，充分调动和凝聚全体干警的积极性和创造性，推动各项工作再上新台阶。

二是建立执行责任体系。按照"四个环节工作法"，即什么事情、谁来干、干到什么程度、干好干坏的后果来推进和评价工作。大力推行 ISO 9001：2000 质量管理体系的运行，解决执行标准和考量指标的问题，做到既符合司法规律，又规范法官和其他人员的职责，使执法行为有衡量标准，明确什么事情能做，什么事情不能做，违反制度所应承担的后果。坚持以制度管人，制度面前人人平等，形成以制治院的良好氛围。

三是建立监督考核体系。围绕审判、执行、行政、队伍、基层工作等特点和规律，建立科学的共性评价和个性评价体系。①建立审判质量指标体系，依托审判质量全程控制过程和信息化技术，明确以满足审判管理的现实需要和提升审判质量为导向，以强化对具有审判权的重点部门、重点岗位和行使审判权的重点环节的管理为重点，明确影响审判质量的指标体系、指标数据提取方式和审判质量的评价路径，确保审判权的依法行使。②建立审判机构和人员考核体系，可以分为两个序列、四个等次，建立法官和其他人员的综合档案，主要有业务档案、培训档案、廉政档案、奖惩档案、健康档案等，强化考核的积累和运用。③建立对基层法院的监督评价办法，统筹兼顾、良性互动，促进法院工作的整体发展。

2. 人民法院的决策工作方案

在人民法院工作中，决策结果的正确与否会直接影响法院整体工作的正常有序运行，因而对决策过程科学设计和有效控制是人民法院工作中需要重点解决的问题。按照决策管理的一般理论，科学的决策要做到坚守原则，把握规律，规范程序，民主监督，精心实施，要解决好决策过程中的方向定位、目标设计、重点内容、运作方式和工作成效等方面的问题。决策过程具体包括：一是决策所需要的情报资料方面。情报资料的收集分析，包括国情、社情、民情、院情，只有抓好这些基础信息，才能保证决策的科学性、民主性、合法性。二是决策的主体方面。根据决策项目内容，能够参与人民法院决策的机构主要包括审判委员会、院长办公会、党组会等。在决策过程中，还应注重民众的参与度，决策应尽可能尊重人民群众的意志，全面体现公众利益。三是决策类型方面。人民法院在决策过程中，应当针对决策对象的不同，分类制定决策程序，规范决策制度，严格遵照法院的权限范围和组织原则，区分程序化决策项目和非程序化的决策项目，并采取相应的决策模式。四是决策依据方面。人民法院的决策应当遵循哪些规律，满足哪些条件，服从哪些目标，一般而言，人民法院决策依据主要是现有的法律法规、党的政策方针、司法制度以及自身实际。五是决策程序方面。在决策过程，需要抓好"提起—调研—论证—试行—评估—推广"等环节的运转与协调，注意责任划分，分工组合等，通过健全决策程序确保决策结果的客观性和科学性。六是决策实施方面。要注意决策实施中项目重要性的确定、远近目标推进实现，以及决策规划的内外衔接和稳步推进。七是决策的评估方面。考量决策推行是否顺利，决策职能是否完成，决策目标是否实现及其效果等。八是决策监督方面。要重点解决决策失误责任追究制度，决策的反馈矫正环节问题，着重建立决策的内部监督与社会监督，自我监督与制度化监督等方面的制度。

3. 人民法院的工作方法

人民法院主要服务的对象是当事人，因而人民法院在进行工作方法研究时，应紧紧围绕人民群众尤其是当事人的需求来进行，并充分考虑到人民法院作为审判权行使机关与人民群众在法律意识和法律专业化程度上的明显差异，让当事人在每个案件的处理中都感受到司法的公平和正义，要注重处理好三个方面的关系。

其一，情感公正与心理公正的关系。情感公正是心理公正的基础，是激发心理公正和行为公正的动机。心理公正是情感公正的结果，是行为公正的保证。法官的情感公正与心理公正在案件审理中起着关键作用。人民群众往往会依据具体个案的处理来评价司法公正，而每一起具体个案的公正处理都有赖于法官的心理公正和情感公正。因此，应着力培养广大法官的心理公正和情感公正，教育法官把注意力和着力点放在如何提高每一起具体个案的审判质量上来，确保每一起具体个案都能得到公正裁判或者处理，努力追求司法审判的永恒公正。

其二，职责公正和形象公正的关系。习近平总书记曾强调："看一个领导干部，很重要的是看有没有责任感。"法官的责任感就体现在职责公正和形象公正上。人民法院作为国家审判机关，依法履职尽职，全心全意实现好、维护好、发展好最广大人民的根本利益，是职责公正和形象公正的集中体现。职责公正，要求法官品行端正，照章办事，遵纪守法，依法办案，定分止争，维护社会公平正义，促进社会和谐。形象公正，要求法官言行举止有礼有节，行为克制，适度内敛，语言得体，举止端庄，树立良好的职业形象。职责公正是形象公正的内在要求，形象公正是职责公正的外在表现；只有职责公正，才能形象公正；没有职责公正，便没有形象公正。二者相辅相成，共同成为人民法院依法行使审判权，参与社会管理和矫正违法行为，实现每一个司法案件中情理法辩证统一的基础和保障。

其三，实体公正和程序公正的关系。所谓实体公正，是指裁判结果的公正，通俗地讲，就是刑事案件定罪准确、量刑适当，民事案件法律关系清晰、责权分明、不偏不倚。所谓程序公正，是指诉讼参与人在诉讼过程中能够受到公正对待，所得到的权利主张机会是公正的、均等的，它要求法官在审判过程中应当不偏不倚、平等对待当事人各方。司法公正既要求法院在审判过程中坚持正当平等的原则，也要求法院的审判结果体现公平正义。前者可以称为程序公正，后者可以称为实体公正。它们共同构成了司法公正的基本内容。要通过严格依法办案，追求实体公正和程序公正的统一，以及案件审理中情理法的辩证统一。实践中，不能人为地把二者割裂开来，片面追求实体公正而忽视司法程序公正，或者片面追求程序公正而忽视实体公正。既要坚持实体公正与程序公正并重的理念，又要高度重视实体公正与程序公正的独立价值，通过审判程序的公正和审判结果的公正，让当事人切实感受到司法的公正性，这是实现"让人民群众在每一个司法案件中都感受到公平正义"的有效保障。

四、如何科学合理地管理运用司法资源

一般而言，司法资源包括如法官队伍等人力性资源，经费、装备、办公场所等物力性资源，以及制度性的资源、法制性的资源和司法权威资源等。在司法资源方面，有积极的正面性的资源，如立法机关创制的新法律和行政法规，增加了司法机关履行职能的界限和依据，有些资源则是消极或者负面性的，如部门贫困地区法院的司法资源绝对数量不足，存在着法官没有办案经费，没有专门的法庭，没有执行经费，有的甚至影响到法官工资的发放等司法资源不能有效供给的问题，有些则是司法公信力不高等司法权威资源不足的问题。对于物质性资源不足的问题，可以通过增加编制、增加经费等方式满足人民法院工作的需要；对于资源质量不足的问题，通过对法官和相关辅助人员进行培训，提高司法能力；对于司法权威性资源不足的问题，需要通过多种途径去配置，在较长时间内通过司法个案的公正高效和司法公信力的不断提升来实现司法权威的树立。在司法资源管理中，人民法院需要利用管理学原理，包括计划、组织、协调、指挥和监督等手段对司法资源进行科学合理的配置。目前，我国司法资源在国家和社会管理成本中所占的份额小，作用尚没有完全发挥出来，需要通过更为精细化的运作合理配置和利用司法资源，协调有序解决法官队伍的人数较少，司法案件的成本不合理、司法权威度和群众满意度不到位等问题。

五、如何提升法院的执行力

法院执行力的内在支撑是司法的权威性和法院的公信力，这同时是建设现代化审判机关的内在要求，是体现法院职能作用的重要标志。

1. 人民法院团队的执行力

人民法院的执行力是一种团队型的聚合力，不是依靠少数的杰出领导

或者优秀法官造就的，要使人民法院富有执行力，成为现代化的审判机关，需要一支政治坚定、业务精通、作风优良、清正廉洁、品德高尚的法官职业群体，即司法共同体，它能弘扬团队精神，凝聚每一名法官的力量，有力推动法院工作的发展。国外的司法经验表明，构筑司法共同体，必须做到法官的精英化。法官是国家法律的化身，是社会正义和社会良知的象征，肩负着依法独立公正裁判案件的重任。每一名法官要做到不负人民的期望、不辱法律的使命，首先要成为一个全心全意为人民服务、法律专业知识深厚、司法技能娴熟、职业道德高尚的人，并且具有健康的人格，享有良好的声誉，从而使法官群体成为最具正义感、责任感和荣誉感的团队。构建司法共同体，必须使每一名法官具有共同的知识背景和共同的法律思维方式，只有共同的知识背景和共同的思维方式才能保证共同的行为规范，形成共同的职业意识。构建司法共同体，必须培养法官共同的法律价值理念和共同的法律理想目标，这包括忠于职守、秉公办案、刚正不阿、不徇私情的职业理念，刚强正直，执法如山，不因私情而屈法，不因私利而损法的高风亮节。建设司法共同体，要通过推动法官的职业道德建设，提升法官的人格品质和道德操守，形成职业群体的道德规范和司法礼仪，树立正派善良、谦虚谨慎的法官职业形象，形成具有集体凝聚力和集体荣誉感的职业群体，通过打造司法共同体，提升法院团体的执行力，促进法院工作的发展。

2. 行政工作的执行力

人民法院的行政工作是审判工作得以顺利进行的重要保障，是人民法院工作的重要组成部分。实践证明，行政工作的好坏、行政效能的高低直接影响着法院整体工作的发展，因此，行政工作的执行力是人民法院执行力的重要体现。提高行政工作效能，主要体现在以下三个方面。一是坚持效率优先原则。要注重效率，效率不但体现在雷厉风行的作风上，更应体现在对工作的主动性和预见性上，要对工作早计划、早部署、早着手、早完成。二是具有完善的规章制度。规章制度是执行力的关键，要保障法院各项工作的顺利进行，必然要有细致并切合实际的规章制度，制度好坏取决于其内容是否全面，能否细化、量化、标准化，能否分解，能否稳定地发挥作用，能否及时地进行修订和完善，能否在日常工作中做到铁面无私地坚持制度，灵活合理做好调度。三是具有与考评制度配套的奖惩措施。激发工作活力、提升执行力离不开有力的奖惩激励手段。考评手段的功能在于根据工作的特点和要求，确立可行的衡量标准和评查内容，对工作主体进行目标考核；对工作效能加以客观界定，通过兑现奖惩体现单位的管理取向，使每一名工作人员明确工作目标和工作中的价值取向，调动其工作积极性和主动性。

六、如何构建法院的工作考评体系

人民法院的工作具有特殊性，如何评价人民法院的工作蕴含着丰富的方法论。从宏观上讲，评价人民法院的工作，要衡量人民法院能否做到坚定政治方向、解放思想观念，实现指导思想和司法理念的新发展；要衡量人民法院能否做到紧紧围绕中心工作、全力服务大局，实现审判、执行工作的新发展；要衡量人民法院能否坚持群众路线、转变工作作风，实现司法为民的新发展；要衡量人民法院能否提高司法能力、促进司法廉洁，实现队伍建设的新发展；要衡量人民法院能否立足自身实际、分析形势、明确任务，破解工作难题，强化工作措施，狠抓工作落实，实现基层基础建设的新发展。由于组织使命和组织方式的不同，考评方式上也存在差异，比较通用的工作考评机制包括：一是工作调度分析制度。通过部门内部定期召开工作调度会，通报工作进展，分析规律，总结经验，积极有效地解决工作中的新情况、新问题。二是工作质量效率评估制度。通过制定科学的工作质量效率评估指标体系，对每一个岗位上的每一位干警的工作情况定期核查，量化考核。三是工作督察指导制度，由院长、庭长以及专门任命的督察人员不定期地开展对案件的突击检查，针对重大、疑难、复杂案件，采取定期听取汇报、层层审签法律文书等方式严格把关。四是交叉办案、易人易庭制度，对一些敏感、特殊案件，在规定期限内未能审结执结的案件，采取交叉分案、混合办案、自动转入其他庭局，自动更换承办人员的方法，形成严密的监督和激励机制。

在管理学的发展历程中，企业考评机制的发展得到了社会各领域的瞩目，许多专家学者呼吁把企业的管理精神引入公共部门，在公共部门的考评中大胆地吸收借鉴企业的经验。要在管理中尝试这一做法，人民法院不仅要投入大量的人力物力，增加工作量，更需要极大的勇气。有的地方人民法院试行了代表组织管理前沿领域的质量管理方法——ISO 9001 质量管理体系（以下简称 ISO 体系），达到了与国际管理体系的接轨，积累了一定经验。ISO 体系代表着国际管理的潮流，在全世界范围内已有近一百个国家和地区正在积极推行 ISO 9000 国际标准，二十多万家企业和其他组织拿到了 ISO 9000 质量体系认证证书，但其中公共部门的身影并不多见。据统计，我国有两千多家政府部门引入该体系，但是法院系统引入质量管理体系的并不多见。针对法院日常性的固定化、程式化的工作，有没有必要，有没有可能引入质量管理体系，还有待继续考证，但从营造有序的工作环境，培养良好的行为意识方面看，引入这一机制，按照这一管理系统的精神追求卓越型的组织，实现跨越式发展，是具有必要性和紧迫性的。

按照公共经济学的观点，人民法院作为公共部门，具备提供公共物品的功能。简单地说，人民法院所提供的公共物品就是对社会制度的全力维护，对社会纠纷的正确调处，对社会正义的持续供给，受到人民法院服务的对象不仅仅是诉讼当事人，还包括社会公众。形象地说，法院的有形"产品"就是案件，而无形的"产品质量"就是社会的公平正义。法院的司法工作是以案件为载体来开展的，而法院工作人员在执行法律时具有一定的自由裁量权，为了确保"产品"合格，除了依靠法官的良知以及自律外，还需要科学的规章制度来规范管理。

ISO 9001 质量管理体系的起点是"5W1H"，这作为一种制定工作规程的要求得到了不同类型部门的广泛的运用，取得了良好的效果，它的目的是使一个组织的成员明确了"为什么做（why）、何时做（when）、何地做（where）、由谁做（who）、做什么（what）、怎么做（how）"，在实践这些问题时，ISO 9001 质量管理体系创造性地提出 PDCA 的工作开展方式，P 指的是策划，D 指的是实施，C 指的是检查，A 指的是改进。ISO 9001 质量管理体系倡导的另一个工作方式是要求组织成员在工作环节中对如何运用这些原理加强记录管理，做到"写我所做，做我所写，记我所做"，使工作流程变得清晰、完整、可溯、可查、可控，也使组织成员在工作中获得自我满足，创造和谐愉悦的工作氛围。

ISO 9001 质量管理体系，意在重新审视和划分调整各个部门和工作岗位的工作职责和内容，确定具体的适宜的工作目标和要求，从某种程度上说，是一种权力和利益的再分配。ISO 9001 质量管理体系的外在形式是文件化的规定，但不同于我们以往沿用的规章制度，虽然同样是制度，但过去是领导管群众，层层管，层层松，职责不明晰，行政化色彩很浓，而现在是各守其位，各司其职，重在让制度在实际工作中运用执行，管理化色彩要浓于行政化色彩。

ISO 质量管理体系的具体内容，首先是编写质量手册、程序文件，明确每个岗位的工作规程、任职要求、岗位职责，做到每一步都有办事程序，每一步都有案可查，每一种责任都十分明确，每一种差错都有归属和纠正，扯皮推诿的现象不复存在。文件编写的过程也是组织的全体成员对组织使命、组织执行力达成共识的过程。这种共识的最高境界应是自觉地保证制度得到严格执行，避免"上有政策，下有对策"现象的泛滥。其次是运行质量手册，按照管理学的原理就是通过控制过程来控制结果，通过规范细节来提升整体，通过规范过程来简化工作，树立"有为有位、有权有责"的现代化管理机制，优化各个工作过程和岗位之间的关系，体现以人为本，注重全员参与，形成组织成员充分享有知情权的机制和实行民主管理、民主监督的机制，使组织成员不再是单纯的管理的客体而成为管理的主体，使每个成员的思想得到解放，潜能得到挖掘，领导者与执行者在制度面前平等并充分互动，两个方面积极性得到充分发挥。再次是组建内审员队伍，把管理制度转化为管理行为，持续保持管理体系的有效运行。依据法律法规、ISO 9001 标准及质量管理体系文件，对涉及工作流程的所有部门和所有过程进行审核，遵循纠错改进的原则，自查和他查相结合，找出不足，发现不合格项目，进行差错成因分析，进行改进，做到对制度负责而不是对特定身份的人负责，从而达到"自我约束、自我完善"的自律与他律相结合的理想境界。

通过以上分析可以看到，ISO 质量管理体系和建设现代化审判机关、规范司法行为、促进司法公正的司法改革建设目标的要求是吻合的，推行这一质量体系，可以使人民法院的组织管理更加公开透明、公平公正、民主科学。而管理水平的提高，能有力推动法院工作的良性开展，可以鼓励法官追求更高的工作标准和价值定位，塑造法院管理意识和法官勤政廉政、正派公道、诚信奉献的品质，使思想或行为"错位"的法官自觉摆正位置，促进人际关系的和谐稳定，创造和谐愉悦的工作氛围。当然，ISO 质量管理体系重在充分结合人民法院的工作具体情况，贵在真实服务于人民法院的工作目标，难在长期不懈、不折不扣地贯彻实施，如果在思考和运行 ISO 质量管理体系时抱着目标定得低一点、标准定得松一点、期限定得长一点、任务定得轻一点的心态，甚至以任务多、责任重为借口，对于 ISO 质量管理体系采取消极应付或变相抵触的态度，那就失去了这一制度的本意。

七、如何积极建设法院文化

1. 建设法院文化与法官文化的基本立场

法院文化是社会文化体系中一种具有独特品质的文化，也是社会文化的一个分支。不同的人对于法院文化有不同的理解，通常的解释认为，法院文化是指法官和法院其他工作人员在审判实践过程中或者为审判工作服务过程中所创造的各种知识的积累，包括法律知识、社会知识、法官道德、法官行为、法院工作人员行为、法院管理、审判语言、法律文书、审判艺术，以及反映这些知识的物质表现形式。从本质上说，是一种通过物化载体和非特定化的载体表现出来的现代司法理念。法院文化包括哪些部分现在仍没有定论，但通常认为包括以下几个方面：其一，法院的外在事物所表现出来的独特的法律特征，比如法院建筑、法庭的陈设、色调所体现出来的独特的法律符号特征。其二，环绕在法院周围的特定法律氛围。既表现为宏大的法律至上、法律崇高的宣教，又体现为一定的行为细节，如独特的徽标、镌刻的警言警句、悬挂的照片、林立的书籍等。其三，法院的工作成果。作为法院的"产品"的裁判文书是法院文化最集中、最突出的代表，裁判文书的直接作用是查明事实真相，分清是非曲直，分析当事人的权利义务，提出解决纠纷的意见，但裁判文书也间接体现着法律的理性、法官的意念，散发着法律文化和法律精神的光辉，是法院文化的精华所在。其四，法院干警的法律修养和职业道德。这些包括法官在工作中的言行举止、接人待物以及社会交往所体现的自律、自省、崇法、慎行、勤思等。法院文化是法院的软实力，要求法院的基础建设、法律成果、法官人格魅力、法官文化修养等方面全面发展，要求人民法院每个法官的点滴积累，更需要正确的建设导向和方法。

除了探讨法院文化外，还有人提及法官文化的问题。法官文化是指法官和法院的工作人员在审判实践过程中所创造的各种知识的积累，可以分为法官的知识文化、道德文化、行为文化、文化体育活动、历史文化、法官的审判环境文化等。法院文化和法官文化实质上是一种文化，法院文化也是以法官为中心的一种文化，法院文化离不开法官，法官是法院的活动主体，如果没有法官，法院也就无从谈起。同样道理，如果离开法官文化，那么法院文化也就无从谈起。仔细分析，许多关于法院文化的论述，其实质上都是讲的法官文化。所谓法院文化只不过是法官文化扩展的表现形式。法官文化是法院文化的中心。法官文化首先表现为法官的知识文化，是法官所应具备的与审判相适应的知识积累。它包括以下知识：①法官的法学知识。这并不是要求法官机械教条地照搬法律条文，而是要求法官对立法本意、立法原理和法律条文含义的正确理解，在审判案件过程中，结合具体案情正确地适用法律。②法官的政治知识。要求法官要具备高度的政治敏感性，法官要及时了解国际、国内的时事政治，要关注国家对外、对内政策的宏观变化，在审判案件的过程中，利用法官手中的自由裁量权，在适用法律时，把案件事实和国家宏观政策结合起来，灵活地依法裁判。③法官的历史知识。法官要懂得本国的历史，要懂得本土法律制度和法律思想的发展史，在审判案件的过程中，要根据案件的具体情况，既要以现行法律的规定为准绳，又要考量本土法律文化和传统的伦理道德，在自由裁量的范围内进行裁判。这样才能使案件的裁判结果产生良好的社会效果和法律效果。④法官的文学知识。法官要有一定的文学知识，这对法官在审判案件以及制作裁判文书时具有很大的益处。一个文学知识丰富、文学素养高的法官，制作的裁判文书除了辨明是非外，还具有可读性，读之会使人心平，心平则气和，气和则怨消，起到化解双方矛盾、消除双方恩怨的作用，有利于社会的和谐与安定。⑤法官的社会知识和现代科学知识。丰富的社会知识和现代科学知识，可以使法官在审理案件的过程中正确判断和认定与案件有关的证据，正确判断案件的事实，作出公正的裁判。其次，法官文化同时表现为法官的道德文化，体现着法官的道德修养和价值观。它包括法官的司法思想、理念、道德、精神等诸多方面，是法官文化的核心。具体表现为：①在司法思想方面，法官必须具有司法为民的思想。一个法官如果真正具有司法为民的思想，那么它就会在审理案件的过程中，不畏权势，不惧怕来自各方的压力，依法公正地作出裁判。②在司法理念上，法官必须树立大局、公正、高效、文明、廉洁等现代司法理念。关键是要在依法审判的前提下，顾全大局，从公正、高效、文明、廉洁等方面来寻求案件的法律效果和社会效果的有机统一。③在司法道德上，法官必须树立忠于职守、秉公办案、刚正不阿、不徇私情等职业道德观，并具备正直善良、惩恶扬善、弘扬正义等高尚的道德操守。④在司法精神上，法官要有敢于审判疑难复杂案件的勇敢精神，勇于探索的创新精神、吃苦耐劳的奉献精神。社会在不断发展前进，各种各样新的案件必然不断发生，法官也应当与时俱进，不断探索、创新。再次，法官文化的外在化表现可以称之为法官的行为文化，是指法官在法庭内外的言行活动所要遵循的最佳行为知识。它主要包括：①法官的审判行为文化，是指法官在开庭审判案件和宣判案件时的行为知识。法官在审判过程中，特别是在开庭审判和宣判时的言行举止如何，直接影响着法庭审判的效果和案件宣判的效果。法官的审判行为文化积淀的程度，决定着法官驾驭庭审的能力。②法官的社交行为文化，是指法官在社会交往过程中与社会各界人士交往时的行为知识。法官是人类社会中的一个群体，作为社会中的一员，法官也需要和各行各业的人交往。法官的社交行为不仅关系到法官以及法院的社会形象，而且关系到社会对法院和法官的认知与评价。法官在社交中的行为是否得当，对法院和法官的公信力会产生不同的社会效果。③法官的形象文化，是指与法官的形象有关的行为、表情、举止、语言、语气和仪容仪表等有关知识的总和。形象是他人或者社会的形象主体的动态和静态的印象，而且主要通过动态的行为方式或过程对他人形成一种特定的印象。法官形象是法官道德品质的自然表现和外化，是法官的活动在他人头脑中的印象。法官形象是指法官的整体形象，而这种整体形象又是通过每一位法官的个人形象来反映的。法官的形象与社会对司法公正的评价有着直接的联系，法官的形象直接关系着公众对司法公正的信赖。④法官的文化体育活动，是指法官在工作之余的时间，从事的智力活动和体力活动，是法官知识文化和精神文化的反映。法官的文化活动，可以陶冶法官的情操，提高法官的文化素养，既可以使法官紧张的脑力活动得以充分的休息，又能增强法官的团队意识，加强法官之间的团结和相互协作。法官的体育活动，是法官文化的一项重要内容。提倡法官参加体育活动不但可以增强法官的体质，而且还可以培养法官的团体精神，增强法官之间的凝聚力。

除了上述这些文化，法官文化的内在因素是法官的历史文化，是指与法官制度有关的历史以及历史上优秀法官的事迹等有关知识的总和。在我国，法官的历史文化就是一部清官历史文化。清官文化是我国历代统治者所要求的为官者必备的道德标准和个人品格。要求官员铁面无私、不畏权势、廉洁奉公、秉公办案，要有一身浩然正气。这些也是我们今天法官的职业道德所要求的，这也可以说是清官历史文化给我们留下的丰富遗产。

法官的历史文化，可以激励法官在审判活动中做到铁面无私、廉洁司法、依法秉公办案，在适用法律上做到人人平等，在审判案件的过程中不受任何来自外界的干扰，做到依法独立审判，做到审判公正。法官文化的外在因素是法官的审判环境文化，是指与法官司法有关的各种司法场合和司法器物文化的总和。它包括法官的物质文化和精神文化，是法官公正司法的物质和精神的保障。它包括：法院的建筑物文化、法庭内外的文化、审判法庭的现代化的审判设备、设施等。法院的建筑物，是法官重要的司法环境。一个法院法官整体文化素养的高低，对案件审判质量的高低，对于公正与效率有着直接的影响。一般来说，法官的知识水平和案件审判质量成正比，特别是在当今社会科学技术飞速发展的时期，要做到案件的实体公正，法官就应当掌握一些和案件事实有关的现代科学技术知识，如果缺乏相关知识，其所审判的案件质量就无法保证。同时，法官文化对于法官精神有着极大的鼓动力，其表现为：通过文化活动，提高法官的文化素质，提高法官的文学修养，拓展法官知识面、提高法官的修养、树立法官独立审判、公正无私的精神。

2. 构建司法文明的方略

社会在发展，时代在进步，党的十六大就提出了建设社会主义政治文明的目标，在依法治国，建设社会主义法治国家进程中，法治文明是政治文明的重要体现，司法文明是法治文明非常重要的组成部分。司法文明既是现代司法的一种理念和境界、一种追求和实践，也是推进司法现代化的思路和根本目标，体现着司法工作前进的方向，集中反映了司法活动的整体发展水平。积极推进司法文明，既是人民法院肩负的政治历史责任，也是人民法院发展的现实需要。将司法文明精神融入到人民法院文化的建设当中，体现了法院文化的深刻意蕴，增加了法院文化的丰富内涵。司法文明包括法官形象的文明、审判场所的文明、执法环境的文明，它决定着法官的司法礼仪标准，支配着法官的仪表和举止。让法院成为承载法治观念和司法信息，体现文明司法，进行法制教育的有效载体。

3. 培育法院精神的思路

法院的各方面工作在经几代人的日积月累后，会形成一种内在的精神和魂魄，就像军魂和"亮剑精神"一样，这种精神是不随着外界环境变化而变异，不随着法院领导人和工作人员的更替而消失的，这种精神能够真正支撑法院工作保持稳定、长效的势头。法院精神是法院管理的核心和最高境界，一个法院如果有着鲜明的法院精神，其各项工作、各种管理就有了稳固支撑，司法功能和价值的全面实现和释放就有着坚实的保障。根据工作位居全国前列的人民法院的实践和总结，人民法院精神的核心内容应当是"公正、文明、和谐、卓越"。打造人民法院精神，必须努力维护司法公正。"公正"是司法的基本价值追求，是裁判社会公信力的内在基础。效率是公正的题中应有之义，公正本身包含效率。要通过严格的审判行为把抽象的公平正义体现为每个具体案件的实体（结果）公正、程序公正和形象公正。打造人民法院精神，必须大力推进司法文明。"文明"诠释了司法的主要内涵，司法不仅是一种取代暴力解决纠纷的制度文明，还要求裁判行为文明，乃至审判环境、诉讼语言文明，体现中立、宽容、克制、冷静等理念。文明要求法官具有渊博的学识、高尚的品质和献身于审判事业的忠诚，体现了对法官职业道德、工作作风的严格要求。打造人民法院精神，必须积极营造和谐环境。"和谐"代表着上下内外良好的工作和司法环境。内部要保障法官的主体地位和中心作用，积极打造司法共同体；外部要整合社会法治资源，积极营造宽松的司法环境，共同推进司法事业的发展进步。打造人民法院精神，必须坚持不懈追求卓越。"卓越"就是打造人民法院的"品牌"。要积极打造各类载体和平台，倡导先进的司法理念，开辟民主交流的空间，营造浓厚的法文化氛围，不断提升全员素质。要建设学习型法院，坚持理论与实践创新，勇于尝试和探索，找准切入点，不断实现自我突破与整体跨越，永不停步地迈上新台阶。

八、如何形成法院建设和改革的长效机制

人民法院的建设和改革任重而道远，需要上下同心，共同促动，需要

形成一套有效的成长机制。这一机制的内核是要树立长期思想，整合有效资源，立足人民法院发展实际，结合自身发展特点，逐步建立行之有效的成长机制。要做到大处着眼，小处着手，立足现实，循序渐进，逐步深入；要善于发挥内力，借助外力，形成合力；要注意研究法院发展和司法权威形成的规律，把握重点，攻克难点，选准切入点，通过反复的"冲击一反应"互动，促进法院工作不断地向更高水平发展。

当前，各级人民法院在党的十八大精神指导下，高举中国特色社会主义伟大旗帜，深入贯彻落实科学发展观，坚持"三个至上"的重要指导思想，紧紧围绕党中央、国务院关于实现经济持续健康发展，全面建成小康社会的重大部署开展审判执行工作，紧紧围绕确保公正廉洁的要求加强人民法院队伍建设，紧紧围绕落实中央关于深化司法体制和工作机制改革的意见推进司法改革，紧紧围绕实现人民法院工作整体发展加强基层基础建设，更好地服务经济社会科学发展，更好地实现人民法院自身科学发展。要保持人民法院工作的先进性，保持人民法院的竞争力，需要长效的机制，而作为机制的核心，有几个方面是不可或缺的。具体而言，人民法院应该朝着创新型法院、学习型法院、竞争型法院、和谐型法院、交流型法院、为民型法院的方向前进。

1. 争创创新型法院的方略

创新是我们当前所处时代的主旋律，创新除了支配我们的思想层面、思维方式外，还应当加以物化，落实在行动当中。人民法院要经受住各种考验，将工作打造出整体推进、重点突破、蓬勃发展的良好态势，规范化管理卓有成效，裁判公信力明显提升，法官司法能力不断提升，得到社会各界的充分肯定。唯一的道路就是一方面传承优秀的传统和作风，一方面大刀阔斧地进行改革创新，在新的挑战面前实现更大的发展和跨越。改革创新型法院应当以社会主义法治理念为指导。能够深刻理解社会主义法治理念的内涵，全面、准确地把握理论精髓和实践要求，能够抓住关键环节，把"依法治国、执法为民、公平正义、服务大局、党的领导"的理念贯穿于各项司法活动当中，从而推动法院事业蓬勃发展。改革创新型法院应当围绕建设现代化审判机关的建设任务。不断明确目标和方向，增强使命感、责任感和紧迫感；追求以人为本，建设职业化法官队伍，激发法官和其他工作人员的主动性、积极性和创造性；能够适应新形势、新任务的要求，创新工作机制，实现对现有资源的科学合理配置；能有效地加强物质装备建设，建设数字化、信息化法院，实现装备现代化。改革创新型法院要着重加强司法能力建设。法院的领导班子要善于科学、依法、民主决策，提高想干事、能干事、会干事的能力；树立先调研后决策的工作方式，提高决策质量。法院的审判和执行法官具备公信力和亲和力。法院行政人员具有工作效能。这样才能进而提高法院的整体水平。改革创新型法院需要与时俱进地改进工作方法和方式，坚持辩证法，善于发现和解决工作中的薄弱环节，尊重群众的首创精神，完善各种工作体系建设，在抓落实上求实效、谋发展。在人民法院的工作中，创新包括以下几个方面。

（1）制度创新，设计的政策一定要科学、合理，将各种可能性情况加以充分考虑，力争将每一项工作加以定性化、定量化、定格化，实现我们平常所说的有章可循，实现对上、对下负责的一致性。确保制度的权威性、严肃性，制度面前人人平等。同时要按照系统化的原理，制定一整套操作性强的规范，为干警在遵守制度的前提下创造更大的自由空间。

（2）机制创新，构建结构合理、配置科学、程序严密、相互制约的管理运行机制。根据不同的工作环境确立不同的管理原则，在有些领域实施制度为基础的刚性管理，在有些领域实施权变为原则的柔性管理，在有些领域通过道德和文化的约束力体现民主管理、自我管理的境界。把实施全程监控和推行项目管理结合起来，把目标考核和内涵建设结合起来，把民主化的决策原则和命令服从式的工作方式结合起来，把司法审判的公正性、民主性，司法管理的效率性充分发挥出来。

（3）手段创新，要求贯彻法院以法官为中心的原则，发挥人的主观能动作用，凸显法官的职业特点和司法的特殊性。要求增加管理的科技含量。发挥广域网、局域网、数字监控、视频会议专线等先进设施的作用，实现对各种要素信息化、智能化管理，建设现代化审判机关。

2. 创建学习型法院的方略

现代社会人们称之为知识社会，一个法院的学习能力如何，对未来法院事业的进步和组织的成长有着至关重要的影响。学习型法院的宗旨是通过不断的学习、模仿，在适应环境变化的过程中，对其基本的信念、态度、行为、结构和方式进行调整，从而获取一种面对各种问题的应对能力，获取一种长期效能和自我完善的能力。各方面的经验都表明，创新正是组织活力和竞争力的来源。从某种意义上讲，学习型法院的精神实质就是不间断创新，学习型法院的精神面貌是集体创新。通过建设学习型的法院，引领广大法官要加强学习，努力实践，推进改革，着力提高司法能力。要进一步提高认识和把握大局的能力，认识和把握社会矛盾的能力，认识和把握社情民意的能力，认识和把握法律精神的能力以及认识和把握新情况、解决新问题的能力。在新时期建设学习型的法院，不是人云亦云的时髦口号，而是基于法院建设的迫切需要和完成司法使命的必然要求。如前所述，不管是横向对比还是纵向对比，我国人民法院在管理领域都不是处于前列的，人民法院的战略规划能力、策略执行能力、资源管理能力、项目管理能力还有很大的提升空间，过去人民法院在长期工作中自觉或不自觉地形成了一种"模仿—学习"的知识增长链条，现在我们需要把这一链条加以延展，打造"模仿—学习—创造"新型知识链和信息链。一方面需要我们对传统的法院管理经验获取模式进行调整，建立自由、开放、便于信息交流、知识传播和学习成果共享的系统。另一方面，要通过制度的约束和诱导，提倡和促进终身学习、全员学习和团队学习。同时，各级法院要把学习型法院的课堂置于广阔的社会当中，广泛地汲取和更新知识，和外部世界搭建起顺畅的信息传输渠道，不拘泥于哪个领域哪家学派的知识和经验，最重要最关键的一点是要注重将学习行为有效地转化为创造性行为，而不是简单的模仿和重复性的工作，这是不同的法院出现管理水平、发展状态差距的重要动因，简单地说，我们的法院不是为了学习而学习,不是为了创新而创新,而是为了组织成长、管理进步而开展学习创新,以掌握更为有效的工作方法,适应人民法院管理创新能力提升的需要。

3. 创建竞争型法院的方略

克服传统法院管理模式的机械性,适当引入一些竞争要素,形成法院工作创新的外在激励与内在动力机制。国家机关是一类公共部门,传统上是排斥竞争的,而竞争机制的缺失正是导致一些国家机关出现内部机制不活、工作效率不高、办事态度不好等弊端的症结所在。对于提升国家机关的管理创新能力来说,市场竞争机制是一种外在的选择,它可以促使国家机关考虑竞争激烈的外在环境,进而转化为一种内在的动力,不断地创新,提升管理能力。但是国家机关的性质与使命与其他行业有很大的区别,我们所做的准确地说是引入和借鉴一些市场竞争的经验和理念,形成国家机关内部一种特有的竞争机制。当然这种竞争是在统一的公共战略指导下的有序竞争,竞争也需要有一定的配套措施和相应的公共责任制,形成可以管控的竞争环境,为所有的竞争者创造平等的竞技场。对人民法院的工作而言,竞争是良好的促进剂,我们不仅仅应该在案件质量、案件效率、群众满意度等单个项目上推广竞争,还要在工作经验的提炼、工作方法的探索、管理战略策略的创新等层面上鼓励竞争、奖励竞争,形成百花齐放、百舸争流的良好局面。

4. 创建和谐型法院的方略

和谐法院到底是一种怎样的状态呢?从党的十六大开始,党中央把"社会更加和谐"作为全面建设小康社会的目标之一提出来,党的十六届六中全会又作出《关于构建社会主义和谐社会若干问题的重大决定》。对人民法院而言,和谐法院就是要全面加强法院自身建设,坚持以人为本,全面落实科学发展观,树立司法权威,并有步骤、有目标地抓好几个方面工作。一是坚定信念,强化社会主义法治理念。深入开展社会主义法治理念教育，提高法院为党和国家中心工作服务的自觉性和主动性，确保法院工作的正确方向。二是发挥优势，加强思想政治工作。发扬我们党思想政治工作的优势，围绕实现法院工作目标和促进人的全面发展两方面的任务，尊重人、关心人、理解人、培养人，调动人的积极性、主动性、创造性，完成各项工作。三是突出核心，加强领导班子建设。法院领导班子要牢固树立科学的发展观、正确的政绩观和强烈的群众观，与时俱进地开展工作。要以身作则，发挥模范和表率作用，凝聚合力。按照讲大局、懂业务、会管理的要求，加强领导班子成员的素质培养，提高领导班子的决策能力，促进科学、民主、依法决策和按客观规律办事。四是强化手段，提升法院管理水平。坚持以人为本，实行刚性管理与柔性管理、制度约束与自我管理相结合，加强人性管理，提升管理的层次与水平。五是优化载体，加强法院文化建设。积极建设理念形态、制度形态和物质形态等不同层面的法院文化，以和谐文化建设促进和谐法院建设。加强社会主义核心价值体系的培育，把社会主义核心价值体系贯穿于法院工作的各个方面，积极开展社会公德、职业道德、家庭美德教育，提高干警的思想境界。加强教育培训工作，提高干警的综合素质。积极开展和谐创建活动，加强人文关怀，最大限度地增加和谐因素，最大限度地减少不和谐因素，形成人人促进和谐的局面。同时，要注重营造法院工作的良好内外部环境，改革开放以来，我国在社会发展过程中极其重视和保持社会的稳定，正是这种安定有序的社会环境是国家机关管理创新的宝贵条件。人民法院的各项工作同样需要在一个稳定理性的社会政治环境中开展，人民法院通过自身工作，更进一步实现了服务大局、保障稳定、促进和谐的任务，我们应该如何创造和保持这一良好的外部环境呢？首先是毫不动摇地坚持中国共产党的领导，中国共产党是掌握运用政治权力的中枢和核心，只有坚持党的领导，才能牢牢地稳固政权，为国家机关的管理创新创造稳定的政治环境；只有坚持党的领导，才可以获取强有力的政治权威来推动各项改革措施的实行，来实现社会发展；只有坚持党的领导，才能确保我国社会主义建设不可或缺的集体主义的价值取向。在长期的革命和建设过程中，广大人民群众培养了深刻的对中国共产党领导的信任感以及对国家机关的高度认同感等，这是我们的宝贵资源。同样，在人民法院内部，绝大多数干警怀有对党和人民的深厚感情，具有良好的大局意识，在这种共同情感价值观的统领下，人民法院才有了强大的凝聚力、推动力，才能完成有阻力、有难度的改革发展目标。其次是要广泛地发动和扩大公民的参与，人民群众是历史的真正缔造者，是人民法院发展改革的归依，司法活动自始就不是一种封闭的活动，而是直接面向广大人民群众的，人民群众参与司法改革建设，可以集中民众智慧，吸收不同领域知识，并为改革者提供及时有效的信息。人民法院向广大人民群众敞开大门，在办案办公过程中加强与人民群众的对话、讨论，善于听取和处理不同利益、不同政策观点的公民意见，主动接受人民群众的监督，能够增强法院和人民群众之间的共识感，增强人民群众对社会主义司法的信赖感，能够准确地把握和实现公共利益，同时也提升了人民法院的管理创新能力。在这一方面，人民法院有着优良的传统，在贴近群众、动员群众方面有着成功的经验，如广为人知的马锡五审判方式、人民陪审员制度，独具中国特色的调解制度，新时期我们需要进一步保持和发扬群众参与的制度化建设，在充分遵循宪法和法律赋予公民的政治权利和自由的前提下，充分尊重公民的人格和合法权利，充分认可人民群众在国家和社会管理活动中的主体地位，对公民参与司法活动和法院改革的内容、方式、途径作出明确的规定，使其可以按一定的程序实际操作，并用法律的形式固定下来，做到有法可依、依法参与，使公民参与经常化、制度化。

5. 创建交流型法院的方略

人民法院改革建设不是闭门造车，应该广泛交流，吸取各类新鲜的素材、有益的经验，并且还要努力避免其他部门、其他法院在改革过程中曾犯过的错误、曾走过的弯路。我国改革开放的深入，对外交往的增加，社会信息化的日益普及，为人民法院的对外司法交流提供了有利的条件，以人民法院官方、法官协会民间组织两种形式为载体，积极与外地、外国法院、法官组织进行交流，扩大视野，汲取和借鉴优秀司法经验，提高审判水平，并且通过对外交流积极宣传我国的司法制度，提高我国司法工作在国际上的认同率，提升司法的权威和声誉。

保持人民法院发展的长效性，除了有正确的思路，有高素质、能力强的干警外，同时也需要积极上进的精神境界和执着负责的态度，我们通常把它视作法院的软实力和法院的良好作风。"用心工作"是对这种精神状态的准确诠释。首先，用心是指一种精神境界。一个人的思想境界决定着其思想认识和行为的水平与程度。"用心工作"体现了"工作至上"的无私境界，具体表现为"三真"：一是真爱，是指真正热爱自己从事的工作，这种热爱源自对工作的价值认同而产生的强烈的职业认同和职业信仰，而不是源自个人私利，并能够把这种内心确信转化为工作的无穷动力，把个人的荣辱得失与法院整体的荣辱有机结合起来。二是真心，真心实意地干好工作，一心想着工作。对工作不提条件，不讲待遇，始终保持积极主动地进取精神，视质量为生命，绝不被动应付，虚与委蛇。三是真情，始终对工作怀着深厚的感情，对组织怀有感恩之心。不论进退留转，都能正确对待工作、对待组织、对待群众，淡薄功利之心，恢宏奉献之气。其次，用心是指一种负责态度。认真负责地对待工作，是"用心工作"的外在表现。认真负责，可概括为求真、务实、创新。求真，就是要善于发现和把握事物的本质特征及其运行规律，并从规律性认识出发作出决策、执行决策。具体到审判工作，就是要正确认定事实，适用法律，使每一起案件都能经得起时间和历史的检验。务实，就是要坚持从实际出发，做到依法办案与服务大局、原则性与灵活性、法律与政策、法律效果与社会效果相结合，实现人民当家做主、依法治国和党的领导有机统一。创新，就是要有把工作提高到一个新境界的进取精神，不断更新观念，创新制度、机制和工作方式方法，为工作注入新的生机和活力，在改革中促进工作上水平。

6. 创建为民型法院的方略

执法为民是我们党执政为民理念的本质要求。对人民法院工作来讲，司法为民宗是人民司法活动的根本出发点和落脚点问题。司法为民不是一句简单的口号，它具有丰富的具体要求和实践内容。审判工作是人民法院的本职工作，依法审理好各类诉讼案件是落实司法为民宗旨最直接、最基本的方式和手段。人民法院要统一司法思想，通过公正、高效、文明的审判工作，把司法为民的宗旨落实到保护人民、打击犯罪、制裁违法、定纷止争、化解矛盾的审判实践中去。司法为民，首要的是司法公正。公正是司法的灵魂和生命，是人民群众对审判工作的根本要求。哲人培根曾说过，一次不公正的裁判比多次不公平的举动为祸尤烈，因为这些不公平的举动不过污染了水流，而不公正的裁判污染的则是整个水源。一是观念上要公正。随着市场经济的快速发展和改革开放的不断扩大，社会成分、利益主体等日益多样化。在这种情况下，司法活动恪守平等原则，公正地对待各类当事人，显得尤为重要。这既是司法工作的内在要求，又直接影响着地区发展环境和经济社会秩序。"法不阿贵，刑过不避大臣，赏善不遗匹夫。"对各类当事人，无论是组织还是个人，无论是国有、集体企业还是民营企业，无论是外来投资企业还是本地企业，都要做到在诉讼地位上一律平等，在权利保护上一律平等，在执行裁决上一律平等，使法治的阳光普照每一个当事人。二是实体上要公正。实体的公正，也就是结果的公正，它关系到当事人的切身利益，是公正司法的直接体现。工作中，要严格区分违法与犯罪、经济纠纷与经济犯罪、违纪行为与违法犯罪、工作失误与渎职犯罪、检举失实与诬告陷害的关系，旗帜鲜明地支持创业者，保护改革者，帮助失误者，追究诬陷者，惩治违法犯罪者，营造有利于干事创业的良好氛围。总的来说，要正确适用法律，对合法的坚决予以支持，违法的坚决予以惩处。三是程序上要公正。著名的"苹果分配定理"是程序公正的最好示例：执刀将苹果一分为二的人，因为掌管着苹果切得是否均匀的权利，因此，先挑苹果的权利不能由分苹果者行使，由于分苹果的程序是公正，那么分得苹果的结果也是公正的。这一案例说明，程序公正是实体公正的外在保障，是公正内涵的应有之义。因此，要注意克服重实体、轻程序的倾向，进一步规范审判制度，完善审判程序。

　　司法为民同时要做到高效司法。司法作为一种社会活动，也有效率和效益的问题。现在，有的法院和法官在司法实践中，存在忽视司法效率和效益的问题，必须引起高度重视。一是要讲求高效率。迟来的正义即非正义。当前，超审限办案和执行难的问题都不同程度地存在，个别案件甚至会拖几年、十几年，极大地增加了当事人的诉讼成本。另外，效率低也增加了法院的审判成本。法院要在保证司法公正的前提下，集中清理超审限案件，尽可能地缩短办案周期。要坚决克服人为拖拉、低效办案的现象，但也不能因片面追求效率而影响司法公正。要在切实解决执行难方面下功夫，依法惩处拒不执行生效裁判的犯罪行为，及时维护案件胜诉方的权益。二是要讲求高效益。司法为民，就要追求司法的高效益，不仅追求法律效果，还要追求政治、经济、社会效果，做到有机统一、相互促进。发展是党执政兴国的第一要务。人民法院通过良好的司法服务，促进经济社会发展，进而提高广大群众的生活水平，既是肩负的重要职责，也是实现司法为民的重要体现。司法既是门科学，又是门艺术。做到依法办案，是对一名法官的基本要求；讲究司法艺术，综合实现各种司法效果，是对一名法官更高层次的要求。法院都要增强为民服务的自觉性和主动性，坚持"三个有利于"标准，把严格执法与热情服务有机地结合起来，在审判和执行工作中，克服孤立办案、机械办案的现象，心系发展、服务发展。要与时俱进，奋发有为，创造性地开展工作，使我们的司法活动更好地适应不断发展变化的新形势，在更高的层次、更广的范围内为发展做好服务。

　　司法为民也要做到文明司法。公正司法和高效司法，主要反映对审判结果的要求。司法为民应该是整体的、全方位的，不仅要体现到司法结果上，还要体现在司法的态度、作风以及方式方法等方面，做到文明司法。

第五章　法院审判执行工作的方法论

第一节　法院审判工作的基础问题

一、法院审判案件的基本立场

诉讼，是权利与利益的博弈之争。民商事审判中涉及平等的民商事主体之间的利益，刑事案件涉及被告人利益、国家利益、被害人利益，行政案件涉及行政机关和行政相对人之间的利益，我们法院的法庭就是各方利益博弈的竞技场，法院的审判工作或者说法官的办案工作，需要确定基本的立场。

审判的基本功能应当是定分止争，化解矛盾，促进社会和谐，维护正常的法律秩序。处理各类案件都有三个层次：一是依法正确及时地处理案件，定分止争，使胜败皆服，案结事了；二是从根本上化解矛盾，消除积怨，这包括当事人之间的矛盾，当事人与国家和社会的矛盾；三是向社会提供解决纠纷的标准，预防纠纷和诉讼案件的发生，促进社会和谐、民主和文明。在这些方面我们有大量工作需要做，真正提高司法水平，就要从这里入手，在这些方面下功夫。

在审判工作的宏观层面上，要认清转型期人民内部矛盾的特点和审判规律，确立运用法律手段和其他手段，化解社会对抗性矛盾，解决当前人民法院面临的"人民群众对司法的需求与司法功能相对滞后"的基本问题。在具体措施的运用上：要通过繁简分流，探索建立多元化调解处理矛盾纠纷的机制；建立完善重大、敏感、群体性案件，依靠党委、政府和有关部门协调解决的机制；建立涉诉信访齐抓共管机制，合力解决影响稳定的各类问题。作为"居中裁判"的法官，一定要摆正位置，不偏不倚，不枉不纵。在案件审理中要注重研究当事人的合法权益和合法诉求，对于无理要求要坚决制止。同时要避免机械办案。在审判工作中，适用法律应当充分考虑法律的目的，将法律的一般规定与个案的特殊情况相结合，在不违背法的精神的前提下作出裁判，实现审判法律效果与社会效果的有机统一。

二、法院的审判指导原则

在审判方面总结和确定一些基本性的指导原则是非常必要的，这些指导原则应在社会主义司法理念和社会主义司法制度指导下，覆盖审判活动的方方面面。

1. 以社会主义核心价值观为审判指导原则

我们是社会主义国家，这一点决定了在审判中必须坚持以马克思主义指导思想，中国特色社会主义共同理想，以爱国主义为核心的民族精神和以改革创新为核心的时代精神，社会主义荣辱观为核心的社会主义核心价值体系。发挥社会主义核心价值观在人民法院审判工作中的定性、整合、引领作用。人民法院的性质和地位决定了审判工作必须具有高度的政治性。只有牢固确立社会主义核心价值体系的主导价值观地位，才能确保法院工作的正确政治方向。在发展社会主义市场经济的过程中，社会的利益关系、活动方式和思想观念日益多元化，多元化必然带来不同向的张力。只有保持人民法院队伍指导思想，行为准则的高度一致性，用共同的精神纽带把人民法官联系起来，才能保证人民法院的战斗力。要做到这一点，就要自觉地运用马克思主义中国化的最新成果武装思想，指导行动，推进工作。正确认识社会主义核心价值体系是先进性、理想性、时代性、现实性的思想文化载体，领会社会主义核心价值观必然会成为引领社会思潮的主导力量。要把构建社会主义核心价值体系与社会主义法治理念的培育有机结合起来，以社会主义核心价值体系深化社会主义法治理念教育，以社会主义法治理念教育体现和巩固社会主义核心价值体系的主导地位。通过学习、领会、提高，形成共识，确认社会主义核心价值体系构成整合法院全体工作人员共同为社会主义和谐社会建设服务的精神纽带。通过加强思想政治工作，着力强调审判权的极端重要性、荣辱观的不可或缺性、法官职业道德的根本约束性，重视对法院工作群体共同价值观、归属感的培养，把职业意识、职业技能、职业道德教育与社会主义核心价值体系教育有机结合起来，引领法官把个体价值的实现、不同的利益诉求导入法院整体工作目标的实现中来，分辨良莠，不断吸纳先进文化成分，提高自身的思想政治素质，形成思想上的共识、行动上的合力，把人民法官锻造成一支知荣辱、讲奉献的职业化队伍。在审判工作中，广大法官只有把运用法律解决个案的过程与贯彻党的路线、方针、政策结合起来，才能把具体的审判实践转化为为党和国家大局工作服务的生动实践。人民法院要坚持与时俱进，不断改革创新，认真解决困扰审判工作的体制性障碍和机制性束缚，实现审判权自身的价值与社会主义和谐社会的主导价值观的有机统一，最大限度发挥人民法院在构建社会主义和谐社会中的保障作用和推动作用。

2. 用科学发展观指导审判工作

人民法院遵循科学发展观，就是把以人为本体现和融入到审判工作中，使其不但成为一种指导思想，更应当将它转化为一种具体实践。具体而言，人民法院的法官和其他工作人员要自觉深入学习关于以人为本的权威论述和解读，正确理解、把握其科学内涵和精神实质，使其成为审判工作中判断是非曲直的价值取向，改变以案为本，唯法是从的绝对化倾向。树立正确的办案观，坚持司法为民工作宗旨，把维护广大人民群众的根本利益放到法院工作的首要位置，审理好与人民群众生产生活密切相关的案件，通过司法手段实现好、维护好、发展好最广大人民的根本利益。依法保障和实现人民群众的合理诉求，保障诉讼参与人在审判工作中的诉讼地位和诉讼权利。依法保护各社会主体在改善民生中的积极性、创造性，加大对弱势群体的司法救助力度，以个案公正促进社会公平正义，使人民群众切实感受到人民司法的温暖，"努力让人民群众在每一个司法案件中都感受到公平正义"[1]。广大法官作为审判过程的主导者，要坚持把以人为本融入到审判工作中，努力做到既严格依法办案，在确保公正的前提下提高办案效率，又要着眼于社会和谐，依法保障当事人合法的诉讼权利，彰显司法的人文关怀，丰富和发展"司法为民"的内涵要求。以人为本的本质在于，"把真实的具体的个人，真正地当作人"——当作"有价值、有人格、有尊严的具体的人"来看待，处处为"人"考虑，为"人"着想。对待当事人要"热心"，判后释疑要"耐心"，业务工作要"细心"，司法救济要"真心"，接受监督要"诚心"。真正做到以情感人，以理服人，急当事人之所急，解当事人之所困，救当事人之所难，切实改进审判作风。开庭时严格遵循开庭时间，严守司法礼仪，苛守庭审纪律，不办关系案、人情案、金钱案，真心相待，热诚温善，坚决杜绝生冷横硬的衙门作风、官僚态度和世俗习气。严格在法定时限内结案，杜绝没有理由久拖不决，超审限办案。要不断改进工作作风，树立良好的司法形象，密切与人民群众的联系，增强人民群众对法院工作的满意度，努力实现办案法律效果与社会效果的有机统一。作为人民法院，要进一步完善便民利民的各项司法措施，积极构建和谐的诉讼秩序，正确处理、协调法官、当事人和其他诉讼参与人在诉讼中的关系，努力完成应当承担的维护稳定、化解矛盾、促进和谐的工作职责。

3. 以和谐社会构建作为审判工作出发点

诉讼从表面看是一种诉辩对立、此赢彼输的对抗性活动，但从法律角度讲，其内在属性却是弥合纠纷，营造和谐。因而，和谐理念是重要的司法观，人民法院在审判工作中承担着营造"和谐审判"，实现"审判和谐"的使命，这是新时期人民法院面对的新挑战、新课题。在审判管理中注重和谐因素，需要把为和谐社会建设服务视为人民法院工作最大的政绩，需

---

① 《习近平在中共中央政治局第四次集体学习时强调——依法治国依法执政依法行政共同推进，法治国家法治政府法治社会一体建设》，载《人民日报》2013年2月25日第一版。

要坚持科学发展观，牢固树立社会主义法治理念，自觉克服与新的形势任务不相适应的旧观念束缚，坚持把促进社会和谐作为法院工作的出发点和落脚点。通过充分发挥审判工作打击惩办、疏导调节、规范引导、教育预防职能，全力参与社会治安、经济和社会矛盾领域综合治理工作，为和谐社会建设提供强有力的司法保障和法律服务。需要进一步思考立案、审理、执行等各个环节的司法行为的外在影响，以对党、对人民高度负责的态度精心审理好每一起案件，维护稳定，化解矛盾，促进发展，努力实现实体公正与程序公正、严格适用法律与实现司法目的、法律效果与社会效果的有机统一。增强司法的亲和力，提高裁判的公信力，努力做到定分止争、胜败皆明、案结事了。要更加注重在最大限度满足人民群众司法需求上下功夫。随着人民群众物质文化生活水平的提高和法治意识的增强，人民群众的司法需求不断增长。人民法院要把满足人民群众的司法需求作为审判工作的检验标准，在各项审判工作中，以积极主动的态度，对待人民群众的各种诉求，及时化解矛盾纠纷，妥善处理利益关系，切实保障社会公平正义。

贯彻和谐社会要求，应当努力构建新型的和谐主义诉讼模式。和谐主义诉讼模式是一个新概念，是对当今世界范围内当事人主义和职权主义两大诉讼模式的结构性变革。打官司不是为了争个你死我活，而是为了及时了结纠纷。和谐主义诉讼模式的根本目的，不是仅仅为了在法律程序上解决纠纷，而是让当事人之间的权益纠纷从产生它的环境中彻底消除，使不和谐的社会关系恢复到和谐状态，这是与当今法治文明倡导的恢复性司法理念相契合的。和谐主义诉讼模式提倡和而不同，形成良性互动。在这一诉讼模式下，法官与当事人之间是一种互动与协作的关系，诉讼是法官与当事人共同促进的活动。和谐主义诉讼模式从诉讼理念、制度设计到主体行为的规范，以至诉讼的结果，都要考虑最大限度地增加和谐因素，最大限度地减少不和谐因素。当前和今后一个时期，围绕建构和谐主义诉讼模式的任务，人民法院在审判工作应当着要坚持以下几个思想的指导：一是要以定分止争为目标，在坚持调解优先、调判结合审判原则的基础上，充分利用调解手段解决社会矛盾。除了继续强化民商事案件调解工作外，还应深入探索刑事自诉案件和其他轻微刑事案件和解解决的新模式，加大刑事附带民事案件的调解力度。在行政司法领域，要坚持和完善行政协调工作机制。行政争议也属于人民内部矛盾，司法机关在审理行政案件中，在依法纠正违法行政行为的同时，应当最大限度地采取协调方式处理行政争议，特别是因农村土地征用、城市房屋拆迁、企业改组改制、劳动和社会保障、资源环境保护等问题产生的群体性行政争议，更要注重协调处理的工作思路，这不仅能够降低执法成本，节省司法资源，还能更有效地化解矛盾，减少社会对抗，维护官民和谐。二是要遵守公序良俗原则，使司法裁判得到社会认同。民法学者一般将尊重社会公德、维护社会公共利益称之为公共秩序和善良风俗，即公序良俗原则。这一原则要求法官在遇有损害国家利益、社会公益和社会道德秩序行为，而又缺乏相应的禁止性法律规定时，可直接适用该原则作出裁判。这就要求法官在审判实践过程中，不仅熟练掌握法律知识，还要了解社情民意，在实际审判中，运用公序良俗原则妥善处理案件，做到法理、情理、事理有机结合。三是要以强化当事人诉讼主体地位为基础，形成科学合理的案件事实探明机制和法律观点开示制度，充分肯定当事人在纠纷解决中的自主性，让当事人在案件事实方面拥有最终决定权；同时保障法院和当事人就法律适用问题开展对话和交流，使当事人在法律适用领域也享有程序参与权，协同法官发现案件所应当适用的法律规范。

4. 把文明审判作为审判工作的重要标准

司法文明是人民法院工作的必然要求，是司法公正的外在表现。司法文明的实现要在不同的层面，通过若干个环节加以构筑，而最集中的体现就是审判文明。审判文明首先表现为审判场所的文明。通过对审判法庭进行建设设计，突出其主建筑的地位。在功能上集立案、审判、执行、鉴定、申诉等于一体，法官通道、当事人通道以及合议、证据交换、调解、证人出庭等处所进行合理区隔，并配置法律查询、案件开庭公告、安全检查以及便于当事人参加诉讼的各种设施。通过有意识的装修改造，使其成为承载法治观念和司法信息、体现文明司法、进行法制教育的有效载体。审判文明同时体现为审判活动的文明。通过体现现代司法的审判程序规则，解决审判活动中随意性大、效率不高等与现代司法文明不相称的问题。要正确处理法院与党委、人大、政府的关系，依照宪法规定，做到既受到法律监督，争取相关政策支持，又能依法独立行使审判权。利用公开审判、法制宣传等有效形式，以案讲法，使群众了解法律规定，增强依法办事、遵守法律以及运用法律维护自身合法权益的意识，使司法文明推进过程成为让法治光辉深入人心，消除落后思想对法治精神的抵制，树立法律权威和裁判公信力的过程。审判文明经常表现为审判人员举止的文明，根据审判人员的职业特点，有相应严明的职业纪律，强化监督制约，严格约束业外活动等职务外的行为。要不断提高法官的法学素养，通过职业培训，建立定期宣誓等制度，培养法官对法律的忠诚感，使内心理念显化为外在形象。司法文明涉及法院建设的各个层次和不同方面，是一个长期的、循序渐进的过程，作为审判工作的指导原则，需要立足现实，着眼长远，根据形势变化和任务要求，结合自身的实际，把握重点，扎扎实实地推进，从细微之处做起，从自身问题改起，坚定信念，同心同德，凝聚合力，朝着司法文明的宏伟目标大步迈进。

5. 把"以当事人为本"作为审判工作的中心考量

人民法院通过树立"以当事人为本"的司法理念，可以有效解决司法机制、审判作风、审判质效方面存在的问题。我们党历来坚持马克思主义的以人为本思想，并把它升华为为人民服务的根本宗旨。1939年毛泽东同志第一次提出"为人民服务"的概念，中共七大正式把"全心全意为人民服务"确定为党的宗旨，并作为一切工作的出发点和落脚点。党的十六届三中全会正式提出了"坚持以人为本、全面协调可持续发展的科学发展观"。作为社会主义法治理念的重要内容，"执法为民"是我们党"全心全意为人民服务"根本宗旨和"立党为公、执政为民"执政理念在政法工作中的体现。最高人民法院提出的"公正司法、一心为民"的工作目标，有力地说明，以人为本、司法为民和以当事人为本在本质上是一脉相承的。如果说"以人为本""司法为民"这些提法相对有些抽象，有些距离感，那么，"以当事人为本"就具体、务实得多。分析以当事人为本的构成，与当事人相对的，就是法院与法官，鉴于我们的工作主题、指导原则、服务宗旨等，强调以当事人为本，实际上是诚勉人民法院和法官克服"官本位"思想，改进审判作风。同时以当事人为本的提法，体现的是个体思维、权利思维。法律遵循的是个体思维，不同于群体思维，群体思维是政治思维。如法律上的"公民"与政治上的"人民"概念，公民是个体概念，人民则是群体概念。从这个意义上讲，以当事人为本是以人为本的具体化，是符合法院工作特点的。以当事人为本的提出，有其相应的理论意蕴。从人权理论方面看，以当事人为本是尊重和保证人权的具体化。以唯物史观为基础的人权思想具有现实性、真实性以及科学性和实践性的本质特征，对于人民法院来讲，只有做到以当事人为本，才能真正保障诸如诉权、平等权等公民基本权利，享受到作为一个民主法治社会中人之为人的法律救济。从政权理论上讲，以当事人为本是一切权力来自人民、一切权力服务人民的具体化。包括司法权在内的任何国家权力最终都来自人民，这种权力的运行也必须对其权力的最终赋予者服务，这是无产阶级基本的政权逻辑。对于人民法院来讲，只有从自身职能出发，以当事人为本开展工作，才能确保权力行使的正当性，防止出现权力本质的偏离。从我国政党理论上讲，以当事人为本是执政为民的具体化。全心全意为人民服务，立党为公，执政为民，是中国共产党同一切剥削阶级政党的根本区别，"立党为公，执政为民"是在新的历史条件下对党员干部提出的新要求。作为中国共产党领导下的司法工作必须也应该做到执政为民，人民法院要做到执政为民其具体化的解读就是必须在实际工作中贯彻落实好以当事人为本，切实解决好不同主体之间的矛盾和纠纷，促进社会和谐。从司法实践中看，以当事人为本是一心为民指导方针的具体化。最高人民法院把一心为民作为审判工作的指导方针，实践证明是完全正确的。从法的价值取向来讲，以当事人为本是法的权利本位取向的一种体现。从我国法的发展来看，无论立法、司法还是执法正逐步从过去的义务本位向权利本位转变，以当事人为本恰恰是这种权利本位思想在具体实践中的反映，是人民法院应当以保护当事人合法权益为己任的具体体现。从司法本质职能上讲，以当事人为本是审判工作的内在要求。审判工作不是抽象的，而是十分具体的，其工作的对象就是公正地处理好当事人之间的矛盾和纠纷，如果说在具体审判中不能做到以当事人为本，那么我们就可能会出现不能正确适用法律的问题，从而转向以其他标准作为裁判的借口，这是与司法的本质相背离的。在现阶段的审判工作中，贯彻以当事人为本，无疑有着积极的意义。一是突出了当事人在诉讼中的主体地位，这与司法的被动性、当事人程序主体性等基本司法理念是相契合的。从法学的角度来讲，程序法上的程序主体性决定了当事人的中心地位，在程序设计上方便当事人诉讼、尊重当事人意愿，这是程序法的内在要求。另外在实体上，当事人作为重要的诉讼参与人，重视并加强调解工作，尊重当事人对实体权利的处置，加强与当事人的交往和沟通，突出当事人在处理纠纷中所起的作用。能够促进审判工作更加方便当事人诉讼，尊重当事人意愿，尊重当事人对实体权利和程序权利的处置，对促进和谐社会建设具有积极的作用。二是突出了司法为民的重点所在，有利于推动法院工作作风转变。"以当事人为本"是法院落实"为民、务实、清廉"的一项举措，可以进一步强化法官司法为民的意识，从根本上改变"官本位"思想，有利于改变目前存在的一些不良作风，消除"冷横硬烦推"等衙门作风，对于作风建设具有积极意义。三是从构建社会主义和谐社会的角度来讲，人民法院是通过解决当事人的纠纷，妥善处理各种社会矛盾，为构建社会主义和谐社会发挥重要作用。从这个意义上讲，法院是通过服务于当事人而服务于人民的，人民法院理当以当事人为本。我们应该怎样理解以当事人为本呢？从概念上分析，当事人是指依法参与诉讼，享有诉讼权利，承担诉讼义务的人，以当事人为本，简单地讲就是以维护当事人合法利益为根本。进一步讲，"当事人"应理解为抽象的当事人而非具体的，并且"以当事人为本"理念应主要适用在与审判活动有关的工作中。而"本"应理解为"主要或中心"的意思。当事人之间的利益有共同利益也有不一致利益，故应以其共同合法利益为本。形象地说，以当事人为本可以具体化为"为当事人服务、对当事人负责、受当事人监督、让当事人满意"几项准则。"以当事人为本"不是以当事人为主，也不等同于"当事人主义"（诉讼模式的选择）。对以当事人为本的命题理解应该置于实践科学发展观，司法为民、以人为本的大背景中去。审判工作的核心就是裁断是非，对当事人之间的利益依法作出分配，从而化解矛盾，定分止争，维护和实现当事人的利益，有的观点认为这一定位和人民法院所承担的维护国家长治久安，维护既定的社会、经济等关系，从而实现维护最广大人民群众的根本利益的提法有点矛盾。其实这两者并不矛盾，这里包含着宏观和微观的关系问题。及时合理地解决当事人之间的民事、经济纠纷，直接受惠收益的是整个市场经济秩序，合法有效地判决刑事案件，一方面能够抚慰、援助受害者，另一方面起到的是一般预防作用，净化社会风气，维护社会稳定，以当事人为本对于以人为本是有直接促成作用的。以当事人为本，应理解为法院在依法行使司法权时，以当事人的共同合法利益为基本，遵循中国特色当事人主义理念，在程序设计上充分体现当事人的诉讼主体地位，在实体处理上充分尊重当事人的权利处置，并通过大力开展审判作风建设，不断提高法官队伍的司法水平以满足当事人日益提高的司法需求。"以当事人为本"应视为对法院或法官的最低要求，也就是说"以当事人为本"，是对法官的基本要求、基本理念和基本认知。这种基本要求与维护最广大人民群众根本利益的高层次理念是不冲突的，并且可视为是这种高层次理念在法院工作中的具体表现。

"以当事人为本"与"以人为本"有着密切的关系。"以人为本"理念，是科学发展观的核心，也是构建社会主义和谐社会的原则。坚持以人为本，就是始终把最广大人民群众的根本利益作为党和国家一切工作的出发点和落脚点，实现好、维护好、发展好最广大人民的根本利益，不断满足人民日益增长的物质文化需要，做到发展为了人民、发展依靠人民、发展成果由人民共享，促进人的全面发展。以人为本的"人"是指最广大人民群众。以人为本的"本"，就是根本，就是出发点、落脚点，就是最广大人民的根本利益。以人为本，具体体现的是最广大人民的根本利益。而在具体案件中，则是体现当事人的权益。显然，"以当事人为本"理念是"以人为本"？理念在法院审判活动中的具体体现和应用，是一个层级更低一级的价值观命题。法院除了审判工作还包括其他许多方面，而"以当事人为本"，主要是针对与法院审判活动有关的工作提出的。"以当事人为本"理念更加通俗、更加具体，适用的范围也更窄一些。"以当事人为本"与严格司法同样有着密切的关系。人民法院的权力来自人民，只能用来保护人民的利益。人民法院必须始终把人民利益放在第一位。在我国，法律是广大人民意志的集中体现，对法律负责就是对党和国家负责，对人民负责。注意防止脱离法治轨道讲"满意"，同时要注意处理好多数人满意与少数人满意的关系，维护最广大人民的根本利益。既要体现司法工作的人文关怀，又要防止与当事人的不当接触，"交心交流不交易，说理说法不说情"，以确保案件的公正裁判。严格司法应该是"以当事人为本"的前提，以当事人为本开展审判工作不能违背法律的强制性规定。贯彻落实以当事人为本，并不是无原则地迁就当事人。对于人民法院来讲保护的是当事人的合法权益，而且是依据法律设定的法律程序给予保护，如果无原则地迁就当事人可能会损害另一方当事人的权利，这恰恰是对以当事人为本的现实背离。

贯彻落实以当事人为本，根本之处在于公正处理案件。公正是法院的本质，是法院的目的，也是包括当事人在内的广大人民群众的根本要求。贯彻落实以当事人为本其出发点和落脚点必须夯实公正司法这一基础，否则无论我们在工作方式、工作态度甚至便民措施这个层面上做多少工作，也不可能真正落实好以当事人为本的要求。

贯彻落实以当事人为本，关键在于建立一种长效机制，培养以当事人为工作重心的审判文化。以当事人为本绝非一时或者一个阶段的事情，它是长期的甚至是贯穿于社会主义司法全过程的，因此必须建立一种长效机制，而这种长效机制的运行保证应该是一种以当事人为工作重心的审判文化做保障。

6. 将辩证看待和处理程序公正与实体公正的关系作为审判指导原则

目前，法学理论界和实务界都认为司法公正包括程序公正和实体公正。所谓程序公正，是指审判过程的公正，即人民法院审判案件，必须严格遵守诉讼法的规定，注重诉讼过程的公正、公平，充分保障当事人的权利；所谓实体公正，是指审判结果的公正，即人民法院的裁判在认定事实、证据和适用法律方面都是正确的，对违法犯罪行为给予应有的制裁，对当事人的合法权益给予充分的保护。中国传统法律文化对程序问题看得比较轻，长期以来，在司法工作中也存在着重实体、轻程序的现象。因此，从 20 世纪 80 年代末开始，各级人民法院着力通过审判方式改革规范审判程序。近年来，在推进依法治国的历史进程中，对程序的独立价值有了更加深刻的认识，司法实践中也更加注重程序的公正。应当说，这是一个进步。但对实体与程序的关系，还存在一些模糊认识。从实事求是的角度讲，实体公正与程序公正是结果与过程的关系。程序公正有其独立的价值，但它不是独立存在的，而是依附于具体案件，没有具体案件哪来程序，所以说程序公正还是要为实体公正服务的。实践中有的同志片面强调程序公正，甚至放弃了为追求实体公正而应尽的努力，为走程序而走程序，认为只要自己依法走完程序，就完成了办案任务，这是不符合实事求是精神、走极端的做法。如果仅仅满足于走完程序，当事人之间的矛盾纠纷并没有得到正确、合理的解决，应当保护的实体权益没有得到有效保护，这样的程序公正又有什么意义？因此，我们既要切实保证程序的公正，更要通过程序公正来实现实体的公正。这才是对待实体公正与程序公正关系的正确态度。

第二节　法院审判宏观管理的方法论

一、审判宏观管理的基本要点

法院的审判活动既有共性又有各自的特点，对于各类审判活动，人民法院应该树立一盘棋的思想，通过对审判规律、审判技术、审判环境、审判效果的剖析来探寻一种一般性的审判管理思路。"审判管理具有价值上的从属性、规则上的执法性、方式上的依附性、内容上的复杂性、主体上的多样性，从国情出发，遵循司法规律，给审判管理清晰的定位，是审判管理理论及实践的基础。"①

笔者认为：人民法院的审判宏观管理应当遵循以下几点。

（1）宏观管理与具体管理相结合。宏观管理是根据司法行为的规律性和特点，制订管理的规划、计划、制度和措施。具体管理是考虑每个被管理项目的类型、特色来进行管理。

（2）群体管理与个体管理相结合。群体管理就是实行程序化管理、规范化管理和制度化管理。个体管理是把握法院的差异、法庭的差异、案件的差异、法官的个体差异来进行管理，是在执行普遍性的规定、制度和章程原则的基础上，注重个体差异性，深入进去，细致展开管理。

（3）静态管理和动态管理、制度管理和规范管理相结合。制度是带有根本性的。制度化管理的目标是争取在审判工作的环节上达到完整性，所有的制度规范要涵盖法院审判工作的各个方面，不留死角；在制度的内容上，既要体现"刚性"的，也要注重"柔性"的，实现民主管理与自我管理的相融合；在制度的操作上，要求程序化，克服随意性，杜绝管理的"空当"。既注重制度的完整规范，也注重行为的监控、疏导。

（4）推广标准化、质量化一体性管理。管理的目的在于激发各种有效

---

① 范明志：《审判管理的属性定位》，载《人民法院报》2014年2月20日第二版。

资源，提高工作质量。要处理好继承与创新的关系，不断把法院的管理经验由感性上升到理性；遵循法院工作规律，大胆借鉴和引进先进的管理理论，如 ISO 管理质量认证等，使法院的审判管理活动与公共管理活动接轨，提升管理水平，解决好管理的推广应用和传承问题。

（5）约束和激励相结合。审判行为从根本上说是一种主观性很强的行为，要在审判独立的大前提下对审判工作形成有力的约束机制。如规定审限、规定执行结案率等，在约束的同时也必须建立完整的确认和激励机制。约束和激励相结合，分档次、分方式、分对象加以激励，把经济利益、成就需求、政治进取挂起钩来，激发出队伍群体的上进心。

（6）科技化管理和经验型管理相结合。信息化技术的迅速普及，不仅更新了人们的思想观念和技术手段，而且也为管理的科学化插上了腾飞的翅膀。我们要借助于信息化技术，克服传统管理方式带来的负面效应，进一步加大全员应用的力度，进而推动现代化案件审判的进程。随着时代发展，现阶段人民法院受理的案件类型远比以前复杂，涉及领域远比以前宽阔，比如新型的生物基因知识产权纠纷案件、金融证券期货纠纷案件、计算机网络犯罪案件等，对审判手段、审判人员的素质提出了新的要求，需要在审判中引进新科技、高科技元素，开发各种管理软件，增强管理的科技含量，进行辅助审判，协同办案。在审判案件用高科技手段管理的同时，也必须考虑审判中的人文色彩，审判是一项古老的活动，中间掺杂着社会舆论、道德臧否、伦理人情等多方面活动，法官审判案件绝不是一种机械性地适用法律的过程，而是一种司法再造活动，审判不是单纯的诉讼技巧的竞技场，而是法律、社会与人文的交汇，因而，在管理审判过程中，要共同发挥科技与人文两个方面的积极因素。

（7）结果管理和过程管理相结合。过程管理是指在审判工作的各个阶段，对审判本身和审判所牵涉到的人事、政事进行跟踪管理。而结果管理则是根据审判工作的预设目标，估算审判工作取得的绩效、进行比较评价，找出差距进行改进的管理。

二、对审判组织机制和审判者的管理

审判之事，事在人为。没有科学合理的审判组织机制、坚强和专业的审判队伍，保质保量地完成审判任务就只能是一句空话。当前在审判组织建设和审判人员的管理方面还不同程度地存在一些问题，表现在有的审判人员缺乏全心全意为人服务的宗旨观念，做事情、办案子不是把群众的利益时刻放在第一位，而是拈轻怕重，叫苦叫累；有的干警不关心群众疾苦，对当事人冷、横、硬、推；有的干警心思旁落，对告状群众敷衍塞责，对案件拖拖拉拉，不讲质量，不讲效率；甚至有的干警对案件当事人吃、拿、卡、要，办关系案、人情案。个别干警头脑中存在特权思想。头上有职务、肩上有牌牌、手中有权力就忘乎所以，忘了头顶的是国徽、肩扛的是天平。说话不讲分寸，做事不注意形象，对当事人呼来唤去，对群众态度冷横、居高临下。个别干警有功利思想。不是奉献为先，而是求名逐利；成就不大，要求很高；政治上要待遇，职务上要提拔，利益上要实在，"要"得很多，做得很少。个别人身上表现出来的急功近利、好高骛远，邪气盖过了正气。个别工作人员有宗派思想。只讲团伙、不讲团结，只讲老乡、不讲原则，只看局部、不讲大局。这些错误思想和错误行动尽管是个别现象、个别事例，却是审判组织建设中必须首当其冲克服的问题。长期以来，我们在法院范围内开展思想教育和整顿工作，对净化思想、纠正行为起到了正面的作用，但要彻底根除这些消极阻碍，还需要探索可行的制度、方法、措施，抓好班子、带好队伍，促使法院干警忠实地代表国家行使审判权，惩治犯罪，保护人民，调节各类经济社会关系，担负起保护中国特色社会主义建设的重大使命。因此，我们要首先明确对审判组织及审判人员进行管理控制的基本思路和方略。

1. 对审判组织机制施加管理的思考

审判组织机制包括的内容比较多，如审判领导机制、业务庭组织机制、审判人员分工机制、需要处理的关系和解决的问题很多，有些方面涉及法院行政管理体制、人事管理制度的改革创新。

（1）审判组织机制的基本要求。

首先，人民法院的审判组织机制要坚守中国特色社会主义的政治路线，深入落实科学发展观，践行社会主义法治理念，始终坚持党的事业至上、人民利益至上、宪法法律至上，确保法院工作的正确方向。要不断强化法官独立审判的职能，支持法官正确行使处理案件的自由裁量权。并围绕理想信念这个核心，影响和引导广大干警树立建设中国特色社会主义的共同理想，树立正确的世界观、人生观、价值观。在改造自己的主观世界方面做文章，做到在飞速发展和纷繁复杂的社会中认清形势，明确任务，严肃执法、公正裁判，在一切审判活动当中，对群众做到"完全""彻底"，真心实意，不搞半心半意、三心二意、虚情假意、无情无意；严格依法办事，公正廉洁，不办关系案、人情案、金钱案；还要做到严肃认真，务实高效，高标准、严要求，多办案、快办案、办好案，通过自己的行动认真解决好告状难、执行难的问题。真正树立起人民法官和人民法院的良好形象。

其次，人民法院的审判组织机制应该以法官的本质和特性为基础加以构建。法官是一个特殊的社会群体，法官的工作目的不仅在于惩治犯罪、解决诉诸法院的当事人之间的现实纠纷，更为重要的是通过公正司法唤起社会对法律的尊重，确立法律至高无上的地位。不同的法律文化对法官的投影有所不同，如西方文化中的司法女神形象是一手持剑，一手擎天平并且蒙住双眼，而中国的司法形象则是灵兽。但是，围绕在法官群体身上带有共性的词汇主要是正义、公平、良知、智慧等，审判组织机制应紧紧围绕法官群体构建，既要体现法官的公职性，也要着力体现法官身上的法律烙印。通过强有力的组织监控强化法官的职业意识和正义追求，在审判活动中凸显法官的独立人格、中道立场、公正秉性，满足社会大众心理上对社会公正的期盼，也要唤起法官的忠诚意识直至献身精神，使之转化为判断是非的内心动力和本能；令法官彻底克服因自身经历所导致的个人好恶和主观偏见，始终保持居中裁判者的风范，永葆法官的正气。

最后，司法组织机制既是法制性活动，也是民主建设，要强化司法组织职能，必须发挥传统的法院思想政治工作优势，处理好几对关系，尤其是处理好局部与大局、个人与整体的关系。每一名干警做任何事情都要定位到法院的整体工作中去考虑，既不能因庭室的利益损害全院利益，更不能因自己的利益损害集体的利益。只有这样，才谈得上将法院的工作融入到辖区的整体工作之中，小大局服从大大局，为中心工作服务。要重视和加强团结，形成干好审判工作，提升法院工作的整体合力。在加强团结方面，有两句话是在各种场合情境下都适用的，一句是静思己过，勿论人非；另一句是容人容事。这两句话的要义在于，一个人要静下心来多发现自己的不足之处，少说别人的不是；对待别人的错误不要抓住不放，斤斤计较，要看到别人的长处，有容人容事的度量。引申出来讲，对待同志要好话讲在背后，丑话讲在当面，绝不能做当面一套好话、背后一把尖刀的小人。破坏团结的人，势必丧失全院干警的尊重。当然，团结不是不讲原则的一团和气，而是在政治上关心，在生活上爱护，在思想上沟通，在工作中帮助。严是爱，宽是害，自古皆然。审判组织内部要团结，审判组织和其他法院工作机构之间也要讲团结，法院内外也要重视团结，唯有全体法院干警齐心协力，才能把法院的审判工作做好。

（2）审判领导机制。审判组织机制构建的先行性要素是法院领导班子建设，着力把法院领导班子建设成为贯彻党的路线方针政策和领导科学发展的坚强集体。要理顺关系、职责到位，做到有所为有所不为。

人民法院领导者的领导艺术在于在政治上关心，在生活上爱护，在思想上沟通，在工作中帮助。通过严格公正的途径遴选法官，不断优化法官队伍结构，完善对法官的管理，建立对干警的评价考核系统，奖优戒平惩劣，形成人尽其才的用人机制，确保法官高度专业化和现任法官的高水平。建立高效运转的行政工作运行机制，杜绝各种人为事故的发生。要把管人与管事结合起来，在对法院干警的管理思路上面，遵循两大基本立场，一是要从正面引导好、保护好、发挥好干警的积极性。二是要准确评估和分析干警身上存在的缺陷和不足，在第一时间克服和纠正队伍中存在的不良思想倾向，带头严格不徇私情，封堵个别干警身上存在的特权思想、拜金主义、享乐主义、个人主义思想，促使干警恪守职业道德规范和纪律规范，勤奋学习，努力进取，形成长效机制，通过坚持不懈的组织机制建设，使绝大多数法院干警，从思想认识上真正提高、真正成熟起来，端正对人民群众的态度，以民为本，待人民重如山，以党为公，视名利淡如水，把人民的利益放在高于一切的地位，牢固树立全心全意为人民群众司法的正确路线。同时，要约束法院干警就必须时刻注意自己的一言一行，虚心接受各方面监督，根除特权思想的存在土壤，正确认识手中的权力，忠诚地行使手中的权力，将其用来保护人民利益，把人民满意不满意、答应不答应为法院干警行为准则的出发点和落脚点，有则改之、无则加勉，树立起人民法院和法官的良好形象。

人民法院的审判委员会是重要的审判指导和决策机构，在人民法院中具有最高的权威，用中流砥柱来形容它在审判活动中的作用毫不夸张。但是审判委员会的作用如果不能正确发挥，则会对审判工作带来负面影响，因此要完善审判委员会的工作方式。优化审判委员会的结构和运作程序，探索好审判委员会的行为规范和职能优化问题，根据最高人民法院《关于改革和完善人民法院审判委员会制度的实施意见》等规定和要求，把审判委员会建成高效率、有权威的专门"班子"。在人员组成上提倡专业性，淡化"官"本位；在工作运行上，提高公开性、程序性，将工作重点从个案评议决断逐步转向加强审判宏观管理，克服审判工作行政化的倾向，还权于合议庭，还权于法官。从审判委员会自身开始，带头推行法官职业化建设，在岗位技能培训、审判能力培训、应用型审判研究方面投入更多精力，多组织举办裁判文书评比、观摩庭审活动，用审判委员会的知识和经验帮助法官制作裁判文书、驾驭庭审水平和适用法律能力。

现在各级法院都在思索审判委员会如何更好地实现公正、高效、权威的社会主义司法制度，这就必然涉及审判委员会的改革问题，这是一场实现审判组织现代化，推进司法组织能力的重要变革。党的十八届三中全会提出，要建立"让审理者裁判、让裁判者负责"的司法权运行方式，当这一目标成为法律规则之后，就应当建立与其相适应的审判管理方式。当前，根据各地人民法院的探索，形成了一些可行的可供推广的措施，如推行由审判委员会委员亲自出任审判长的制度；对于重大、疑难、复杂案件或具有普遍法律适用意义的案件，要求所有审委会委员直接旁听庭审，解决审委会委员判而不审的问题；改革审委会成员结构，提高委员的业务能力；改组审判委员会办公室，充实力量，明确其保障服务职能，使审判委员会能够专心、全力处理审判事务。对于有审判委员会决定的案件，由审委会委员亲自莅庭参加宣判，突出审委会的权威。要进一步明确院长、副院长、庭长审判管理职责，尊重合议庭的权限和意见；引导合议庭、独任法官，正确处理好依法行使自由裁量权和接受审判监督的关系，统一执法尺度，提高裁判质量。实行院务公开，建立民主决策机制和对干警的民主评价考核系统，形成心情舒畅、积极有为的人事工作环境。走精兵之路，形成人尽其才的用人机制，避免人浮于事。改变过去存在的审而不判、判而不审的状况，严格限制审判委员会讨论案件范围，取消层层请示制度。充分授权给合议庭、独任审判员，凡是事实清楚，证据确凿，适用法律正确的案件，以当庭宣判为准则，审判长或独任审判员可以直接签发法律文书。

在审判领导机制设计上，采取各种措施和方法消减审判管理行政化倾向势在必行。过去的做法是通过法院庭长对案件进行审批，实施和体现对审判工作的领导，这种做法无论是在思路上还是在制度层面都暴露出了不少问题，与中央要求的司法体制和工作机制改革不相适应。我们不能不要审判管理，也不能通过直接操控案件来进行管理，而是应该从存在的问题入手，加强和改进审判管理。为此，人民法院需要把握趋势，充分认识加强审判管理的必要性。应当看到，当前司法体制有待改革，法官素质有待提高，法律不完备，执法环境不够好。在这种情况下，要实现司法公正与效率，必须通过强化审判管理提高法官素质，提高执法水平，提高司法权威。人民法院需要理清思路，为审判管理准确定位。作为重要的审判管理机构，审判委员会应当从研究具体案件中解脱出来，除重大疑难案件外，应把主要精力放在分析审判形势、总结审判经验、研究法律适用上。作为法院工作的领导者，院长、副院长要把握审判动态，发现普遍性和规律性问题，做好审判工作的宏观指导，赋予审判工作前瞻性。作为审判力量的中坚，人民法院的庭长、副庭长在带头办好案件的同时，要根据审判实际，制订阶段性措施，提高法官适用法律、驾驭庭审、制作法律文书的能力，确保案件质量。通过放权、分权、制权，形成有序、规范的审判运行机制。人民法院要实施层次推进，使审判管理向公正高效目标迈进。在审判组织的管理运行中克服官本位意识，推行司法民主，坚持少数服从多数原则；严禁非法过问案件；优化审判委员会结构，采取适当形式择优选任缺额审委委员；对法官实行责、权、利相结合考量责任制；在审判活动运行上，抓好审判监督，重点加强审判流程包括审限管理；大力推行信息化在审判管理中的作用，使先进的审判流程管理软件充分发挥作用。人民法院在进行审判管理过程中要加强综合配套，使审判管理达到内容与形式、主观努力与客观效果的有机统一。审判管理是系统工程，也是渐进的过程，要完善审判质量体系，进一步加强法官培训教育体制，建立审判管理的评价体制。通过不断探索，实现公正与效率的目的。

(3) 审判组织管控机制。根据人民法院组织法的要求，各级人民法院的审判组织格局是以审判委员会—业务庭—合议庭—审判人员的基本单位来构建的，这一体制实施多年，积累了很多好的经验和做法。在这一问题上，需要进一步的开阔思维，细化方法，力争为人民法院的审判工作提供有力的主体保障。

1) 业务庭的管控机制。目前，业务庭的基础性工作是分配和明确每个审判组的任务，解决案多人少的矛盾。统筹人员安排，增强办案能力。做好这方面工作，要求首先把各类案件均衡分配给每个合议庭，平衡法官之间的工作负担，其次是对人民法院内部的人力资源进行挖掘，对有关人员进行优化组合，调整部分人员的工作岗位，把优秀法官和书记员抽调到业务庭，充实力量，同时据此设立各类审判职位的岗位目标责任制。对案件的进展情况、办案质量等进行通报。为提高办案数量和效率提供坚实的组织保障。作为人民法院的光荣一员，法官应当在审判工作中把维护社会公平的使命系于己身，抵御权力、关系、人情、利益等各种因素的影响和干扰，严格执法、公正审判，把每一起案件的办理、每一件事情的处理都当作维护社会公平正义的具体实践，从实体、程序上体现维护社会公平正义的要求。同时，业务庭要组织好对审判精神的传达、审判经验的总结、审判纪律的纠察、审判知识的学习等工作。在业务庭的工作中，营造学习、培训、调研的氛围是非常重要的。首先，要引导全庭人员树立"终身教育"的观念，筑就良好的学习平台，不断提高法官的各项司法技能。在部分管理水平高、法官职业能力强的业务庭室，学习活动开展得有声有色，体现出强烈的凝聚力，而在一些工作局面没有有效打开的业务庭室，法官的学习则没有引起足够的重视，不求甚解，得过且过，对后者要加强督促甚至坚决调整。综观我们所处的时代，是日新月异的时代、知识爆炸的时代。在依法治国的今天，人民法院担负的任务从来没有像现在这样繁重而艰巨；社会各界对公正司法的呼声从来没有像现在这样强烈；审判工作对法官素质的要求从来没有像现在这样高。"工欲善其事，必先利其器"。法院审判水平和司法能力的高低，取决于业务庭的能力、素质和审判表现，而这一点与合议庭平时的学习意识和学习方法、学习能力有明显的正相关关系。站在审判管理的角度，要树立创建学习型法院的思维，就必须首先建设学习型、比赛型庭室，要促使法官牢固树立终身学习的观念，推动甚至迫使法院系统广大干警积极行动起来，不断掀起学习热潮。当前，国家的各项改革与建设飞速发展，社会关系、经济关系和人际关系正在发生深刻的变化，由此而产生的社会纠纷和矛盾呈现多样化和复杂化，大量的新类型案件不断涌入法院，对法官的专业知识和法官素质提出了新的要求。随着知识经济时代的到来，知识更新的周期加快，我们确实存在着人才匮乏和"本领恐慌"的问题。因此，人民法院要审时度势，使每个庭室、每位干警深刻认识到，不学习就要落伍，就要被时代淘汰。要增强学习的紧迫感，自我加压，真正把学习作为一种政治责任和精神追求来对待，成为大家的自觉行动。要大力实施对法官有计划、有步骤的培训，及时更新和充实法官的法律知识；要注重法官法律思维的养成，强化法律原则在具体案件中的适用；要推进审判活动向精细、规范方向发展，在业务庭中大兴调研之风，扎扎实实地搞好调查研究，加快调研成果转化，对推动法院事业发展，围绕法院建设和审判管理的总体目标，动员各方面力量，结合审判实际开展调研，提高调研质量，动员法官在完成审判任务的同时动手撰写调研性和理论性相结合的各种文章，利用理论成果指导、推动和服务审判工作，改变有些法院审判和调研两张皮的现象。

业务庭职能有内外之分，业务庭内勤部门的重要职责是理顺审判环节，发挥审判优势，疏导审判矛盾，内勤部门同时关注案件处理机制和审判人员工作机制，案件处理机制既有静态管理，也有动态管理，静态管理包括对案件进行登记造册，根据案件的涉诉金额、涉诉性质、当事人数量等初步判断案件的难易程度，决定案件的分担原则。动态管理是对已经受理但尚未审结和执结的案件进行分类管理，排查摸底，保证按时结案。对于案情复杂的、有关联关系的、涉及多个法院或多个审判组织的案件，召集相关法官和经验丰富的司法人员研究案情，进行协调。

2）合议庭的管控机制。合议庭是一种微型审判组织，应当由政治坚定、业务精通、作风优良、清正廉洁、品德高尚的法官构成。我们不应当将其视为一个行政组织，而应当将其当作一个切实存在的审判团队、一个司法共同体加以管理和培育，这才是审判公正的保障所在。

在合体庭的各项活动中，很重要的一个方面是营造一种氛围，使每一名法官具有共同的知识背景和共同的法律思维方式。共同的知识背景锻炼共同的思维方式。只有共同的知识背景和共同的思维方式才能保证共同的行为规范，形成共同的职业意识。首先，要提高合议庭组成人员讲政治的能力，通过政治理论学习和时事教育，增强大局意识，运用法律手段，维护中央的权威，促进经济社会发展。其次要按照《法官职业道德准则》的要求，引导合议庭组成人员树立忠诚法律、清正廉洁、积极向上的良好形象。最后要提高合议庭成员的专业能力。本着"干什么、学什么、专什么"的要求，搞好岗位培训，引导干警刻苦钻研业务，成为工作的行家里手，使更多人才脱颖而出，为做好法院工作提供强有力的智力支持。要努力营造"人人学习、处处学习"的环境。要加大对学习的投入，端正学习目的，妥善处理好工学矛盾，以学习促工作。要学以致用，加快学习成果的转化和应用，提高分析问题和解决问题的能力。要丰富合议庭的社会经验和对社会现实的深刻理解，有意识地进行社会实践锻炼；法官之间要增强认同感，尊重其他法官对审判职权的独立行使，善于维护彼此的裁判权威；要畅通交流沟通的渠道，通过理论研讨、个案分析等有效载体，形成对法律问题的共同意志。在合议庭中要体现团结、宽容、协作，增强集体凝聚力和集体荣誉感，全力维护好职业形象。

3）非业务庭室服务功能的发挥。人民法院有一些内部机构，如政治部、研究室、办公室、技术鉴证部门、档案资料室等，虽然并不直接从事或参与审判案件，但对审判工作亦发挥着重要的作用，需要充分发挥其各自的职能，为审判工作服务。

案例编写工作对建立和实施案例指导制度有着决定性的作用，研究室要根据审判需要，进行一些典型性、重要性案件的案例编研工作，有意识地选取好案例以及撰写精辟的案件要点提示，判决评析。

首先，案例的描述有一定的格式化要求，常见的问题包括以下几个方面。

一是案例没有写明当事人的诉讼请求和争议焦点。当事人的诉讼请求和争议焦点体现为当事人的"诉辩称"，这部分内容很重要，在民事案件中，当事人的诉讼请求决定了法院审理的范围，判断当事人是否胜诉及胜诉多少需要对当事人的诉讼请求与判决结果进行比较，当事人的争议焦点往往是案件的难点所在，当事人的诉辩意见反映了当事人对争议焦点的看法和他们的法制观念。

二是案例编写没有全面反映案件的法律事实，省略了有争议的案情，不是从依法解决纠纷整体的角度评价分析案件的裁决，而是仅仅论证了某个法律问题。案例应当全面反映案件的法律事实，也就是说，法院审理查明的部分作为案情，要全面反映在编写的案例中。这是因为，如果省略了某些事实的话，纠纷很可能就不会发生；而且，一个很小的细节就可能影响案件的整体裁判；现实案件审理之难在于对整体纠纷作出裁判，而不是其中的一个法律问题。但在编辑案例过程中，经与裁判文书比较，如果概括案情不完整，编写后的案例仅仅选择了与该案件裁判正确的一个法律问题有关的事实。而如果研究整个案件事实，这样的裁判结果就不一定正确。

三是案例的编写没有忠实于裁决文书原貌，如将判决中本院认为部分的裁判理由作为评析单列。对于案例编选来说，案情、审判部分的编写是很容易的，直接根据裁判文书改写即可。但有一个经常出现的问题是，许多编写人将判决书中的本应作为裁判说理的部分截去了，列到了评析部分。裁判说理内容放在审判部分与放在评析部分的意义是不同的。审判部分代表的是法院的观点，评析部分代表的是编写人的观点。将裁判说理内容放在评析部分，显然没有客观反映案件的审理过程，会受到缺乏说理的指责。

其次，要点提示在于展现本案重要的裁判规则，以及该案存在的问题或者在案件判决中未加分析的重要法律问题。要点提示首先是个法律问题，所谓法律问题是指，所发生的案件，根据法律规范上的标准，具有什么意义的问题。要点提示主要反映的是裁判规则。具体地说，裁判规则是法官在审理具体案件过程中根据法律依据发展出来的规则，是成文法规范的具体化。在编写、归纳裁判规则时，应当注意与案例中的法律争议焦点或案例体现的法律问题相对应，而且确保其确立了新的裁判规则，已经为法律条款、司法解释、权威学说所确认的裁判规则不必纳入要点提示。一个案例中可以归纳出一项裁判规则，也可以归纳出多项裁判规则，该裁判规则既可以是实体法规则，也可以是程序法规则。裁判规则的发展本身应当是案例对于正确解释和适用法律、完善法律的贡献，是指导案例的重要意义所在。裁判规则性质的要点提示有相对具体的成文法律规范作为上位法法律依据，如对法律漏洞的补充，或对法律规定进行狭义解释，在编写、归纳裁判规则时，应当注意与案例中的法律争议焦点或案例体现的法律问题相对应，而且确保其确立了新的裁判规则，已经为法律条款、司法解释、权威学说所确认的裁判规则不必纳入要点提示。对裁判规则持不同意见的，要点提示也可以以问题的形式出现。

除了裁判规则之外，案件存在的其他重要法律问题或者在案件判决中或案例中未加分析的重要法律问题也可以纳入要点提示。这些对于理解法律、指导审判实践同样具有重要意义。这种法律问题性质的要点提示大多属于对于某种具体情况的法律性质的认定。判断某种事实是否应受原则规定规范或是否属于不确定概念，这种要点提示属于其他法律问题性质的要点提示。

写作要点提示要准确抓住案例在法律问题方面的贡献。理解这一要求，要抓住几点，法律问题—贡献—准确。法律问题首先要与法律有关，其次它一般体现为对问题的回答，要求有问题有答案。贡献，要求不是明文法律规定、理论学说已经有了答案的问题，或者审判实践中已经规范的做法。准确，要求抓的点准确和文字表述准确。要点提示尽可能指明所依据的上位法律依据，并说明从上位法律依据发展出本案裁判规则的法律理论，或者得出本要点提示的理论。要点提示的文字表述要全面准确精练，避免有歧义，避免不必要的重复。这要求对要点提示的概括归纳既不能扩大，也不能缩小，更不能过于抽象原则，要恰到好处。要点提示要尽量使用法律法规、司法解释已经确定的概念和表述。撰写要点提示要克服几种常见的弊端。

一是没有清楚地写明案例的法律贡献而是将法律、司法解释的原文规定直接列出。对读者来说，没有什么收获。

二是要点提示仅仅介绍背景、法律影响和裁判的考虑因素，或指明法律问题，而未告知明确的结论。

三是要点提示对其他内容介绍过多，或者概括得不够精练，致使要点不够明确醒目。

四是要点提示因种种原因让具有法律专业知识的人不能直接理解，如没有对新名词作出解释。在一些棘手案件的编写过程中，人民法院的工作人员可能遭遇到案例的要点提示确实很难归纳，而且不单单是因为表达方面的原因，如作者与裁判规则或结论持不同意见的处理。一些案件虽然判定，但是还值得研究，我们很可能并不同意该案据以裁判的规则或者它对法律问题的处理。可以对案情进行简要的全程描述并给出法律上的认定结论。有些案例的法律贡献很难概括为一条可以反复适用，或者说多次适用的抽象规则，特别是在事实认定方面的贡献。还有的案例虽然可以概括出抽象规则，但又可能冒着法院立法的指责的风险。在这种情况下，可以采取对案情进行简要的全程描述并给出法律上的认定结论的变通写法。

最后，案例评析最能显示作者对案件的理解，对案件审理质量的看法以及自身的法学素养，是案例中非常重要的环节，也是案例中最难撰写的部分。一些法院工作人员经常担心评析部分没有内容，担心没有评析或评析不好。撰写评析的总体要求是要对裁判中的观点、理由、结果等进行评论、分析，以加深对案例的理解。具体内容包括：对案件的定性、事实认定、证据运用、法律适用、责任或量刑的确定，以及程序上的评析；对存在问题的分析意见和解决办法；对法律、司法解释内容的必要介绍。评析意见因案而异，突出重点，具体分析，不要面面俱到。评析中不应当出现在案情部分未曾提到的案件事实。有的案例，说理充分，适用法律正确，处理恰当，没有必要再进行评析的，也可以不写评析。

评析应与要点提示、案件争点内容相呼应。编写人应当从案例的重要性、指导性、准确性、权威性角度对该案例在确立裁判规则、应用法律方法、发展裁判理论等方面的成败得失进行分析。特别是在审判部分说理不够充分的情况下，编写人应当紧扣相应的法律规定，重点分析该案如何从一般性的法律条文中解释出具体裁判规则的法律推理和解释过程。评析部分所列小标题不应当简单重复法律条文的内容，而要体现案例所确立的特有规则。对于没有争议的法律论点，或者已经得到普遍认可并且在本案中没有新发展的裁判规则，不作评析。评析应当力求通俗易懂，避免过于学术化的语言。其中最关键的一点是，要紧密结合本案的争议焦点，结合所适用的法律依据，以事实为依据，以法律为准绳，从法律关系上进行分析，且从裁判方法、法理学的高度进行评析。所谓"以事实为依据"就是指要以法院查明的事实为讨论评价的基础，"以法律为准绳"是指结论应当具有法律依据，不能提出一个主张，却找不出法律依据。评析写作中要克服的常见问题包括：

一是评析中出现了案情中没有披露的事实。有的时候，由于案例的编写人不一定是案件的承办人，在编写中根据案卷或者是口头介绍来编写，其症结往往在于影响裁判结果的一些事实在裁判文书中没有披露。此举的弊端在于社会公众评价一个案件只能以裁判文书为基础，不可能去查阅案卷。读者在阅读研究案例时，也是以案例的案情为基础的。在评析中出现了案情中没有披露的事实，会让读者摸不着头脑，因而要尽量避免出现这种情况。

二是案例评析部分出现不必要的重复以及分析过多。主要体现在：与要点提示、审判中的说理内容相重复；对一些比较简单的法律问题分析过多，如对一些法条介绍论述过多，有时给人的感觉是法学教科书的内容。

三是没有抓住案件主要争议焦点或重要法律问题，其写作缺乏法律方法的指导。有的案例评析没有抓住并紧紧围绕案件的主要争议焦点或重要法律问题进行论述，缺乏科学的法学方法作为指导，因此，虽然写的篇幅很长，但给人的感觉是没有把问题说透。

2. 对审判者的管理思路

（1）对法官群体的管理思路。首先，要大力加强法官作风建设。法官的业务水平有高低之分，审判经验有多寡之别，但是在司法作风上面应当无一例外的高标准、严要求。要教育、引导广大法官树立忠于职守、秉公办案、刚正不阿、不徇私情的职业理念，做到全身心地致力于职责的履行，平等、公正地审理和裁判，刚强正直，执法如山，不因私情而屈法，不因私利而损法，保持高风亮节。通过切实的事例来培养法官惩恶扬善、弘扬正气的社会良知，使之化为判断处理是非、解决诉讼的内心动力和才能，保障社会正义的实现。要警醒和约束法官正确认识手中的权力，正确行使手中的权力，彻底摈弃特权思想，虚心接受各方面监督，改进工作作风，提升司法形象。使其保持本色和凛然正气，坚守职业神圣感。在审理各类案件时做到不为权力所屈、不为金钱所动、不为美色所惑、不为人情所累。要加强法官的职业道德建设，提升人格品质和道德操守，模范地遵守职业群体的道德规范，恪守司法礼仪，正派善良、谦虚谨慎。

其次，要大力加强法官和其他工作人员的业务素质和司法技能教育培训，这些要求需要在长期的司法实践中养成，而不仅仅是一种热情、一种外在的要求。做到这一点并不容易，不是靠个别的审判作风建设活动所能解决的。加强和改进审判作风、提高司法效率，既有法官的责任、努力，还要有当事人的参与，包括在诉讼中遵守规则、养成良好的诉讼文化，在这里只是提出问题、引起重视、推动实践，更具体的方法要求在后面关于加强法院人力资源建设的方法论当中还将详细论述。这些工作要从细处做起，以小见大，如规范法官的言行举止等，使其符合司法礼仪，与自己的身份相称。要对当事人热情、周到、耐心，有专门的职业交流技能和语言文字表达方式，采用文明用语，遵守服务忌语，克服冷、横、硬、烦、推等衙门作风。要切实改进法官的审判作风，坚决杜绝存在的特权思想、衙门作风和无视当事人人格尊严等问题。对当事人做到热情而不失威严，听诉而坚持原则，沟通而保持距离。既坚持发扬人民司法的优良传统，又体现现代司法的特性，将两者有机结合起来。

最后，强调和培养法官整体性的司法意识和审判意识对于司法审判工作有着特别的意义。这种司法意识需要通过法官的整体行为来加以体现，而且这种司法意识带有鲜明的中国特色。有中国特色的司法意识是中国法官的整体行为，而不是个别法官的行为，具体表现为以下几个方面：①法官独立的职业意识。法官的职业决定了独立的职业意识。在西方发达国家的法官，法官的第一条要求是甘于寂寞，法官没有朋友、亲戚、同学、老乡。因为每个人对法官来讲都是潜在的当事人，所以他不能交朋友。法官不是公众人物，法官不经特殊许可不得接受采访，法官开庭审判时，录像机、录音机、照相机不得携带进入法庭。法官在专门法官俱乐部娱乐活动。在中国由于司法体制和传统文化的原因，过去对这一点不够重视，现在我们需要吸收借鉴西方国家法官管理中有益的成分，来培养我们国家法官独立的职业意识。②要具备独特的法律思维模式。所谓独特的法律思维模式，就是要独到，要逻辑，要完整。说话有逻辑性，很缜密，很周到，很完整。法律的思维逻辑，与其他思维模式不同，不需要跳跃性的思维，不需要形象性的思维，就是就事论事，分辨是非，分清责任，最后公平处理。③要具备丰富的文化底蕴。这是法官的职业所决定的，西方国家很多思想家同时也是法学家，形成了各异的法律思想。在我国，人们比较看重著名的司法者所断的案件，而不是他所阐释的法律思想。同样的问题也发生在法律知识方面，随着现代社会关系的日益复杂，人民法院所受理的案件类型也发生了根本性的变化，传统的婚姻、家庭、抚养等纠纷的案子，尽管数量还很大但是已经退居次要地位，房地产、合同、知识产权、网络纠纷案件不断增加，对这样的案子，如果不懂市场经济、市场开发，不懂网络，不懂专业性的知识，案子审不了，也审不好。法官应当具备丰富的文化底蕴，义化广而博，不是每个文化都特别精，但必须了解，尤其要了解当今社会最前沿的文化发展。④要具备良好的心理素质。⑤必须具备突出的人格魅力。使周围的老百姓感觉法官可靠、可信，给人一种信任感。在老百姓心中成为一个标志，一个标准。⑥要具备自觉的行为规范，有所为有所不为。法官要自觉要求自己，约束自己，树立法官队伍良好的形象。树立中国特色的司法意识或法院意识，与每个法官、工作人员都是息息相关的。

在审判过程中，法官应当公正无私，但这并不意味着法官不能带着良好的感情去办案，这是在法律实体和司法程序之外对案件审判的结果和效果有重大影响的因素。具体说，法官在审判案件中要怀有三心。一要有善心。要有慈悲心、怜悯心，要对当事人的不幸抱有同情心，法官要首先明白与人为善的道理，做一个善人。不善之人，难为好法官。法官应该是社会上最有善心的人，最善体人意的人，时时处处为当事人着想的人。当事人打官司不容易，简单的小额经济纠纷诉讼都不容易，严重的人身财产受到重大损害的诉讼就更是不容易。他们有的甚至妻离子散，家破人亡，打官司还要花费人财物力，耗费情感，处境艰难。我们要同情当事人的不幸，体谅他们的难处，尽最大努力为他们提供方便，保护他们的权利，维护他们的利益，抚平他们创伤，让他们感受到司法的温暖和政府的关怀，获得内心的宁静，实现社会和谐。二要有良心。要有回报心，要知恩图报，而不能恩将仇报。和其他国家机关工作人员一样，法官的一切来自人民，尤其是权力来自人民，当然要权为民所用，情为民所系，利为民所谋。我们的收入来自纳税人，我们的各种待遇来自老百姓，老百姓是我们的衣食父母，我们当然应知恩图报。而当事人，却是给我们提供工作机会和岗位的人，没有当事人，我们的职业就失去了存在的前提和价值，我们怎么能不善待当事人呢？我们有良心，有感恩之心，又怎么会对当事人吃拿卡要、冷横硬烦推呢？三要有博爱之心。仁者爱人，推己及人。法官被誉为人间之神，理应有博爱之心。有爱心的人总会获得人们的喜爱和信赖。专暴者以"轻视人、蔑视人、把人不当作人"为信条，所以才会遭到广泛的抵抗与反对，还谈什么令人敬仰和信服。所以，我们要让当事人信服，让老百姓敬仰，就是要运用我们的审判权，实现公平和正义，把法官打造成惩恶扬善的仁者群体；就是要把当事人真正当作人来对待，无论他们有什么错误，犯了什么罪行，都要尊重他们的情感和权利，重视他们的诉求，倾听他们的陈述，实现他们的合法愿望，把爱洒满人间，把审判台变成人们心中的圣坛，闪烁爱的光辉与神韵。有了善心、良心、博爱之心，在审判具体体现为法官的责任心、事业心、进取心，法官通过做一个有心人，凡事总是为当事人着想，凡是有利于当事人的事，就多做，做细，不做忽视、违法损害当事人利益的事情，让当事人满意，让当事人心悦诚服。同样的案件，结果可能相同，但效果会大不相同，就更不用说结果不同的效果了。让人信服，才能尊重法院的判决，自觉履行法院的裁判。

在法官的管理使用中，要正视法官年龄结构问题。据统计，在北京各级法院，法官的平均年龄为三十八岁，而在某些基层法院平均年龄仅为三十二三岁，而派出法庭往往年龄更轻，甚至不乏毕业刚两年，二十七八岁的"娃娃法官"。现在，大批受过法学专门教育、刚从校门走出来的应届毕业生，他们手持学士、硕士甚至博士的学位，心怀公平、正义，给法院带来了很多新鲜血液。由于他们受过系统的法学教育，有着更为扎实的法学功底，容易通过司法考试取得任职资格，导致了法官的年龄年轻化。但这样也出现了一大批年纪轻轻没有实践经验，缺乏人生阅历的学生进入法院，甚至是中级和高级人民法院。这不仅影响法院审判质量的提高，而且导致基层法院法官缺乏升迁机会而向其他行业大量流失，在大多数法治发达的国家，法官一职始终由年长者把持着。美国联邦最高法院的法官往往都是五六十岁，甚至年逾古稀，具有丰富的审判经验，在英国和德国，法官也普遍是高龄人员，法官的年龄结构和案件审判有着一定的内在关系。第一，司法是判断是非、保障社会正义的最后一道屏障，法官必须要有很高的法律水平和很高的道德修养，这些往往需要经过多年的学习和磨炼才能习得，因此任命为法官时一般年龄较大。第二，法律是一种实践理性，司法理性乃是一种基于经验的"技艺理性"。这种经验，需要从案例的研究、司法技巧的学习以及人情世故的通达中慢慢积累起来，这种对于法律精神和人情的把握恰恰无法从法学教科书中学来。第三，法官需要位于两者之间居中裁判，法律需要兼顾社会秩序、公平与个人自由的规范，需要的是保守、平和、冷静和持中，而年轻人多易冲动、易偏颇，容易激进蛮撞、冲动、用情。而法官在庭审中感情流露往往会为另一方当事人带来不必要的猜想，以为法官与对方同悲同喜是双方有过案前接触和交易，从而对判决的公正和可信度发生怀疑。正如亚里士多德所说：法治恰恰是没有感情的。第四，更为重要的是法官职业的特殊性，表现为法官判断不仅仅是法律上的是非曲直，它对人世经验和社会阅历有着高度的依赖。法官只具有法律专业知识是远远不够的，法律的判断往往需要兼顾人情冷暖，而离婚等案件更是关系到诸多人生的体认，只有高龄的长者才能作出较为智慧的判断，而且判决也比较容易令人信服。因此，一个好的法官不仅应当是一个好的法学家，还应该是一个好的历史学家、好的先知、好的哲人。

而刚从学校毕业的学生的实践知识、社会经验和人生阅历都十分有限，这有可能导致高学历的年轻法官作出比较理想化甚至是片面的判断，特别是让一个未婚的法官去审理离婚或者离婚后财产分割的案子本身就有极大的讽刺性。可见，法官年龄结构的合理性不仅仅是一种法治的传统，更是几百年法治经验积淀的结果。我国目前存在着法官越来越年轻的状况是值得关注的，许多法院围绕这一问题进行了一些探索，有的地方提议延长法官的退休年龄，甚至考虑高等级法院的法官终身任职，当然这还停留在设想阶段。我们现在可以完善法官的任职和升迁制度。探讨设立合理的法官遴选机制，中级人民法院的法官从有多年基层法院审判经验的法官中遴选，高级法院则从中院遴选，而基层法院则可以从从业多年、经验丰富、品德高尚、操守好的律师中遴选，也就是说，一个学生起码应该在二十二岁以后才有学习法律的资格。而经过三年到七年的法律学习，再加上至少八年的律师生涯，一般法官的工作起始年龄起码是到而立之年了。这种制度安排不仅可以提高法官的素质，而且法官的年龄、阅历也都有了一定的保证。同时，要采取措施保证法官队伍的稳定性。吸引高级法律人才进入法官行业，并且保证他们的稳定是提高法官年龄、提高法官素质的重要保证。要保证法官的收入须与同龄的企业工作人员相当，而不应当按照行政级别去限制法官的收入。提高法官的地位，改变行政管理的体制，逐渐实现法官的真正独立，使法官享受独立的不受干涉的审判权。改革目前的法官级别，使得法官的级别同其审判年限更加紧密地加以联系，而不以行政级别来管理法官。

（2）对审判辅助人员的管理思路。在人民法院的审判工作中存在一定的分工，有的工作人员主要从事案件的证据审查、开庭审理、主持调解、案件评议等工作，有的工作人员则承担着通知、召集诉讼当事人，创立、整理卷宗、安排质证、排定庭期等辅助性工作，此类辅助工作也是人民法院审判工作的一部分，同样有其重要的作用和专门的要求，同样是审判工作得以顺利进行的有力保障。实践证明，审判辅助工作组织的好坏、效能的高低会直接影响审判工作的整体发展，不但体现出司法性的一面，还体现出管理执行力的一面，需要引起我们的重视。抓好审判辅助人员工作，其核心是加强专门人才的培养和使用，现在各级法院都在推行法官、法官助理和书记官分类管理的制度，有些法院只注重法官队伍的质量建设，而对法官助理、书记官队伍的建设重视和投入不够，这种做法实际上影响到了审判力量的均衡发展，因此，人民法院尤其要把具有熟练的法律知识和一定组织协调能力、综合文字能力，办事效率高的干警配置到审判辅助岗位上，注意选好人、用好人。要大力加强岗位培训和职业锻炼，在实践中提高审判辅助人员处理复杂案件和特殊情况的能力。要注意引导审判辅助人员认清岗位职责和工作使命，树立全局意识，善于拾遗补缺，通过精诚合作，发挥整体合力。同时要注重审判辅助人员行为规范和精神面貌的建设，一方面，人民法院应当严格要求审判辅助人员在处理审判事务特别是与诉讼当事人和法院外部人员交往或协调关系时，要严格约束自己的举止言谈，体现法官群体的职业面貌和法院的良好形象。不犯走后门、攀关系，泄露审判秘密，私自结交当事人、律师的反面禁则。另一方面，要敦促审判辅助工作人员爱岗敬业，保持良好的精神状态。要让审判辅助工作人员进一步提高对本职工作重要性的认识，安心本职，爱岗敬业，以饱满的热情积极投身到工作中。以蓬勃朝气、昂扬锐气，不断改进工作，提高业务水平。要帮助审判辅助人员保持好心态，增强承受能力，做到成绩面前求奋进，困难面前不气馁。对他们的工作、生活，法院相关领导和机构要注意体贴、关心、服务，通过适宜的方式、方法，调动审判辅助工作人员队伍的积极性。

（3）对人民陪审员的使用管理思路。人民陪审员制度是我国司法的独特创造。1983年全国人大常委会通过的《关于修改〈中华人民共和国人民法院组织法〉的决定》规定人民法院一审合议庭可以由审判员和陪审员共同组成，也可以完全由审判员组成，陪审员由选举产生，并享有与法官同等的权利。2000年10月23日，最高人民法院原院长肖扬在九届全国人大常委会第十八次会议上作《关于完善人民陪审员制度决定草案的议案的说明》时指出，人民陪审员参与审判案件，可以充分体现我国社会主义司法民主，是人民群众参与国家管理的重要方面，应完善人民陪审员制度。人民陪审员与审判员组成合议庭共同审理案件，是对审判工作更为直接、更为有效的监督方式，对于加强廉政建设、促进司法公正具有很好的效果。人民陪审员注重从社会道德标准的角度对案件进行评断，与审判员的思维形成互补。陪审制度本身所体现的人民性、民主性是实行依法治国的一个必然要求。在这个意义上讲，民主和法治是统一的，不能分割。没有民主，也就谈不上什么法治，更谈不上什么执法为民。既然人民陪审员制度能够体现我国司法的根本属性和内在优越性，在我国的审判活动中就应当加以广泛应用。为了更好地发挥这一制度的优势，需要在审判组织的建设中注重扬长避短。一是要在审判组织中大胆使用人民陪审员，提高人民陪审员参审案件数量和质量。目前我国各级法院均实行了以合议庭为基本审判单位以及审判长负责制度，对于绝大多数案件都指定了主审法官，对于不少的微型案件推行了独任审判制度。在这种情况下，人民审判员的地位发生了微妙的变化，有的时候成为审判案件的合议庭的一种陪衬，有的时候甚至面临无案可审的尴尬境地，有的法院对人民陪审员比较轻视，对于疑难案件不让人民陪审员参与，或把人民陪审员视为一种摆设，在案件讨论评议过程中不注意听取人民陪审员的意见，而是由审判员径直判决。这些不良倾向应当纠正。应当端正司法指导思想，正确认识人民陪审员的地位和他们参与审判活动的必要性、积极意义，在条件、经费允许的情况下尽可能吸收人民陪审员承审案件。保证人民法院使用人民陪审员参审案件的数量，适度安排具有一定审判能力、责任心强的人民陪审员负责部分审判事务；注重陪审员特别是专家型、技术型的人民陪审员的特殊作用，在司法教育活动中大力宣传人民陪审员制度，提高社会各界的认可度，扩大社会影响，使人民陪审员制度深入人心，使社会主义司法制度的民主性、优越性深入人心，让老百姓从心里相信司法，拥护人民法院。二是保持人民陪审员的数量稳定增长，有针对性地选拔和培养人民陪审员。当前，参与人民法院案件审理的部分人民陪审员受自身条件限制，作用发挥不够。由于人民陪审员大多忙于本职而很少参与审判工作，对案件的判断大多源于生活经验而很少联系法律精神，逐渐产生对法官的依赖心理，"陪而不审""审而不议"的现象在一定程度上存在，对此，人民法院一方面要按照《关于完善人民陪审员制度的决定》的要求，从文化层次、工作能力和个人素养等方面严格遴选人民陪审员，改变以往偏重于从党政机关和企事业单位中征集人民陪审员的做法，着眼更广泛的社会界别均衡选拔。针对知识产权、金融证券、网络科技等新型案件的审理需要，对现有的人民陪审员队伍进行结构优化和素质提升，加强思想教育和培训工作，提高人民陪审员的政治意识、大局意识、责任意识和审判技能，提高人民陪审员的综合素质。三是在审判活动中高标准地要求人民陪审员，深化对人民陪审员工作的目标考核，完善人民陪审员的管理与考评，对审判作风好、工作实绩突出的人民陪审员，大张旗鼓地表彰奖励；对于工作不积极、责任心不强的人民陪审员，任期届满后不再提名。通过组织人民陪审员工作会议、业务研讨会等方式，交流审判心得体会，加强人民陪审员与法官的工作交流，确保人民陪审员的业务水平和审判能力专业化、正规化。此外，人民法院也要加强人民陪审员经费保障，积极争取财政部门的支持，实现人民陪审员经费单列，专款专用。

三、加强审判流程贯通的管理

审判流程的贯通从本质上说是处理好人的主观能动性问题，通俗地说，审判活动要体现以人为本的理念，以人民群众的根本利益为出发点和归依，充分考虑当事人的愿望和要求，而不是单方面以法院的意志和立场为准，在审判过程中保障诉讼参与人的诉讼权利，依法保障和实现人民群众的合理诉求。通过审判维护各个诉讼主体的诉讼利益，贯通的审判流程是审判质量和审判效率的坚实保障。同时，审判活动要把人作为发展的动力，确立法官在法院中的主体地位，尊重广大法官在法院建设中的主体地位和首创精神，围绕法官依法行使审判权合理配置审判资源，优化配置结构；完善确保法官依法独立审判案件的制度和机制，为法官履行职责营造良好的外部环境。

有相当一部分人民群众对于诉讼是感到陌生的，司法审判所涉及的法律问题多，在诉讼过程中感到的阻力和受到的干扰大，存在老百姓不懂告、不会告、不敢告的现象，而诉讼相对人也有不愿应诉、不懂应诉、不会应诉的情况。

因此，在增强人民群众的法律意识和法律知识的同时，还需要促进审判流程的清晰化，深化庭审方式改革，强化庭审功能，做到公开举证、公开质证、公开认证三个步骤并举，审事实、审法律、审程序三个方面并重，清晰贴近生活实际地审判，让老百姓看得懂，分得清，信得过审判。在这种基础上才能强调和追求司法公正。需要注意的事项包括以下几方面。

1. 在审判流程的构建梳理中大范围、深层次地落实便民利民各项举措

从立案工作机制入手，先期便民，比如推行巡回审判、设立便民法庭等措施，加强诉讼指导和风险提示，方便人民群众诉讼；在总结经验的基础上继续推行普通程序案件简化审、简易案件即收即审即调即结以及设立速裁法庭等做法，提高办案效率；加强辨法析理，坚持做好判前评断、判后答疑等工作，强化裁判文书说理功能，促使当事人服判息诉；以司法救助工作为切入点，对弱势群体和特困群众，依法实施减缓免诉讼费的政策，确保他们打得起官司；实施对刑事被害人的救助和申请执行人救济制度，包括对无法得到赔偿的刑事案件被害人或其家属进行专门定向的救助和抚慰，对生活困难的申请执行人给予必要救济。同时，要进一步加大案件执行的力度，特别是妥善执行拖欠农民工工资、工伤赔偿、追索抚养费、赡养费以及涉及企业下岗职工、低保失业人员等弱势群体的案件，让打赢官司且案件有条件执行的当事人及时实现权益。积极开展"法律五进"活动，弘扬法治精神，增强人民群众运行法律武器维权的能力，促进形成自觉学法用法守法的良好社会氛围。不拘形式地建立完善有利于解决民生问题、有利于人民群众行使诉讼权利、有利于提升公正与效率的各项

举措。

2. 坚持不懈探索优化审判流程的途径

首先，对案件类型进一步进行细分，把握案件审判的突破口。如某法院推行的细化＋速裁办案方法，即排除完全按涉案标的大小作为区分标准的做法，采取以案件类型为主、争议程度大小，涉诉标的数额多少为辅的方式来审视案件，按照一定的标准确定哪些案件可以作为速裁案件处理。对于速裁案件，按照"五个当即"的方法组织审判流程，包括当即立案、当即移送、当即调判、当即制作法律文书、当即送达，对每一个环节都设置相应的工作时数，对每一个环节进行工时控制，将整个审判活动置于全程动态管理之中，最终达成办案周期缩短、诉讼成本降低、当事人诉累减少、办案效率提高的"三低一高"良性局面。在试验期内，该法院共审结4511件民商事案件，其中符合速裁条件、适用速裁程序的2216件，占总结案数48.95％，调撤率达69.02％。许多当事人拿到结案文书时无不感慨地说，"现在到法院打官司，法官尽心，当事人省心，打官司、讨公道不再犯难"。

其次，做好案件的收结平衡管理，这是人民法院常用的审判管理手段。事实上，这一管理手段背后所蕴含的管理目的是值得探讨的。一是坚持案件收结平衡的好处在于可以严格把握审判期限，提高司法效率。最高人民法院多次强调："迟来的正义不再是正义"，针对的就是办案拖沓，不按期结案，当事人的权益无法得到合理实现的问题。二是能够有效避免一些诉讼特殊情况的发生，如诉讼中止、诉讼终结，使案件得到公正审判，实现司法正义。三是通过坚持案件收结平衡可以合理地配置人民法院的工作力量，确定合理的编制，实现人尽其职，避免人浮于事，提高了司法干警的时间观念和办案能力，使队伍得到了锻炼。对于如何保证案件的收结平衡，各地方法院摸索出了一些有效的方法，主要有如下几个方面。

（1）加大督办力度，对正在受理的案件高度重视，特别是对那些未结案件和可能超限案件真抓实管，将所有未结案件逐个登记造册排查，采取逐案督办、届期警示等措施，狠抓审限管理，严格控制审限，杜绝超审限案件。

（2）严格控制中止、终结案件。中止、终结案件必须符合法定条件，并采取承办人、庭长、分管院长、院长逐级把关制度，对于案情重大、影响广泛的，要报请审判委员会研究，有效防止承办人员的随意性，尽可能创造条件使案件得到应有的解决，避免半途而废。

（3）增加人员，调配力量，充实审判一线力量。将综合后勤部门，具有审判资格，且业务能力强的人员充实到审判一线，缓解审判压力。

（4）对案件分类型确定专人审理。对于类型相同、案情接近，使用法律条文单一的案件，总结出它们的共性特点，提出办案的指导意见，将同类型案件固定由专门的法官审理，加快审理速度，同时根据案件的类型和操作要点、审判案件所需要的专门知识等，有意识地培养不同类型案件的业务能手，做到办案迅速，质量可靠。

（5）重视调解。在收案后首先研究调解的可行性，根据案件特点和当事人具体情况，采取人民陪审员调解、律师和解、法官庭前调解等模式，减轻法官的审判压力，把调解贯穿于诉讼前、诉讼中和诉讼后，边调解边促进当事人之间矛盾和冲突的化解。

（6）发扬攻坚精神，组织办案会战活动。对突发案件多、审判任务重的法院，采取超常规手段，通过政治动员和思想动员，鼓励法官发挥奉献精神，在有限时间内多办案，办好案。

四、加强审判质量管理

审判质量问题，首先要追本溯源到司法的标尺问题。现代司法有几方面的特点，分别是：独立性、理性化和公正性。所谓独立性就是司法有独立的过程和程序，有独特的目标。所谓理性化有三个内涵，即在行为方式上，法官要有自我约束的理念和能力，在审判工作中要严格依法办事，不能为任何感情所左右；在价值上，法官要有思想、智慧及善恶等评价尺度相关的认识能力，做到明辨是非；在认识上，法官要有有条不紊的逻辑思维能力，确保推理的准确性。所谓公正性就是既要做到实体公正，又要做到程序公正。审判质量实际上是这几个要素的高度结合。提高法院的审判质量，要追求每一个个案的公正，以个案的公正促进社会的公平正义。法院要坚持把人民群众的满意度作为评价法院工作成效的价值尺度，使人民群众切实感受到人民司法的温暖，努力建设人民群众信任的审判机关。

追求良好的审判质量要体现以下几个方面的司法要求。

1. 体现程序公正和审判文明

在司法活动当中，公正特别重要，它是司法工作的核心和灵魂，也是司法工作的出发点和落脚点。司法公正既包括实体公正，也包括程序公正，程序公正是实体公正的保障，实体公正是程序公正的体现，程序公正对于保障实体审判的公正具有重要作用。法官应该处理好二者的关系，改变过去"重实体轻程序"的观念，树立二者并重的思想，强化程序意识，培养驾驭审判程序的能力。保证程序公正要实现三个要素：一是中立性，就是居中裁判，不偏不倚。既要培养法官的中立意识，又要有制度对法官的审判行为进行约束。二是充分性，就是保证当事人有充分陈述自己主张的权利，包括反驳利害关系人的意见。三是公开性和透明性，就是各种程序要公开透明。凡能公开审理的案件均要公开审理。在公开的内容上，审判过程要公开，审判结果要公开，审判材料也要公开。在公开的对象上，既要向当事人公开，也要向社会公开。人民法院在构建审判流程时应该围绕这三个要素，实现这三个要素，查找漏洞，健全完善制度和措施，确保司法公正。

高质量的审判必然是文明的审判，是富有法律文化韵味的审判。这就要求人民法院不放过任何审判细节，处处体现出文明气息。比如在审判场所的装修、改造和使用上，要考虑立案、审判、执行、鉴定、申诉等各种功能区域的布局和风格，确保法官通道、当事人通道的分离，审判、合议、证据交换、调解、证人出庭等处所的合理分开，并设置法律查询、案件开庭公告、安全检查等区域，以及便于当事人参加诉讼的各种设施，使之成为承载法治观念和司法信息，体现文明司法、高效审判和法制教育的有效载体。

2. 严把案件裁判文书关

裁判文书是审判质量的直观表现，表明了法官对某种法律现象、某个法律行为的认识，对法律条文及立法精神的理解，对法律和具体的行为如何结合的态度。一份好的裁判文书的说理部分，不仅对这个案件有效果，对其他案件也有参照意义。虽然当前我们国家不采用英美法系国家判例法的审判模式，但裁判文书所应具备的质量也是我们在审判工作中追求的目标。在裁判文书中，有一种典型现象，就是只列举法院采信的证据，不阐明法院采信证据的理由，没有体现诉讼双方的质证情况，无法反映案件审理的全过程，易引发当事人认为法院不公、怀疑法院"暗箱操作"的误解。对此，应当在裁判文书中全面落实公开审判原则，贯彻透明司法理念，力求裁判理由情法交融、情理交融，让当事人感到法院是个"讨说法""讲道理"的地方。

对裁判文书进行公开、评比，可以促进裁判文书质量的提升。组织富有审判经验和理论修养的资深审判法官，或者根据案件类型聘请相关专家参与裁判文书评选，是提升裁判文书质量的有效方式。对裁判文书的事实叙述、分析认证、理由阐述、语言表达、文书格式的规范性、法条引用情况以及错、漏字现象等进行评查，并根据评查情况采取相应的措施，也是行之有效的方式。

3. 推进案件评查

摸索具有人民法院特色的案件评查办法，保证对案件进行全方位评查，形成多位一体、高效有力的评查机制。具体而言：

一是实行常规评查与随机抽查相结合。人民法院的审判监督部门，应根据法院案件审判情况，完善案件评查方式，实现案件评查的"两随机"，即随机指定查案人员，随机抽取案件。此种评查，可以避免评查案件时人为选择案件的情况，也可避免评查人员的惯性思维，比较客观地反映案件的审判质量。此外，随着信息技术的发展，案件评查可以借助信息网络平台，对案件进行网上评查，提高案件评查效率。

二是分类评查与重点评查相结合。案件评查中，应当对二审改判、再审改判和发回重审案件进行逐案评查、重点评查，对案件改、发原因进行详细分析，对评查中发现的问题提出处理意见并逐案通报。对特定类型案件进行专项评查，如由简易程序转为普通程序的案件，临时中止审理的案件，从中找出法院审判工作中存在的共性问题，多角度强化案件的评查效果。

三是充分利用评查结果。将案件评查结果纳入干警业绩考核，形成业绩记录，作为法官评选树优的依据，可以有效促进评查结果的转化利用。

4. 强化调研和学习

根据需要，开展审判工作调研，将审判工作中的共性问题加以揭示，取得的经验加以推广，并开展交流，是提高审判质量的有效方法，也是提高法官办案水平的捷径。为此，人民法院除了抓好具体案件的审判工作，还要抓好调查研究工作，发挥人民法院研究部门的职能，细化研究职责，在第一时间掌握第一手调研素材，加以提炼，并将调研成果及时向上向下转达。审判职能部门的干警也可以在工作之余，勤于思考，勤于学习，勤于研究，参与审判工作的调查研究，形成全体干警广泛参与的调研格局。法官良好的法律理论素养可以保障和提升案件审判质量。审判质量的高低与审判人员掌握、运用包括法学理论在内的各种社会科学、自然科学理论的能力和水平有着密切的关系。加强学习是谋事之基，成事之道，是科学决策的有效途径和推进工作的重要方法，是建设现代化审判机关、提高审判质量的关键。

一要营造出浓厚的学习和调研氛围。强化阵地意识，由法院领导同志带头开展调查研究，自己动手写报告。发挥专职调研部门的组织协调作用，整合资源，构筑人人参与调研的立体化格局。提高法官的学习调研意识和动力，在法官中牢固树立学习、调研为审判服务的观念，使每位法官认识到学习、调研的重要性，大兴学习和调查研究之风。

二要搭建好平台，法院应当每年为各庭室确定具体的学习调研任务，认真开展好以审判为中心的各种培训、考核、交流、评比活动，强化岗位练兵活动。

三要突出中心工作，进行重点性调研。要集中力量实施重点突破，抓住主要矛盾和矛盾的主要方面破题攻关，注意在热点难点问题上下功夫、做文章。同时要结合审判工作特点，进行实用性调研。从大处着眼，小处着手，既要关注现实，又要放眼未来，有针对性地开展研究，切实把先进理论与审判实践、上级精神与本地实际有机统一起来，坚决克服为调研而调研的形式主义。运用科学的调研手段，拓宽调研渠道，利用互联网等现代信息技术收集、整理、加工资料。使得调研工作具有前瞻性、预见性，做到思之在先，谋之在前，争取调研主动权。

四要重视学习调研的效果，当前人民法院的调研工作取得的成果非常丰富，但也存在感性认识多、理性分析少，定式思维多、创新思维少，传统调研多、立体调研少以及调研成果转化数量少等问题。有的干警单纯为了拿到某一级别的学位而学习调研，没有把学习转换为能力。实现学习调研成果的转化，进一步提高审判管理能力和水平，提升法官品位和境界，是摆在法院面前的一个重要课题。

五要创新学习调研机制。要完善调研成果协助机制、交流机制、共享机制、奖励机制、考核机制等。协作机制的重点是加强与上级法院、专业院校和科研部门的联系协作，通过借助"外脑"提高调研水平；交流机制的要点是活跃调研方式，利用召开学术年会、法官沙龙、专题座谈等有效形式集思广益；借鉴吸收外地外院的优秀调研成果，为广大干警提供交流经验、探求理论、相互学习的载体；共享机制要实现通过资源共享，结合实际进行融合性移植；奖励机制指的是加大对优秀调研人才的奖励，鼓励优秀调研成果的产出；考核机制则要求完善学习调研的考核、评估系统，制订计划，量化标准，落实措施，严格奖惩责任制，确保实效。

五、加强审判监督管理

1. 实施内外结合型监督

在审判监督方面，要按照权力制约原理，建立内外结合、立体监督机制。法院内部要完善审判质量指标体系，通过对审判权运行的基础性指标和分析性指标的测控，及时采取调整措施；改进审判工作的监督评价办法，把定性与定量有机结合；强化对审判法官的个体考量，培养专家型法官。法院外部要优化执法监督环境，加大正面宣传力度，使社会更理解、支持法院审判工作。

2. 执行错案追究制度

错案追究是近年来审判监督制度建设的重要课题。错案形成原因复杂，错案问题的发生可能是由于主观因素，也可能是由于客观因素。办案人员在处理案件过程中可能存在重大失误，也可能存在一般失误。错案造成的影响可能是重大恶劣，也可能比较轻微。错案所反映的可能是工作能力、工作责任心问题，也有可能是腐败现象。应该在此基础上研究处理措施，制定减少错案的方法。对于轻微错案、无主观原因的错案、涉及工作能力的错案，可以采取批评教育为主的手段。对于其他错案，应该从严要求，从严处理。

3. 创新监督机制

（1）实施科技监督。通过法院局域网，对审判案件从立案、审理、执行、归档等审判过程进行网上跟踪，形成全方位监督，提高案件审判质量和效率。

（2）拓宽监督渠道。法院要自觉接受监督。通过邀请人大代表、政协委员、特邀监督员旁听案件审理、参加院庭长接访、开展调研等形式，接受监督；及时答复人大代表提出的各种询问和要求，虚心接受代表提出的意见和建议，改进工作上存在的问题和不足。聘请辖区各界人士代表担任党风廉政监督员，开展明查暗访活动，并将有关情况及时向纪检监察部门反馈。在业务庭建立助理纪检监察员，向党委纪检部门定期汇报工作，扩宽监督的渠道。聘请退休法官担任特邀监察员，加强对审判人员的审判作风、庭审情况、办案纪律、案件质量的检查监督。

（3）建立反馈机制。加快建立对人民群众举报、投诉、申诉的办理、督察、查究、反馈机制。健全与党委政法委、纪委、组织部门等多部门相衔接的党内执法监督机制，认真对待涉诉涉法的信访工作，及时发现、纠正审判工作过程中存在的问题，有目的性地开展专项治理，加强对审判过程中暴露出来的问题以及人民群众反映突出的审判问题的研究，加强司法规范化建设，严密制度，健全机制，确保对司法权力的全程监督，防止权力失控、行为失范。

（4）建立信访化解机制。涉诉信访是伴随在审判、执行过程中的一种特殊现象，对司法审判权威影响非常大，也是考验人民法院能否始终坚持接受人民群众监督的重要方面。因此，积极探索信访工作新途径，搞好信访工作，也是审判监督管理的重要环节。

一是对信访接待、登记、分流、审查、处理、反馈和统计七个环节实行动态跟踪管理。强化立案信访接待工作，利用法院热线、接访室和"院长信箱"畅通信访渠道。建立信访台账，确保所有信访有记录、有回复，确保件件有落实，事事有回音。

二是主要领导接访。当事人来信来访时都希望见到院领导，以期使问题尽快解决。凡是重大、疑难涉诉涉法来信来访，法院主要领导应当到第一线亲自接访，或与纪检监察部门的同志共同接访，与当事人面对面交流，通过领导者的领导权威、人格魅力使当事人感觉被重视，增加信赖感，有助于缓和当事人对法院的对立情绪。由院领导带头落实包案责任制，对包案工作进行分解，包案到人，妥善处理涉诉信访问题。

三是区分情况分别处理。涉诉信访案件，有的属于案件本身的争议，有的属于当事人思想情绪波动。因此，要针对不同情况，分别加以处理，不拖不靠，尽量给当事人以合理合法的答复。对前一类型的信访案件，处理起来难度大，应采取由法院主要领导亲自督办的制度。院领导在接访后不能直接推给下属，而应组织相关方面对个案进行专题研究，一起寻求解决问题方法。对于后一类型信访案件，则需要领导直接对当事人解释和疏导，事后再定期过问处理情况，对信访情况进行跟踪。此外，在处理信访案件过程中要注重调解力度，克服就案论案的倾向。通过法院、政府部门、基层组织等各种渠道的参与，使当事人感到社会的重视，找到解决问题的办法，顺势而为，更大限度地化解矛盾。

四是对重大来信来访实行纪检监察部门介入。对来信来访直接转交相关庭室处理答复，导致信访人不信任、不满意。为增强可信度，可以将一些重大的涉诉、涉法信访案件直接交由纪检监察部门处理，避免当事人怀疑，提高当事人满意度。

五是强化信访老户化解工作。在重要会议、节日期间，抽调专人负责信访老户的化解、缓解、控制工作。对已化解的矛盾进行回访，巩固信访工作成果。对诉讼程序已结束但仍不服判的重复信访当事人，实行两级复核制，将最终复查决定书面告知信访人。

六是严格责任追究制度。对因工作不细心，办案不认真，接待不负责任，处置不恰当，导致矛盾激化、酿成群体性事件、越级上访、暴力上访等非正常事件及其他严重后果的，追究相关人员责任。

六、提高裁判公信力

随着依法治国基本方略的深入实施，人民法院的各项事业取得了前所未有的成就，呈现出蓬勃发展的良好态势。但是，影响司法裁判公信力的因素和现象仍然存在，包括裁判主体认同差异、裁判的非终局性、个别案件程序不合理、违法违纪现象、媒体过分炒作等问题，对司法权威造成一定程度的影响，法院公信力受到考验。为此，要从以下向个方面着力提高裁判公信力。

1. 提高法院裁判公信力根本在于恪守司法公正

审判工作必须以确保公正作为出发点和落脚点，严格依照法律尺度作出可信赖裁判。这就要求进一步强化平等意识，恪守中立原则，依法独立地裁决案件，不可因当事人身份或外界因素而影响裁判结果。要进一步强化程序意识，通过公开、透明、正当程序推进，展示司法权力的运行过程，使公众清楚地看到法院如何主持正义。要进一步提高审判形象，改进审判作风，规范审判行为，提高断案效率，遵守司法礼仪，以实际行动赢得信任。要进一步强化创新意识，勇于革除传统司法之弊端，善于融纳现代司法之精华，积极探索有利于实现司法公正的有效途径，维护法律尊严，树立司法权威。

2. 提高裁判公信力要推进审务公开

人民法院的一举一动受到人民的关注，提高裁判公信力的最有效方法是推行审务公开。因而在审判过程中，要保障人民群众对执法工作的知情权、参与权、表达权和监督权，真正把审判工作置于广大人民群众的监督之下，以民主促公正，以公正赢得公信，令老百姓信服。审务公开需要有明确的制度保障。

一是推进立案公开透明。在法院立案部门设置窗口式服务场所，实行"一站式服务"和"柜台式服务"，使立案程序一目了然。当事人可以进行案件立案咨询，法律文书样式范本查询，诉讼费用收费标准及缓、减、免交诉讼费的基本条件和程序查询，案件审理与执行工作流程查询等事项，安排专人回答当事人疑问，方便当事人诉讼。在法院公开接待场所设立"法官榜""法官墙"，公开审判人员的身份，让公众了解法官的业绩和能力，让当事人决定是否行使申请回避的权利，同时对法官形成监督。

二是落实公开审判。坚持审判过程依法公开、及时公开和全面公开，确保当事人对审判权运行过程各环节的知情权。完善旁听制度，最大限度地允许公众旁听，通过网络和多媒体展示诉讼证据、描述争议内容，同步记录并展示庭审笔录，当事人可以更直观、更多元地在审判中表达自己的意见，更好地维护自己的诉讼权利，法院的审判人员也能够更轻松地掌控审判进程，并将自己的审判全过程置于科技的监控之下。对部分案件通过新闻媒体向社会转播。使民众可以了解真正的司法，将法院的审判活动从法庭延伸到千家万户。

三是推进司法信息公开。对生效案件的裁判文书，除涉及国家机密、商业秘密和个人隐私的案件外，要公布到互联网，允许社会公众查阅。法院要通过自身的政务网站，公布法院审务信息，包括审判人员姓名、职级，审判委员会组成人员，相关审判管理制度等。公民可以通过登录互联网站，查阅案件审理流程、裁判文书、典型案例、司法动态和法律法规等信息，让人民法院的工作动态处于阳光之下。

四是接受社会监督。人民法院要充分发挥人大代表和社会监督员的监督作用，邀请人大代表旁听案件审判，组织召开人民代表和特邀监督员座谈会，征求和听取意见、建议。发挥人民陪审员作用，做好人民陪审员的选任和培训，把司法活动置于具体鲜活的社会生活背景下，让老百姓有兴趣参与司法，看得懂司法运行的过程，信得过司法得出的裁决，并且能从中受到教育，得到启发。

七、提高审判效益

审判效益是效率和效果的综合统一体，在司法资源的总量相对固定而且有限的情况下，司法效益的提升显得格外重要。提升司法效益的根本在于良好的制度安排，包括在诉讼必要性和审判组织、审判环节、审判制度等各个方面。

1. 诉讼的必要性

所谓的诉讼必要性，至少包括以下几个方面：第一，对于整个社会来讲，诉讼产生的积极作用不是无限制的。第二，诉讼会使当事人对抗程度增加。因为诉讼本质是一种对抗的程序，虽然诉讼过程中会进行调解、和解，但诉讼本身存在的这种对立因素对于社会关系的破坏仍然是不可避免的。第三，诉讼本身还会使社区关系、人际关系变得相对冷漠。从当事人角度讲，如果纠纷本身争议不大，标的额较小，为这样一个纠纷付出较长时间、较大精力，损失也是比较大的。对此，法院要树立正确的诉讼观念，减少诉讼产生的负面影响。

2. 审判程序简化

审判效率的提高，最直观的手段是使诉讼简易化，特别是在民商事案件中的简易化。近几十年来，一些西方国家根据民商事司法程序中的多元化和灵活性，进行了诉讼繁简分流的研究和实施。审判实践中，一些法院也进行了探索和实践，对这些做法，可以进行借鉴。

第一，尽可能把没有争议的纠纷用非诉化的程序处理掉。对督促程序、协议离婚、身份确认等，尽可能采用简化的程序解决，淡化或者简化司法的对抗因素、审理因素、裁决因素。具体而言，就是将一部分没有争议的，不需要当事人开庭对抗就能解决的纠纷，用一种行政化的方式处理，如同行政机关处理例行行政事务那样。比如督促程序，不用由法院的法官审理，而是由法院的行政人员或者法院委托人员来完成。对协议离婚，双方当事人已经没有争议，此种情况下法院可以通过标准程序处理。美国的离婚案件，传统上必须经过法院审理，但近些年在不断推行和解，很多当事人到法院之前已经达成了离婚协议，所以法院没有必要像过去一样开庭，离婚程序就变成了一种行政程序。法官询问一下双方当事人对离婚协议有无异议，如果没有异议就按协议履行，不需要庭审。交通案件，警察作出处理后，当事人再到法院走一个简单的程序，就可以了结。表面看案件基数很大，但真正用到法院的人力、物力的却很少，节省了司法资源，提高了司法效率。

第二，根据案件情况在审判方式上进行繁简分流。比如在普通程序之外设置简易程序就是一个典型体现。简易程序是相对于普通程序而言的，在一个国家立法中往往有关于诉讼的标准程序，简易程序是标准程序的简单化。在不同国家的制度设置中，有的国家在普通的民事程序之外设立一些单独的简易程序、小额程序，此外还有非正式开庭、听证等，这些做法得到了世界各国法院广泛的采用。

第三，诉讼程序简易化。有些国家的法院分为普通法院、小额法院、简易法院等。有些国家的简易程序是由一部分非正式人员和机制来完成而并非由正式法官来承担，有的时候会由法院的雇员和法院的行政人员或者律师、社会成员来承担。这些做法有着相应的理论支撑。

从社会角度来讲，如果社会大量的纠纷得不到及时解决，滞留在社会上，会造成公众对司法、政府的不满，还会导致一些不安定因素的出现，甚至导致一些不公平现象的出现。对于社会来说，一方面需要有扩大纠纷解决的能力，另一方面还有分类、便利、快速处理的需求。面对这种需求，国家也好，社会也好，不可能无限制地增加司法投入。司法资源不是提供得越多，社会产出的正义就越多。有时为社会公众提供的资源多了，会导致对资源的滥用，会产出不公正、不安定。所以诉讼应当有条件，不能通过无限、无偿地增加司法资源来应对，所以主张合理地、分流地使用司法资源。

从司法机关角度来讲，节约司法资源，提高法院的效率，就必须把真正的精兵强将使用在疑难案件、重大案件上，通过简易或分流使小额的诉讼可以降低司法消耗，来减轻自身的负担，作为提高效率、提高效益的一个可行方法。

从当事人角度来讲，一个完整的诉讼程序需要很多时间，就会使小额纠纷的受害人没有能力提起诉讼，使他们的权利救济、权利保障无法真正得到实现。这种过于高昂的诉讼对弱势群体是不公正的，也是很不经济的，所以一些小额诉讼简易程序真正成为更多的当事人能够获得快速救济的一种方式。

整个诉讼机制的简便化，是世界各国在设计诉讼制度和进行诉讼改革时共同选择的方向。设计的理念是保障诉权、扩大诉权、简易诉讼，让民众的诉讼成本降低，社会的纠纷解决成本降低。诉讼简易化的精妙之处可以从当事人的角度、审判程序的角度来简化，最终目的是要达到使简易程序符合纠纷解决的需要。在整个诉讼过程中，可以视情况对不同的环节进行简化，比如说可以淡化某些环节，程序进行过程中可以中断，可以提前完成，还可以把举证、质证等环节适度简略，如果双方当事人对事实没有太大的争议，也可以不作详细的调查。另外，开庭的环节也可以通过书面的方式省略，书面审理明显可以简化掉很多环节。法律文书也可以简化，从当事人的起诉状到法院的判决书等法律文书都可以简化。送达环节也可以简化，当事人双方可以直接到法院来，口头送达。审判组织也可以简化，一些国家的做法是通过使用社会力量，不使用法官，不占用正规的审判资源，包括动员法院雇用的行政官员、资深律师型自愿者、法院的职员等。理想的诉讼的简便化应是多元化的诉讼简便，而且应该结合各国的国情而定。

3. 审判方式改革

与西方国家面临的问题一样，我国也同时存在司法资源不足和配置不合理的问题。与西方一些国家相比较，我国也有类似诉讼简易化、分流化的制度，比如说我们的民事简易程序，就简易程序和西方国家的小额诉讼来比，有相同之处，也有不同之处。相同之处是根据案件的类型由立法者划出部分案件可以适用简易程序。不同之处主要是我国的简易程序在制度的制定背景、时代背景、理念以及具体的设计上不同。在我们国家，目前来看，究竟什么样的案件可以用简易程序，什么样的案件不可以用简易程序，各地情况不同。因此，我国目前的简易程序不能等同于西方国家提出的诉讼简便化。

使诉讼过程特别是民事诉讼过程简便化，使当事人轻松诉讼，法院又好又省审判案件，是人民法院审判工作中必须重视和加强的一个方面。要实现这一点，第一是既要高效又要节约使用司法资源。第二是费用相当，不能让简单案件花费过多的司法资源。第三是使某些简单的诉讼程序的设计既能保证基本诉权，又能使在解决纠纷过程中淡化诉讼对抗性。当界定某些案件是繁或简时，应着眼于程序。第四是将诉讼和非诉讼程序结合起来，发挥各自的优势。

中国传统的诉讼模式本身就是简易化，带有非正式化的特点。中国是在没有完全形成正式化、非常规范的民事审判制度的前提下，就先有了简单的、便民的诉讼模式。我们在传统的司法过程中过多地强调把正式化、规范化作为目标，希望建立一个相对现代化的、比较正规的民事诉讼模式。但是在这个正规化过程中，因为选择的目标过于单一，忽略了不同法院、不同审级、不同地区的不同案件，正规化的程度和方式应该采用不同路径这一实际，而是采取了一律一步到庭。在社会转型期，本来需要的是因地制宜和多元化，但在正规化这个过程中，却忽略了程序本身的多元化设计。改革开放以后，我们经历了从不重视程序到过分重视程序，到现在又重视便民化、简易化这样一个过程。

对于如何实施诉讼程序的简易化，可以从以下方面着手：第一是根据案件类型进行分类分别处理。如小额债务不适合适用复杂的对抗程序来审理，邻里关系案件可以简化诉讼，按照简易程序处理。第二是根据有无争议进行分类，双方已经达成协议了，只需要法院作出一个判决，不需要开庭程序，只需要对当事人自愿与否、意思表达是否真实进行确认。第三是处理效果问题，如果采用简易程序处理，法律和社会效果更好，法院就可以采用非诉讼的方式进行处理。

在法院内部，除了简化程序之外，还可以在独任制、审级、审判环节上做更多的探索。如在中级法院的审判活动中，二审案件和其他的上诉案件中有无可能实行简化；一审案件能够采用简易程序，在二审的时候能否适用简易程序审理。巡回审判、多元化纠纷解决机制、诉前调解、书面审理的一些制度设计中，也应当体现简易化的因素。这其中还有一些重大的理论和实际障碍，如在一审当中本来是采用独任制审判作出判决，如果在二审当中再让一个法官来独任审理，如果二审法官的意见同一审法官，会否存在较大的司法风险和信赖缺失。这些探索，对于承担绝大多数民事纠纷案件审理的中级法院、基层法院有很重要的意义。各级法院可以把自己的实践经验以及对符合中国特色的简易程序的设计思路传达给上级司法机关乃至立法机关，以便制定出符合实际情况的、科学的诉讼法律制度。

在讲求效益，推行诉讼简易化的过程中，一定要注意，所谓简易是有条件、有边界的，不是无限制的，一方面我们应当看到和发挥其积极作用，为民众解决问题；另一方面我们也要看到它的局限性。此外，探讨司法活动的功能，容易出现过多、过深的干预到政治、行政活动的倾向，这些是不可取的。相比之下，我们国家的司法有着独特的优势，比如我们在审判活动中强调人民群众的参与；在民事纠纷处理中，无论是简易程序还是普通程序，都不忽视调解的功能，将简易程序和调解这一西方国家司法界看起来相互对立的事物很密切地结合起来。诉讼程序的简便在无限扩大的过程中，必然会走向另一个极端，导致一种过度诉讼的社会风气，造成什么问题都需要靠诉讼来解决的倾向，会带来很大问题。在我国，诉讼案件增长很快，一定程度上表明公民权利意识提高，是依法治国的良性表现，但如果仔细分析，这当中也夹杂着一些隐忧。据统计，在诉讼案件增长快的地方，有两类案件逐渐抬头：一类是家事纠纷，就是自己家里人打官司；另一类是简单的债权债务纠纷。这两类是最普通的、最简单的传统民事案件，恰好都是在简易化过程中被认为用小额诉讼方式解决是比较好的案件类型。这两类纠纷诉讼的增长，说明社会自身的调整功能偏向失衡。涉及伦理道德规范方面的纠纷，应该是自己可以解决的，自己解决不了求助司法，在任何一个国家都不是很正常。债权债务纠纷过多，说明市场风险过大，这类问题需要有一个相应的社会机制来解决，不能单纯靠司法资源来解决。正确的思路和方法是对法院的定位进行调整，使之成为多元化纠纷解决机制中的核心环节和统合性因素，把正义从法院内向法院外延伸，使社会上各种有利于民事纠纷处理解决的机制和法院的民事审判活动有机结合，相互配合支持，有效减少和避免不必要的诉讼。

第三节 人民法院审判工作的具体方法研究

一、关于各个审级的审判控制方法论

人民法院在抓审判工作中，应当根据审判工作的规律和特点，区分不同审级、不同审判阶段的工作重点，给予区别对待。

1. 一审的审判控制

对于一审，要突出案件质量管理的主线，树立"质量就是生命，效率就是活力"的意识。一审法院承担着司法的基础性任务，需要全面认定事实并将现行法律正确地适用于具体案件。一审的任务主要由基层法院来完成，这里面存在着基层法院自身能力和所能运用资源相对不足与审判任务繁重、案件审理难度大、工作负担重的矛盾，审判管理应该关注这一矛盾，设法解决矛盾。主要的思路和方法为：一是在一审案件中严格遵循实体公正和程序公正的要求，开好头，站稳脚，做好案件处理基础工作；二是采取易案速办、疑案慎办，提高审判精细度和工作效率；三是发挥多元化纠纷处理机制的功能，提高矛盾纠纷的化解质量；四是探索提高提高一审生效率、服判息诉率、自动履行率，体现司法效益。

2. 二审的审判控制

对于二审，要强化审判监督意识，保持法律适用的统一性。二审的功能主要是对一审裁判的合法性审查，是一审的继续和延伸。二审中，应当坚持司法的被动性原理，重点围绕上诉人的上诉请求进行审理和监督，对于程序、实体或其他方面违法审判的情况进行纠正。二审作为现行的终审审级，应兼顾公共目的和个案处理之间的关系，尤应偏重于判决超越于案件本身的法律价值和公共目的，解决司法冲突和保障整个司法体系的统一。只有这样，才能实现与一审的职能分层，提高二审效益，保障法律适用统一。

3. 再审的审判控制

对于再审，要强化审查纠错意识，最大限度维护社会公平正义。再审面对的是生效的裁判，它并非每个案件的必经程序，而是针对确有错误的司法裁判予以补救的特殊程序，实现"有限再审"已经成为一个必然的价值选择。再审中既要维护判决的既判力、执行力、稳定性，又要坚持法律原则，审查已经发生法律效力裁判是否存在错误、是否应当起动再审程序。由于在时间、程序、价值上的区别，再审审理不同于重新审理一个案件，应当突出审查意识。只有如此，才能真正发挥再审程序的纠错功能，切实做到维护与纠错两者的有机统一，实现再审审级设置的功能与构想，提高司法的整体效益。作为人民法院，应当正确认识再审制度的功能，因为再审制度的存在，各种类型的冤假错案才大为减少。但法律上有了再审制度，司法也并不能保证每一起案件都能实现绝对的公平处理，不能保证每一个案件的当事人服判息诉，而且在"有错必纠"理念和制度环境下，实践中屡见不鲜的终审不终、循环往复的案件，甚至在某种程度上已将再审制度异化为牢牢套在当事人和法院身上的"枷锁"，长时间的消耗战，以至于很多当事人即使最后通过再审制度实现了所谓的公正，也往往"赢了官司输了钱"，得不偿失。就好比汽车上安装了安全带，导致每次车祸的伤亡人数大为减少，但并没有杜绝事故，同时由于人们对安全带的迷信还导致车祸大大增加，伤亡的行人也大为增加，不但是很多当事人，在人民法院当中也有对再审制度带有浪漫主义色彩的非理性认识，认为其功能可以是绝对、无限的，有了再审制度的"保驾"，司法就可以发现客观事实，实现司法的绝对公正。2014 年 2 月 18 日《人民日报》刊登了重庆西南医院医疗纠纷案件审理过程，该案从重庆到北京，审判四次，一起普通的医疗损害赔偿纠纷，先后经历了一审、二审和二次再审，历经四年多的时间。这种状况，不论对当事人各方还是对法院，都是一种困扰和苦恼。这需要我们在处理再审案件时，首先要树立司法公正相对性的理念。尽管司法发现案件事实真相和正确适用法律的价值追求，使得我们不能对"错判"等闲视之，必须保持对司法客观、绝对公正的不懈追求，但案件事实本身的不可恢复性和司法权的裁判本质，决定了任何想通过一定的司法程序在每一个案件中都发现客观事实，实现司法的绝对公正，都只不过是一种不切实际的良好愿望而已，因而司法确认的事实只能是经过法定程序过滤后的"法律事实"，而建立在"法律事实"之上的裁判，其公正性也必然具有相对性。同时，要积极宣导再审制度功能的有限性。现行再审制度设计和操作存在的种种问题，归结为一点，就是对再审的功能存有某种不切实际的幻想，于是乎，为了发现所谓的"真相"，纠正所谓的"错判"，法律在再审启动主体、范围、时间、次数上都作了较为宽泛的规定，有的甚至没有任何限制，什么裁判的确定性、既判力，法律适用的统一性，当事人权益的稳定性等价值都统统让位。再者，在正常的司法过程中应注重对"错判"的预防，而不应把重点放在对"错判"的无限纠正上。而且，现实存在的大量"错判"，至少也说明现行普通救济程序存在缺陷，因而纠正"错判"应主要通过完善普通程序来进行，而不能完全依赖于再审程序。具体的预防措施，不仅包括司法体制的完善、法官素质的提高，也包括诉讼程序的健全和审判管理的创新等。2012年8月31日，十一届全国人大常委会第二十八次会议表决通过关于修改民事诉讼法的决定。根据这一决定，民事诉讼法修正案第200条规定了十三项当事人申请再审的事由。将原民诉法再审条件的概括性规定改为列举性规定，细化了发起再审的法定情形，这有利于人民法院掌握执行，但其中也有一些方法值得介绍，首先，关于第2项"原判决、裁定认定的基本事实缺乏证据证明的"理解，这里面存在着再审是否发动是看证据充不充分还是事实清不清楚的问题，我们对法律事实的证明要求是证据的完整性、排他性、唯一性。往往有些事实是需要多个证据证明的。每个证据都对其有证明性，因此应间接地将其理解为"原判决、裁定用于认定基本事实的证据不足的"。其次，关于第10项"未经传票传唤，缺席判决的"，在各级法院中，送达方式不一定只有传票一种，如根据民诉法规定，公告送达也是合法的送达方式，如果公告送达了，当事人不出庭也可缺席审判。随着科技发展，将来电子邮件等方式也可能成为传唤方式，因此应从发展的角度来理解，将其定位为"未经合法传唤，缺席审判的"。再次，关于第 5 项"对审理案件需要的证据，当事人因客观原因不能自行收集，书面申请人民法院调查收集，人民法院未调查收集的"，由于人民法院对证据的证明力是否达到优势证明标准有判断权，实践中可能出现人民法院认为当事人所举证据足以达到优势证明标准，不需要再行调查取证的情形。如果因此而发动再审，明显不符合经济原则。因此，我们应将其理解为"对审理案件需要的证据，当事人因客观原因不能自行收集，书面申请人民法院调查收集，人民法院未调查收集，影响案件公正裁判的"才符合发动再审的条件。

二、法院审判工作各个环节的优化

人民法院在审判案件的各个阶段要有换位思考的意识，多站在当事人的角度上来审视案件，争取用规范的办案方法、热情的办案态度、高效的审判效率，程序公平、平等尊重、保护双方的诉讼权利，尽量减少当事人的诉累，通过程序公正实现实体公正，"努力让人民群众在每一个司法案件中都感受到公平正义"，在全社会营造一种公正、透明、可预期的法治规则。

1. 立案环节的优化

立案工作不仅仅是把案件收进法院和便利群众进行诉讼，而应当从更高层来考虑，把立案工作作为审判流程管理的重要环节，思考立法能否发挥突出的社会效果，能否赢得人民群众的广泛好评，为此，作为立案活动，要注意到以下几个方面。

其一，在立案中要准确理解当事人的诉求，为当事人的诉权保障提供便利。当事人到法院要求解决纠纷首要的是要求我们其诉求的目的是什么，这一点不见得能从其诉状中诉讼请求部分全部看出，有很多可能由于其他方面的原因而导致法律上的一种要求，这是需要我们法官深刻了解的，只有这样才能做到有的放矢。当事人到法院诉讼就是要求对其权利加以保护，这一点大家都很明确，我们必须做好依法保护当事人程序权利、实体权利方面的各项工作。

其二，把握当事人的实际，了解当事人的认知。当前，当事人的实际情况构成非常复杂，他们的法律意识和诉讼能力互不相同，这一点是客观存在的，必须根据当事人的实际情况和认知能力，在法律允许的范围内，为当事人提供诉讼服务，保证当事人能够感受到司法的温暖。

其三，体谅当事人的心情，抚慰当事人的情绪。当事人到法院参加诉讼是不容易的，尽管我们提供了尽可能多的便民措施，但是其既然是当事人必须以其自己的行为参与其中，当事人在诉讼中心情是不一样的，甚至有的抱着法院能否公正处理自己的案件这样的心情来打官司，所以在具体办案中，我们法官应当体谅当事人的心情，特别是对于法律上不能胜诉的当事人，注意做好抚慰工作，使其能够了解法律规定，理解判决的理由、裁判的依据等，最大限度化解其对司法裁判结果的不满情绪。

其四，尊重当事人的人格，平等保护当事人的各项权利。从人格方面讲，无论当事人之间还是当事人与法官之间，其人格是平等的，这一点是非常重要的。只不过因为法律的规定，导致在诉讼中不同人之间具有不同的法律作用，而人格并不因此而有所不同。从法官的角度来讲，我们只有尊重了当事人，才能赢得当事人的尊重，也只有在这个平台上我们才能做到平等保护当事人各项权利，才能树立和提高司法的公信力。

其五，拿出真措施保障当事人诉权。首先，在立案阶段实行接待、受理、收费、转办一条龙服务，进一步缩短立案周期，便利当事人起诉。一是进行必要的法律诉讼知识讲解，减少当事人因缺少法律知识、不了解诉讼过程造成的盲目性，充分体现司法的人文关怀。推行预约立案、远程立案、网上立案、邮寄立案，降低起诉成本。对于外地当事人急于立案由于特殊情况不能前来的，允许通过特快专递方式递交诉讼材料，办理立案手续。二是加强对当事人的诉讼引导，向当事人提供印制的诉讼指导宣传材料，依法告知当事人的诉讼权利和义务，以及诉讼中所必需的文书格式、要求等。三是建立导诉制度，在发出案件受理通知书和应诉通知书的同时，及时提示诉讼风险，减少当事人不必要的损失。四是公开诉讼费用收费标准，使当事人做到心里有数；建立和完善民事案件繁简分流机制，减轻涉诉群众讼累。五是适时进行诉前调解，使当事人的纷争解决在立案阶段，减轻当事人的诉讼负担。六是切实执行诉讼费减、免、缓制度，确保经济确有困难的当事人打得起官司。同时要在立案环节强化保全和庭前调解工作，迅速处理大量简易纠纷，减轻当事人讼累，并积极实施司法救助，使经济困难的当事人打得起官司，保障当事人顺利行使诉讼权利。其次，在开庭前，要注意旁听通知送达、证据复印、依申请调查取证问题。旁听通知或传票的送达问题，在民事和行政诉讼中，问题不是很突出。但在刑事诉讼中，由于刑诉法没有明确给被告人亲属送达旁听开庭通知的规定，加之侦查、检察部门在卷宗中并不总是记载有被告人亲属的基本情况，所以在实践中，通常并不给被告人的近亲属送达旁听通知。这就在实践中出现这样的问题，被告人的近亲属通常无法出席庭审旁听诉讼，无法为被告人委托辩护人或代理人提供帮助，无法了解法庭的审理过程，也无法行使相应的监督权和知情权，这对被告人一方权利的保护是不利的。并且因为这种情况的存在，往往被告人被判刑入狱，监狱管理部门将罪犯的入监服刑情况告知其近亲属，他们才知道自己的亲人已经入狱，至于什么时候被抓捕，因为什么罪什么时候判的刑，都一概不知，对亲人犯罪的情况很糊涂，对此会感到很意外，甚至很冤屈。所以，获知参加近亲属为被告的庭审开庭情况，是被告人近亲属的合理需求，通知他们参加旁听问题应引起重视，这是落实司法公开的重要方面，也是保护当事人知情权的合理延伸。

2. 开庭审理环节的优化

开庭审理是审判工作的核心内容，也是当事人诉争与对抗的最主要场所。安排庭审工作，应当严格贯彻落实审判公开原则，除法律规定不得公开审理的案件外，一律公开审理。全面落实以庭审为中心，以公开举证、质证、认证和裁判为主要内容的审判方式，完善庭审程序，强化庭审功能，增强审判的透明度，提高审判的公信力。因此，在庭审中审判组织、审判过程及其优化尤为重要。

（1）庭审的基本过程优化。在民商事诉讼案件中，随着司法改革的不断深入，庭审方式有了很大的转变，从本质上讲，我国民商事审判的诉讼模式已从职权主义庭审模式发展为以当事人主义为主、职权主义为辅的诉讼模式。从目前的庭审情况来看，还存在以下几个方面的问题：①重坐堂问案，轻职权调查，导致有的案件事实没有查清，在一定程度上损害了当事人的权益。②没有充分行使法官的释明权，致使诉讼能力较差的当事人因举证不力而败诉，造成上访申诉现象不断发生。③执法尺度不统一，无法公平保护当事人的合法利益。④简单适用法律条文，机械办案，重法律事实，不重视法律效果与社会效果的统一。⑤职权主义色彩依然较为浓厚，存在庭审中随意打断或制止当事人的陈述或举证，在一定程度上限制了当事人的诉讼权利。⑥不按时开庭，案件久拖不决，加大了当事人诉讼成本。我们要正视存在的不足，从法官能力、审判作风以及考核评价机制等方面和审判技巧、审判细节等环节制订措施加以整改，以推动整体工作全面发展。同时要规范法院诉讼调解工作，提高诉讼效率与质量，充分发挥调解解决纠纷的优势，切实保障当事人的诉讼权利。推进人民法庭便民建设，加大巡回审判力度，实行就地立案、就地审理，当即调解、当庭结案，努力提高当庭结案率，及时化解社会矛盾纠纷，依法保护当事人合法权益。

在刑事类案件中，要更加强化程序意识，体现公开、平等诉讼架构。刑事案件中检察院代表国家对被告人提起公诉，个人对抗强大的国家，双方力量悬殊，难以势均力敌。这就要求我们更加注意居中裁判，平等对待控辩双方，维持控辩双方力量平衡，从而有利于事实真相的查明，不枉不纵。更加突出当事人的诉讼主体地位。被告人、被害人作为刑事诉讼的当事人，法庭都应当认真听取他们的意见。要保障被告人辩护权的有效行使和实现，也要保障被害人对其合理诉求的有效表达。要坚决贯彻宽严相济刑事政策，以控制和预防犯罪为目标，在保障被告人合法权益的前提下，罚当其罪，罪刑相适应。第一，刑事审判要考虑国家利益和社会公共利益，在一般预防的前提下，适度考虑特殊预防的效果，适当选择对被告人合适的刑罚。第二，坚决贯彻刑法三大原则。刑法规定的罪刑法定、罪刑相适应、法律面前人人平等原则，无不体现着对被告人、被害人合法权益的保护，要加强刑事审判中的人权保障，就必须在审判实践中认真贯彻这一系列原则。第三，坚决贯彻刑事诉讼法的基本原则，尤其是证据裁判原则、无罪推定原则、公开审判原则等。坚持无证据则无事实；有罪则判、无罪放人。要端正刑事司法理念，避免矫枉过正。被害人问题是审判中不能回避的问题，过去的刑诉法没有把被害人列为当事人，导致在相当长一段时间内，对被害人的保护不力。新刑诉法吸取这一教训，将被害人列为当事人，这是对被害人保护的一大进步。刑事犯罪行为首先给被害人造成巨大伤害，其次才间接地侵害了社会的正常秩序，国家代表整个社会对被告人提起公诉，当然是为了恢复社会秩序，但绝不应该忽略了直接的受害人，否则，这种修正正义的实现就很值得推敲。要保护被害人权益，更加注重对被害人程序权利的保护。这些程序性权利，包括应通知被害人参与刑事诉讼的整个过程，保障其对于案件处理进程信息的知悉；参加庭审、参加辩论，听取其意见，保障对案件处理意见的参与权；告知其相关诉讼权利，保障其相关权利，包括申请抗诉权等权利的实现。保护被害人合法权益，更加注重对被害人实体权利的保护。由于犯罪的侵害，被害人往往处于凄惨的境地，生活困难，健康受损等，刑事审判说到底，首先就是要为被害人主持正义，然后才能通过这种个体正义的实现来保障集体正义的实现。为此，要加强对被害人经济权益的保护。尤其是加大刑附民调解的力度，力争为被害人争取适当的经济补偿，解决其困难境遇。要充分尊重被害人的诉讼主体地位，尊重其对于诉讼进程和实体处理结果的参与权和影响力。对于生活困难无法得到民事赔偿的刑事被害人，及时进行司法救助，帮助其解决生活困难。

（2）庭审的证据工作优化。证据事关诉讼的结果，非常重要。但在审判过程中，存在着证据复印的问题。对于当事人委托了律师的，其复印卷宗或证据材料通常不会遇到障碍。但如果当事人没有委托律师，其申请复印卷宗材料的请求通常不会被允许，因为审判人员担心他们会毁坏卷宗或证据。这种担心是可以理解的，但如果因此不允许其复印有关材料，其开庭前对有关证据就难以进行认真审核，对其充分参与案件的审理就会受到影响，即便当庭会对有关证据进行审核质证，但因受时间限制，往往很难充分发表质证意见，最终影响到案件的审理。所以，对于没有委托律师为代理人的当事人，如果其要求复印有关案件材料，从保护其合法权益的角度讲，不应简单地予以拒绝，而应采取妥善措施，比如由书记员代为复印的方式，来实现其合理要求。对法官而言只是动动脑子动动腿的问题，但对当事人的权利保护而言，却非同小可。关于依申请调查取证问题，目前我们的诉讼证据制度强调的是当事人主义原则，谁主张谁举证，举证不能就要承担不利的法律后果。简单机械地执行当事人主义是有害的，因为有的案件一方当事人确实有理但却由于举证能力所限无法举证，而法院依职权调取证据，则可实现案件的公正处理，如果对当事人请求法院调取证据的申请不理不睬，最后可能会作出不符合正义的裁判结果，社会效果很不好。所以，对当事人确实无法举到的证据，而该证据又事关案件关键事实的认定，法院应依法进行取证，以确保案件的公正审理。所有的证据都替当事人去取当然不可行，但对关键证据的调取，则要慎重对待，不可一推了之。

（3）庭审中当事人活动优化。在审判过程中，当事人发言权利的保护问题。实践中，法官为了提高庭审效率，通常会限定当事人的发言时间，一旦超时发言便会予以制止。事实上，法官这一做法不利于案件的正确处理，不利于当事人服判息诉，也有损司法的公信力。审判法官耐心听取当事人双方对案件的陈述和辩论意见，会非常有利于案件的审理，同时也可以通过双方充分发表意见，来宣泄不满情绪，发挥司法吸收社会不满的作用。所以，让当事人充分发表意见，有理讲在法庭上，是一举多得的好事情。

庭审中当事人的基本尊严和身体健康的保护问题。在一些案件的审理过程中,尤其是民事案件中的婚姻家庭纠纷和刑事案件中的受害自然人,有的当事人往往在庭上控制不住自己的情绪,痛哭流涕;被告人因为被羁押的原因,通常不会准备好手绢之类的应急物品,用手和衣袖衣角等擦拭涕泪,涕泪遍布,样子很狼狈,对于庭审的严肃性也有影响。实际上这涉及当事人尤其是被告人的价格尊严维护问题,在庭审中保持当事人应有的尊严是司法文明的体现。细节见文明,在法庭上准备一点纸巾等物品是必要的,也不是很麻烦的事情。另外,当事人在庭上有的会过于激动或激愤,心脏有问题的会危及生命,在书记员处准备一点必备的药品,可能会避免意外的出现。

在刑事案件中存在着被告人与其近亲属会见的问题。刑事案件的被告人,因为侦查、起诉机关担心妨碍侦查活动的发生,通常在案件判决前是不允许其近亲属会见被告人的,而被告人的近亲属与被告人相见的要求通常是非常迫切的,这在审判过程中经常可以感受到。照顾到被告人及其近亲属的感情需求,也是司法文明的需要和体现,阻断亲情是件很残忍的事情。所以,我们在确保安全和案件审理秘密的前提下,应被告人及其近亲属的申请,可以在合适的场所安排被告人与其近亲属短时间会见,以解其会见亲属的渴望,体现司法文明和人道主义精神。

(4)庭审旁听工作的优化。加大司法公开的力度,有序地组织和扩大公民旁听公开审理案件的具体措施,实现公民出示身份证件就可以旁听案件,并且制作《旁听意见征询表》等文书,向旁听人员征询意见建议,改进庭审工作。

3. 审判评议判决环节的控制

(1)民商事案件评议判决的一般性方法。案件评议判决环节能够产出司法产品,该工作环节直接关系到案件处理的质量,是审判工作的重中之重。在民商事案件处理中,法官应当遵循严密科学的方法处理案件,总括来说包括以下几个方面。

其一,正确运用逻辑推理和经验规则,科学地审核认定证据,对双方当事人所主张的争议较大的事实作出高度盖然性的认定。《最高人民法院关于民事诉讼证据的若干规定》（法释〔2001〕33号）第六十四条规定："审判人员应当依照法定程序，全面、客观地审核证据，依据法律的规定，遵循法官职业道德，运用逻辑推理和日常生活经验，对证据有无证明力和证明力大小独立进行判断，并公开判断的理由和结果。"这是一条指导法官认定事实的原则规定，在当事人对于事实争议很大、有些证据的内容有歧义或者双方所提供的证据存在矛盾的案件中，法官一般都需要求助于该规定。该规定中具有技术性方面的要求，就是运用逻辑推理和日常生活经验来认定案件事实，这是该规定适用方面的工作难点。虽然看似简单的几个字，但在双方当事人各执一词的复杂局面下，能够运用成功却需要法官的智慧。

其二，科学地解释当事人的法律行为，或者科学地判断证据的内容或意义，在此基础上对案件作出公平正义的事实认定。有些案件中，当事人对证据的内容或意义存在争议，如对合同条款的解释。如何判断证据的内容或意义也是个难题。对于裁判案件也有重大影响。如果法官在这方面运用方法得当，对依法公正处理案件也可以发挥作用。如对合同解释问题而言，《合同法》第一百二十五条有明确规定："当事人对合同条款的理解有争议的，应当按照合同所使用的词句、合同的有关条款、合同的目的、交易习惯以及诚实信用原则，确定该条款的真实意思。"按照该规定，在解释合同条款时，字面解释是应当首先考虑的。这与法律解释方法的要求是一样的，法律解释也是先进行文义解释，再进行体系解释、目的解释、合宪解释等论理解释。在解释合同条款的含义时，在一般情况下应先进行字面解释，只有当字面解释结果与基本法律价值发生冲突时，才使用目的、经济、社会、价值衡量等其他方法加以解释。必须强调的是，随意脱离合同条款的本意进行解释，很可能会违背当事人在订立合同时双方的真实意思表示，而且动摇了合同制度的基础。

其三，在审判中发现法律规定存在漏洞时，应当科学地运用裁判规则弥补法律漏洞。法律漏洞是指法律对应规定的事项，或者由于立法者的疏忽，或者由于情况发生变化，而没有规定。在这种情况下，法官当然找不到可供适用的法律规定，但他不能拒绝裁判。因此，办案法官需要对法律漏洞进行补充。漏洞补充属于广义的法律解释的一种，需要科学的方法指导。一般来说，漏洞补充的方法有类推适用、目的性扩张、目的性限缩、创造性补充等方法。立法再完善，也有其考虑不到的地方。审判实践的丰富与复杂远远超出我们的想象，审判实践在很大程度上推动立法进步和法学发展。在有些案件中，法律只有原则性规定、缺乏具体规定，或者具体规定中有不确定概念，《民法通则》第一章"基本原则"、《合同法》第一章"一般规定"中都有很多原则性规定，如《合同法》第六条规定："当事人行使权利、履行义务应当遵循诚实信用原则。"不确定概念，在民事法律中，如重大事由、显失公平、社会公共利益等，在刑事法律中，如其他危险方法、重大损失、严重后果等。由于立法时不可能预见到社会生活的方方面面从而作出详尽无遗的规定，再加上我国立法粗放简约的特点，在审判实践中，有许多案件都没有明确具体的法律依据。立法者为保证法律能够适应社会的发展，能够与时俱进，也会在法律条文中特意起草一些原则性规定或者包容性比较强的不确定概念。法官在处理一些案件时，会发现案件需要适用原则性规定，或者有具体规定，但该规定中又有不确定性概念，这时，就需要判断具体案件的情形是否符合原则性规定或不确定概念，就需要将原则性规定或不确定概念，根据法律的精神、立法目的，针对社会的情形和需要予以具体化，并适用到具体案件的裁决中，从而保证案件的裁判达到实质的公平与妥当。

其四，当出现法律有具体规定，但不够明确，或者本身具有多种解释的时候，需要法官科学地运用法学方法探求立法的真意，使法律的含义明确化，使案件的裁决符合公平正义。在许多案件的裁判中，对于适用哪条法律规定不存在争议，但对于所适用的法律规定本身存在不同的理解，根据不同的理解将会带来不同的裁决结果。这是由于法律规定本身的不严谨、不周延造成的。我们在适用上述法律规定时，需要进行科学解释，从文义、体系、法意、比较、目的等法律解释方法，探究法律的规范意义和目的，使法律的含义明确化、正确化。

其五，有的案件在审判中遭遇到定性或定罪方面的争议，或者说有两个以上的相关法律规定可供选择，难以确定所适用的依据时，需要法官运用方法，形成科学的认定，以及作出科学的有说服力的选择。此类案例与前类不同，前类案例对所适用的法律规定没有争议，但对于法律规定本身的理解有争议；此类案例是对应该适用哪条法律规定有争议。对于民商事案件来说，很可能就是如何认定法律关系性质的问题；而对于刑事案件来说，很可能就是如何定罪的问题。定性或定罪有争议的案件一般都是新出现的社会现象或社会关系而引发的纠纷，因为以前没有处理过或者短时间内无法作出合法正当的判断而在定性或定罪上产生争议。法官需要科学地运用法学方法，创造性地处理疑难案件，使案件的裁决达到良好的社会效果，实现法律对社会的治理功能。

（2）刑事案件评议判决的一般性方法。

1）在刑事审判中正确把握宽严相济的刑事政策。宽严相济是现阶段我国的基本刑事政策。这是对我国基本刑事政策包括惩办与宽大相结合政策、严打政策、罪责刑相适应等原则的丰富和发展，是和谐社会建设的必然要求。基本刑事政策适用于各个部门、各个环节，构成部门刑事政策和具体刑事政策，形成完整的政策体系，如刑事立法政策、刑事执法政策、刑事行刑政策、刑事社会政策、刑事司法政策等。刑事审判的根本依据是我国的刑法、刑事诉讼法律法规，但刑事政策也发挥着重要的作用。我们认为，在刑事审判中，我们要把握好宽严两种尺寸，正确地处理案件。首先是在犯罪行为侵犯公私利益，具有社会危害性方面的认定上要从严。政策，实际上是一种价值选择。宽严相济，不是平分秋色，是以宽为主还是以严为主，应当根据形势作出选择，否则就没有实际意义。当前和今后相当长一个时期，以下几个方面的实际情况不会有大的改变：第一，我国仍处于社会转型时期，市场经济迅速发展但运行体制机制尚不完善，社会治理相对滞后，给各种犯罪留下了较大的机会和空间。第二，我国的生产力发展水平，人均 GDP 不足 3000 美元。国际公认人均 GDP 1000 美元到 3000

美元是各种社会矛盾的凸显期和犯罪高发期，而我国近年来刑事犯罪案件一直处于高发态势，逐年上升的势头至今没有明显衰减。第三，我国虽然有了很大发展，但仍然是发展中国家，发展仍是第一要务，犯罪的危害性相对较大，严惩犯罪的要求比较强烈。这些特点说明，在当前和今后一个时期，我们国家的刑事犯罪问题仍会比较突出，维护社会稳定、保障经济发展，仍然是第一位的任务。所以，实行宽严相济的刑事政策，是对"严打"政策的调整，但不是轻刑化，全面轻刑化不符合当前国情。从总体上仍然应当实行"宽严相济、以严为主"的刑事政策。当前，在刑罚总体执行我们的要求是以严为主，严格执行法定刑罚，以体现刑罚的惩罚性，同时要实行教育改造感化挽救的方针。但这不能简单化、绝对化，应在刑事审判工作结合不同情况具体执行。当前的刑事司法政策，主要是在以下三个问题上确定价值取向：一是在刑事诉讼政策方面。惩罚犯罪和保障人权，是现代刑事诉讼不可分割的两个方面，但在两个目的发生冲突难以协调时，我们应当在坚持惩罚犯罪与保障人权并重的基础上，采取社会保护优先（惩罚犯罪）、兼顾人权保障的指导方针。在具体案件的处理上，要权衡利弊，实事求是地作出选择。二是在刑罚政策方面。从有利于国家的长治久安和巩固党的长期执政地位的要求出发，我们在适用刑罚上应当采取宽严相济、以宽为主、以严为辅的政策。基本内容是：区别对待，宽严相济，严厉打击少数，教育、改造、感化、挽救大多数。应当指出，在司法工作中实行以宽为主宽严相济的政策，一律从宽。对严重危害国家安全和公共安全的犯罪，有组织的犯罪特别是集团犯罪、黑社会性质的犯罪，有计划有预谋进行的严重犯罪，以及惯犯、累犯等，要继续坚持严打，依法从重从快严厉打击。对大多数一般的犯罪，应当以宽为主，在法定量刑幅度内从宽处理，但这也不是轻刑化。因为重刑化还是轻刑化，主要取决于刑事立法中的刑罚配置，刑事司法只是在法律规定的量刑幅度内从严还是从宽掌握的问题。例如贪污受贿十万元，最轻判十年徒刑，仍然是比较重的。立法上从严，保持法律的威慑力；司法上适度从宽，体现党和国家对犯罪人的人文关怀和宽容，以利减少积怨，教育挽救失足者，这正是我们应当采取的策略。三是在死刑政策方面。严格控制死刑、慎重适用死刑，简单地说，就是少杀慎杀，这就是我们党和国家的一贯政策。其基本内容包括三个方面：第一是保留死刑，该杀的还要杀；第二是严格限制死刑的适用，尽量少用死刑，可杀可不杀的坚决不杀；第三是务必搞准，绝对不能杀错。实行少杀慎杀政策有利于国家的长治久安。

在刑事案件审判过程中贯彻宽严相济的刑事政策，正确地适用非刑罚处罚是一个重要的方面，非刑罚处罚是指虽然《刑法》规定为犯罪，但由于具体案件的犯罪情节轻微、危害不大，在司法实践中对这种行为不作为犯罪处理或者不予追究刑事责任的做法。在审判阶段，根据犯罪情节和被告人的悔罪表现，依法判处管制、罚金、剥夺政治权利等刑罚，或者依法适用缓刑、假释等刑事处理措施，以及探索适用社区矫正等行刑方式。对于人民法院适用非刑罚处罚还存在着一些困难和障碍。一是社会上流行的一些观念普遍不赞成法院对犯罪嫌疑人、被告人适用非刑罚处罚和非监禁刑。法院对轻微犯罪适用非刑罚处罚，特别是对多发性的轻微犯罪较多地适用非刑罚处置措施，通常会被认为是对公安、检察机关工作成绩的否定，法院会面临"公安、检察机关抓人捕人，法院放人"的舆论压力。二是管制、缓刑、罚金的配套措施和制度还不健全。管制、缓刑、罚金作为我国刑法规定的非监禁刑，由于适用的配套措施不完善，实践中很难发挥作用。主要是监管机构和监管措施难以落实，导致缓刑、管制适用困难。此外，罚金数额的认定，不仅取决于犯罪行为，而且还要考虑被告人的经济能力和财产状况。但实践中，公安、检察机关一般都没有将被告人的经济能力、财产状况列为侦查、起诉的内容，刑事案件卷宗中不反映被告人的经济能力和财产状况，法院判处罚金时缺乏相应的裁判依据。而且在刑事诉讼中公安、检察机关没有对被告人的合法财产采取保全措施，判决之后也难以执行。三是在有被害人的刑事公诉案件中，由于现行诉讼程序对被害人的诉讼主体地位强调不够，刑事和附带民事诉讼参与程度比较低。一旦法院判处被告人管制、罚金，或者适用缓刑时，被害人涉诉信访、缠访、闹访的情况会很严重。因此，为了平衡被害人心理和情绪，法院就不敢多适用非监禁刑和非刑罚处罚。我们认为，人民法院应该积极响应和实践宽严相济的刑事政策，对于非刑罚处罚措施的适用既要慎重，又要坚决。要探索出非刑罚处罚措施的适用原则、适用程序和具体的适用范围，增强指导性和可操作性。一是各级法院可以针对本辖区的轻微犯罪，偶犯，初犯，过失犯，中止犯，从犯，胁从犯，防卫过当，避险过当，未成年人犯罪，聋哑人或者盲人犯罪，孕妇或哺乳期的妇女犯罪，严重疾病患者犯罪案件制定细则，统一司法标准，通过列举式与概括式相结合的方式明确适用范围，保持明确性和一定的伸缩性，并针对新情况、新情形留有余地。二是对于主观恶性小，犯罪嫌疑人有明显悔罪表现且犯罪具有偶然性及犯罪情节轻微，没有造成恶劣社会影响的案件，依法适用轻缓刑事政策，根据具体情节，分别作出无罪、不予追究刑事责任，依法判处管制、罚金或者适用缓刑等非刑事化、非监禁化处理。对过失犯罪，如果犯罪嫌疑人有明显悔罪表现，并已征得被害人谅解，且已赔偿和弥补被害人损失的，可以根据实际情况作出准予撤诉、不追究刑事责任等非刑事化处理。

2）在刑事审判中坚持无罪推定、疑罪从无原则，严防冤假错案发生。疑案是世界各国刑事司法实践中普遍存在的一种客观现象，我国也不例外。在如何处理疑案的问题上，我国历史上曾经存在过"疑罪从有""疑罪从轻""疑罪从赎"等做法。值得注意的是，由于疑案的另一特点是被告人也没有足够的证据洗清自己的犯罪嫌疑，且被害人包括案发地的群众以及侦查机关、公诉机关往往对被告人系犯罪人有很强的信念（不可否认的是，在有些情形下审判人员凭经验也认为犯罪行为就是被告人所为，但是苦于证据不足才无法认定），因而审判人员在宣告"疑罪案件"的被告人无罪时会往往会存在顾虑，这也是"疑罪从有、从轻"现象目前仍在我国刑事司法实践中存在的一个重要原因。"疑罪"从有、从无之争，集中表现了刑事司法人权保障机能与保护社会机能的价值冲突。对于疑罪问题，我国《刑事诉讼法》第一百六十二条第三款明确规定"证据不足，不能认定被告人有罪的，应当做出证据不足，指控的犯罪不能成立的无罪判决"。这一规定是现代法治国家刑事诉讼中普遍确立的"无罪推定"原则的体现，对于保障被追诉人的合法权益，维护司法公正，促进我国刑事法制的进步和完善具有重要意义。人民法院审理的疑案当中，在法律上很可能并没有特别疑难之处，但需要法官有清晰的司法理念和忠诚的司法胆魄，不仅仅需要在裁判理论上站得住脚，而且也能在改变司法理念上开风气之先。

3）在刑事审判中加快推进量刑规范化建设。在刑事审判工作中，量刑是社会各界以及当事人关注的热点问题，但学者们指出，我国现有法律中存在着对量刑程序重视不够、规定不足、缺乏可操作性，目前的刑事司法活动中也不同程度地存在着重定罪轻量刑的问题，这种对量刑程序的不重视从一定程度上导致了对量刑结果或量刑公正的忽视。量刑作为一项重要的刑事司法活动，要构建科学的并符合司法实际的量刑制度，就要确保司法过程及其结果的正当性，必须用一定的程序保障各类诉讼主体的有效参与，共同致力于实现司法公正。量刑公正是人民法院在刑事审判中追求的根本目标之一，为此，最高人民法院出台了推进量刑规范化建设的意见和措施，并要求全国法院在 2014 年的刑事审判工作中全面推行量刑规范化，要从实体层面和程序层面保障量刑规范。

4）在刑事判决中大胆地启动恢复性司法活动。恢复性司法是近年来西方国家在刑事政策领域推行的一项新制度，世界上第一个恢复性司法案例发生在 1974 年的加拿大安大略省基陈纳市。当时，该市的两个年轻人实施了一系列破坏性的犯罪。在当地缓刑机关和宗教组织的共同努力下，这两名罪犯与二十二名被害人分别进行了会见，通过会见，两人从被害人的陈述中切实了解到自己的行为给被害人造成的损害和不便，并交清了全部赔偿金。这种被害人与犯罪人的和解程序被视为恢复性司法的起源。到 20 世纪 90 年代，恢复性司法已在西欧、北美等数十个国家得到不同程度的发展和应用。截止到 20 世纪 90 年代末，欧洲共出现了五百多个恢复性司法计划，北美的恢复性司法计划也达三百多个，世界范围内的恢复性司法计划则达一千多个，并得到了联合国经济及社会理事会的高度关注和大力推荐。

恢复性司法是以恢复原有社会秩序为目的，着重于对被害人、社会所受伤害的补偿以及对犯罪行为人的改造的司法理念。越来越多的理论和实践工作者认识到，传统的以国家追诉为标志的刑事司法模式和以监禁刑为中心的刑罚结构在被害人损失的弥补、犯罪的矫正以及被破坏社会关系的恢复等社会效果上渐显力不从心。而恢复性司法不像传统刑事司法那样将被害人、被害人的家属以及犯罪人的家属排斥于犯罪行为的处理程序之外，而是通过将所有当事人及相关人员全部吸纳进来的合作性程序。我国目前已经引入恢复性司法的理念，并正在探索和完善其具体运作模式。当前，刑事和解制度的推选比较顺利，它有利于提高被害人的诉讼地位，更好地维护被害人的权益；有利于全面恢复被打破的平衡，体现构建和谐社会的内在要求；有利于降低诉讼成本，提高诉讼效率；有利于纠纷解决机制方式的多元化，从而实现刑法的谦抑价值。在刑事和解的司法操作上，应将解决赔偿争议作为与定罪、量刑同等重要的诉讼目的，一方面确立被害人和社区就刑事损害赔偿问题的主体地位，调动和利用社会资源对犯罪人进行修复；通过充分肯定和调动国家和社会在犯罪处理问题上的权利和积极性，既树立了国家法律和刑罚权的威严，又保证了社会的参与；既恢复了被害人、社区因犯罪所受的物质损失，修补了被害人因犯罪而形成的心理创伤，又淡化了犯罪标签色彩，有利于犯罪人人格和社会角色的复归。最终实现形式正义与实质正义相统一，国家权力和社会权利、被害人和犯罪人利益平衡保护的双赢局面。另一方面要在社会上大力弘扬恢复性司法理念，在犯罪方和被害方之间建立一种制度性的对话关系，动员专门机关、社区、居委会、村委会等共同参与，尽力促成犯罪人悔过自新，主动承担责任，也促动被害人依情理、法理适当给予谅解和让步，避免双方冲突，从深层次化解矛盾，尽力修复受损的社会关系，促进犯罪者早日回归社会，恢复正常的社会秩序和生活秩序。

（3）评议判决中案例指导制度作用的发挥。案例指导制度和某些英美法系国家推行的判例制度有形式上的接近性，实际上这项制度中国已有相当的运行基础，中国古代的法律中就专门有《例则》，相当于案例汇编，新中国成立后，为了提高判案水平，长期以来最高人民法院通过案件批复、通知、公报等多种形式发布典型性案例，为全国各级法院同类案件裁判起到了指导作用。通过这些带有典型性的案例的介绍和分析，上级司法机关通常引申出一些法律原则和裁判规则，用来弥补立法或司法解释的空白或漏洞。下级法院则有针对性地在审判过程中加以直接或者类似性的适用。这些做法的共同之处在于将数量繁多的案例资源，通过一定的发现机制挖掘出来并加以利用，既体现了系统性，又体现出目的性。

从我国审判工作的实际情况看，案例是反映人民法院审判活动概貌的重要资料记录。通过选编的案例，反映出审判工作和社会动向的大体概貌，同时也积累了必要的有历史价值的资料。资料性是案例选的基本性质之一，对于人民法院而言，好的案例虽然在法律适用上并不非常复杂，也不一定具有指导性或学术性，但能够产生较好的社会影响，对社会进步和法治进程能够起到推动作用，或者能够反映特定时期社会矛盾、司法工作面貌，法院的工作进步。在《人民法院第二个五年改革纲要》中，最高人民法院第一次以官方文本的方式提出了"建立和完善案例指导制度"，之后出台的五年改革纲要均对案例指导工作载入其中。近年来，最高人民法院已先后多次编发多类指导性案件，供全国法院审理类似案件予以参考，这意味着在新的司法改革进程中，进一步加强和推广案例指导制度已经成为人民法院审判工作的有机组成部分。通过发布指导性案例，将法官办理案件的论证过程显现于众，展现了承办法官对特定纠纷作出具体裁断的智慧和经验，有利于维护法律适用上的统一，在司法实践中产生了一定的积极意义。

4. 其他审判辅助环节的方法论

抓好审判辅助工作，使之能够更好地服务案件审判，首先是要重视合法和效率两大因素，坚持和实践好"行为合法、效率优先"的原则。合法性是法院审判辅助工作的基本要素，而效率性则是审判辅助工作的内在性质要求。每个审判组织根据办理案件的性质，涉及诉讼当事人的多寡、案件审判过程的繁简，来建立和完善与之相适应的审判辅助工作日常运行制度。具体工作中，要注意对不合时宜的规程及时修订，以适应审判工作发展的需要。对于各种影响审判辅助效能的因素，在实际工作中要加强分析，找出解决对策，采取分工、协调等手段对一些工作任务进行整合，对影响审判效能的关键性节点实施监控。

（1）审判者与当事人的交流环节。案件判决是人民法院的专门职权，但案件审判所涉及的诉讼当事人众多，客观上需要有交流沟通的渠道，判前评断和判后答疑工作担当着这一重任，这项工作如果不到位，可能会导致当事人对判决不理解、不明白，也不接受，进而影响司法的公信力。在法院工作中，裁判文书送达问题有时会造成被告亲属的不满。以刑事案件的送达为例，因为《刑事诉讼法》没有规定必须给被告人的近亲属送达法律文书问题，因而法院一般也不会给其送达，这就造成前述情况，监管机构将罪犯入监情况告知其亲属，其亲属才知道刑事被告人已经被判刑入狱，家属会感到非常突然，由于家属感到许多应该做的事情没有做，从而心生遗憾和冤屈，进而对司法部门的工作心存不满，这不利于罪犯的改造和其近亲属的配合工作。因此，虽然法律没有明确规定必须在判决后给被告人的近亲属送达裁判文书，但从程序正义和人权保护的角度考虑，做好送达工作也是必要的，以体现司法文明的进步。其他问题包括判决后续工作的处理问题。有的案件办结后，当事人需要解决的问题还有不少，而其自身又能力有限，根本做不到。而法院的地位优势则可以就有关问题进行协调，能够帮助当事人解决后续工作上的困难。比如国家赔偿案件，法院只能对是否应给予赔偿作出裁判或决定，而对当事人的公职恢复、待遇恢复等问题则不能进行裁判或决定，法院牵头协调处理，问题就相对容易一些，避免当事人为相关问题继续上访或缠诉，以维护当事人的利益和社会稳定大局。

同时要做好说理和判后答疑工作。对于刑事诉讼的被告人，其在看守所关押期间，同监室的被告人可能已经给他一个量刑方面的心理预期，一旦法院的宣告刑与其心理的量刑预期不一致，他就会上诉。当然，并不是说上诉不好，可一旦上诉就会增加诉讼成本。事实上，只要在判决后我们及时向刑事被告人做好释疑工作，讲清法院量刑时依据，有许多被告人可能会放弃上诉的请求。当然，说服解释工作也非常关键，比如在一些刑事附带民事案件中，经过法院的耐心说服，即使被告人的赔偿不能弥补受害人的物质损失，只要法院做好了说服工作，被害人一般也不会来申诉上访。

同样，在审前审后，认真做好群众来信来访和申诉接访工作，有利于做好当事人的服判息诉工作。在这项工作中要坚持好"有理推定"的思维，一般是能够做好息访工作的。具体工作中，要先假设来访的人有理，摆正一个态度，倾听他们的理由，再根据其理由进行判断，依法给他们一个答复。同时我们要坚持限时回复人民群众申诉来信来访，做到来访有人接洽、来信有回音、申诉有结果，依法保护当事人的各项诉讼权利。对于符合立案条件的，予以立案审查，并告知来信、来访人等待处理结果；虽然符合立案条件，但缺少申诉材料或法律文书的，一次性应告知来信、来访人需要补齐的材料；不符合立案条件的，充分说明理由，妥善做好当事人息诉工作。在审判硬件方面：通过使用安检、防爆、监控等设备，保障当事人的人身安全；加强诉讼服务中心建设，在立案大厅和信访接待室备有相应文具、桌椅、饮水机、老花镜、药箱等供当事人使用，为当事人提供诉讼服务，以体现司法活动的人文关怀。

（2）诉讼保全环节。人民法院要克服畏难情绪，重视诉讼保全工作，强化保全措施，切实维护当事人合法权益，保障审执工作顺利开展。一要强化责任意识。办案法官应该树立司法效率意识，全过程、全方位地审视诉讼保全的价值功能，自觉认识到诉讼保全对调解工作、审执工作的保障功能，切实提高对诉讼保全质量和效率的认识。二是要提升保全技能。在对法官进行培训时，要把诉讼保全列入培训内容，法官除了应熟练掌握勘验现场、加贴封条、填写笔录、列明清单等传统技能外，还应该准确运用摄影、录像等现代化手段，全面真实地固定下被保全标的物的实情，排除当事人在审判和执行中提出的异议。三是规范保全行为。制定关于诉讼保全的质量标准,包括保全担保、财产清单、保全裁定、保全登记与解除等内容,使诉讼保全有章可循,及时纠正保全工作中存在的问题。四是强化保全管理。将保全标的物的规格、数量、价格及保管人等基础信息统一登记,纳入审判流程管理,并随案卷的移交、终结、撤销等逐一附载登记。五是扩宽保全范围,办案法官要积极学习补充新知识,对现代社会经济中出现的新型财产及权益等现象,如知识产权、证券期权、指数合约、应收货款等类型,研讨适宜的保全措施,提高诉讼保全的准确率。六是提高保全监管质量。负责财产保全的业务庭要经常性地开展自查,由审管办进行抽查,促进财产保全案件质量的提升,及时将涉及诉讼保全的信访材料移送到相关部门进行处理,防止了违法保全、重复查封、超标查封等问题的出现。

(3)审判理论研究环节。审判活动是一项古老的活动,而且是一项和社会发展、科学技术进步、人文精神昌盛有着紧密联系的制度,历史上审判制度的每一个完善,审判技术的每一个进步,都离不开人类文明所创造的智力财富的支撑,尤其是那些专门针对审判活动的知识总结和制度建构的理论体系,与审判活动密不可分,是审判工作必不可少的构成元素。我国现行的司法体系面临着社会发展和观念转换等多重挑战,对审判理论有着较高的依赖性,而当前在司法队伍中能够深刻洞悉审判原理、熟练运用审判理论的专家学者型法官的数量只占少数,因而,人民法院要抓紧抓好审判理论的研究,使之更好地服务于审判工作。

首先,要解决好认识问题,使审判理论的研究做到有的放矢。从一定程度上说,提高司法公信力的突破口在于法官群体的理论素养和职业操守。法官群体的优劣决定着法院公信度的高低,法官群体要实现真正的职业化,首先要达到审判理论水平的坚实化,把审判理论水平列入法官的整体职业素质当中,并且要占据相当大的比重。当前,法官队伍急需的现代司法理念的树立、职业能力的提高和职业道德的培育工作等方面,都需要加强审判理论的教育、培训、引导的力度,利用全面、鲜活的审判理论来帮助造就具有先进的理念、渊博的知识、娴熟的技能、优秀的品格的时代法官。在法官的职业准入、法官遴选、职业化管理、职业保障和晋升等环节当中，也需要加大加重审判理论掌握水平的权重，用审判理论来联结和催化一个法官职业共同体。人民法院加强理论研究的目的是更好地造就优质司法队伍，更好地服务日益专业化、疑难化的审判活动，更有力地实现公正与效率的主题，在依法治国、建设社会主义法治国家的进程中更好地发挥职能作用。重视审判理论工作研究应当先从人民法院的领导层做起，具体地说，法院领导层要坚持"重要案件不做理论分析不能决策定案"的制度。当前我国经济社会都处于比较剧烈的转型过程中，各种新矛盾、新问题不断出现，国家的司法体系承载着很大的民众期望，同时也承受着很大的压力。法院的工作任务繁重而艰巨，审判工作不再是简单地重复法律条文和诉讼制度，而是对社会纠纷的一种合乎理论和法律规定的应对。在这种新的形势下，法院领导要做到政治、理论、业务水平和能力兼备，不重视理论研究的法院领导不是明智的领导，不善于理论研究的领导不是称职的领导，不懂得运用理论研究成果指导工作的领导不是合格的领导，要将审判理论作为化解审判疑难，思考司法工作局面，营建司法能力和司法环境的必备武器，用理论研究的成果来打开工作的局面，提升工作的层次。而作为在审判一线工作的法官队伍，更应该视审判理论研究工作为第二工作战场，努力将自身造就和培养为专业化、理论型法官，一方面培养娴熟的办案技能和经验积累；另一方面储备深厚的理论根基和研究能力，自觉主动地把审判理论研究当作审判工作的延续，从而克服那种单纯将理论研究视为一种任务的观点。

其次，要规划好审判理论研究的定位问题。法院的审判理论研究不是单纯的学术流派构建和观点争鸣，不是形而上的纯粹思维活动，而是必须扎根于实践的实证性活动，作为人民法院，处在审判实践的最前沿，这是一些专业理论研究者不可取代的优势。相对应的，人民法院从事的审判理论研究，要以实用理论研究为重点，把大量的感性认识提升为理性认识，提高工作的预见性。当前，人民法院的理论研究工作主要集中在四个方面：一是围绕着依法治国的基本方略，研究如何全面、充分、有效地发挥审判职能作用。二是围绕司法为民、公正司法工作主线，研究如何加强审判管理，坚持制度创新，提高司法的公信力。三是研究如何实现法官职业化、法院行政人员专业化建设的途径。四是研究解决审判工作中遇到的难点问题，提高法官的适用法律、驾驭庭审、制作裁判文书的能力。

再次，要解决好审判理论研究中带有共性的疑难问题。综观当前人民法院审判工作遇到的比较棘手和突出的问题，无一不影响到司法审判活动的公信力。我们都知道，提高人民法院的公信力，是审判实践的现实需要，更是法院建设的不可动摇的方向。毋庸置疑，在纷繁复杂的社会利益面前，司法的公信力受到各种因素的挑战，审视当前工作，我们与司法权威的要求还有一定的差距，而且由于一些法院和法官的不适当司法举动，对司法公信力造成了一定负面影响，大力提高司法公信力，重塑司法权威是人民法院和每一名法官面临的共同课题。在审判理论当中，我们需要加强对审判信用度问题的专门研究，了解哪些因素有助于确立司法威信，提高审判公信力，哪些因素会干扰审判权威和公信力的树立，并且检视我们在审判工作中有哪些行为或者倾向是我们尚未意识到的抵消审判公信力的。我们要研究法官队伍需要具备怎样的基础素质，才能保障在审判公信力的确立过程中不出差错，不走弯路。用审判理论来帮助指明职业纪律，强化监督制约，增强法官的责任感、荣誉感，使法官群体真正能够受到尊重、赢得公信，坚定不移地遏制与法官职业不相称的各种行为。

最后，人民法院要因地制宜，摸索和改进审判理论研究的方法。一是落实责任制。加强审判理论研究，根据需要开展审判理论方面的重大课题研究，对重点课题实行招标制，或者由院长、副院长领衔完成，对一般课题下放到庭室，做好审判人员的课题申报和规划协调工作。二是借用外脑，加强与高等院校、知名专家的协作，对理论研究课题联合攻关，提高审判理论研究的层次，催生一批高水平的审判理论研究成果。三是改进调研和思维方法，充分运用社会科学和自然科学的新兴发展成果，充分发挥科技手段的作用，坚持传统的调研工作优势，运用理论与实证相结合，传统与现代相结合，学术与实务相结合的手段，重视调查工作，也注重案头研究，并且注重交流探讨，提高审判理论研究工作的质量，不搞低水平重复，不搞不切实际、好大喜功之事。四是建立调研评价考核系统，对潜心钻研，注重实践，并富有成果的审判法官和其他人员，要给予物质鼓励和精神褒奖，使优秀人才脱颖而出，使审判理论研究在法院内部蔚然成风。五是加快审判理论研究成果的转化，不仅要重视、推广已取得理论研究的成果，而且要善于学习、借鉴他人的理论成果，更为重要的是将它们大胆、精准地运用到具体的审判活动当中去，让审判理论研究者尝到甜头，充满劲头，从而使人民法院的审判理论研究群体增加信心，树立决心，珍视机遇，乘势而上，为指导和推动现代化法院的审判工作贡献出更大的力量。

三、法院审判程序选择的方法论

人类社会的司法经历了长时间的发展，产生了不同的审判模式以及与之相适应的审判程序。综观世界各国的司法制度，在审判程序方面既有差异，也有共性，如在一般性或者普通型的审判程序外，无一例外地建立和发展了相应的简易程序，特别是在民商事审判中简易程序适用的比例和效果都是令人称道的。前面谈到的审判环节的方法论主要是针对一般程序的，在此，我们就简易程序中应当注意的一些问题加以探讨。

简易程序的设立在世界各国非常普遍，而且发展出不同的模式，不同的法系、不同的国家，简易程序的制度设计是不同的，可以简单地分为两大类：第一大类是带有强制性的简易化。立法者基于对司法资源配置的综合考虑，在立法时就充分估计到案件繁简分流的必要性，在制度设计中就将案件区分为大案、小案，并相应地设置普通程序和简易程序。大陆法系国家一般是这样做的，其在理论上是出于保证公民诉权，不限制公民的诉权，但是它在制度设定的开始就严格规定了最低的诉讼额度，小额的只能走简易程序，只有诉额达到一定程度才采用普通程序，所以说，规定是比较严谨的。其法理依据是，国家既然把诉讼作为一种公共资源提供给民众，事先就要有合理的资源分配，使不同的诉讼能够费用相当，使用合理的审判资源去审理、处理相应的纠纷。大陆法系中这种强制的简易程序不是由当事人来选择使用的，而是根据案件的类型、标的额事先划分好的。第二大类是不作法律上的严格区分，通过当事人行使选择权来完成诉讼案件的繁简分流，可以说是选择性的简易化。这在后期大陆法系中的小额诉讼和英美法系的一些基本的诉讼模式中都可以反映出来。换句话说，国家不硬性规定某些案件必须采用简易程序或小额程序，当事人完全可以随意地选择采用普通程序，但普通程序要严格按照普通程序的要求，比如说必须有律师代理、关键性证据的鉴定、证人出庭等都不能减少。由于诉讼费，特别是律师费的高昂，这本身就具有一定的调节作用，所以大部分当事人考虑到自己的诉求比较小，不值得花这么高的成本，一般转而采用其他的方式解决，或者选择小额诉讼程序。如美国，各州的情况不一样，有些州是有最低数额的限制，还有一些州完全不受任何限制，当事人可以任意选择普通程序或者小额程序，但普通程序的诉讼成本非常高昂，漫长的诉讼周期，使很多当事人知难而退，许多当事人进而主动选择小额程序。所以说，并没有哪个国家主张无条件地打开法院的大门，用非常低廉的成本欢迎大家在任何情况下启动诉讼程序。各个国家都有不同的调节机制，无论是通过立法的限制，还是通过诉讼费的自然调节，最终大家都是希望有一个合理的纠纷解决的多元化途径。在选择性的简易化模式中，还有几种附带性的模式。一种就是在有些国家法院的职权比较强，法官完全可以出于一种职权管理建议或者要求当事人选择一些其他程序。在美国，这种情况是比较多的，法官认为当事人的诉讼并不适合采用普通程序，建议当事人采用包括小额程序等在内的其他程序，有的时候还会通过对律师的引导，鼓励当事人去采用这些程序。还有一种是合意选择，法律没有规定当事人必须采用某种程序，但如果双方当事人达成合意选择某种程序，也是可以的。

　　在我国民事诉讼活动当中，不少人认为简易程序应该是一个例外，普通程序才是常规，在立法设计上也偏向这种看法，立法者最初的设计是希望普通程序是占民事诉讼中绝大多数案件审理的基本方式，而简易程序是作为一些非常例外的琐碎案子的审理方式。但是从基层的司法实践中可以看到，基层法院适用简易程序处理案件却非常普遍，很多基层法院适用简易程序审理的案件占到了民商事案件的80%以上，有的基层法院甚至已经到了100%使用简易程序的程度。这已经远远突破立法者最初的预期，但我们对简易程序的认识仍然不够深入，看法不够统一。在诉讼案件不断增加、法院办案压力越来越大的情况下，需要针对不同的案件进行繁简分流。为此，最高法院先后出台《简易程序审理民事案件的若干规定》等一系列文件和措施，推动适用简易程序。从简易程序适用的实践情况看，部分办案人员对简易程序基本的理念、价值和制度设计、简易程序的设立和司法模式的看法还不统一，我们仍需要研究一些思路和方法来解决简易程序中存在的问题，从正反两个方面来确保其正确发展。具体而言有以下几点。

其一，克服简易程序所带来的轻率诉讼、随意诉讼的现象。简易程序在提供诉讼便利的同时，必然导致一些轻率诉讼或者说对诉讼的随意性，这种诉讼并不能实现权利的扩大和公平正义的扩大，有的时候反而扩大了诉讼固有的局限性，导致两败俱伤，而且不会给社会带来更多的积极收益。在德国，民事诉讼法每次修改都在简化程序，60%以上的民事案件用简易的督促程序就完成了，但德国不存在诉讼爆炸、无限制延期、成本过高等问题，这一经验做法值得我们学习。当然，减少诉讼当然不是禁止大家诉讼，也不是给诉讼提高门槛，让大家不去诉讼。仍然还是简化程序，但是更多的是开辟了多元化纠纷的解决途径，而且用大量的方式鼓励、建议、引导大家采用非诉讼的方式，开拓多元化纠纷解决途径，使群众不因诉讼的便利而随意起动诉讼程序。

其二，克服简易程序可能带来的过分追求效率而影响诉讼公正的问题。程序公正是实体公正的重要保障，案件中事实和法律都是通过证据和辩论这样一个程序展现出来的，如果减少了程序要素就意味着相应地减少了程序公正的保障。在适用简易程序的情况下，这些程序有时是不完整和不充分的，如果把一些关键性的程序简化掉了，案件事实可能很难查清，从而难以保障案件的审判质效。因此，在适用简易程序的情况下，普通程序中的必经程序、细节、环节都不能少，因为这些程序环节每一个的设计都是独具匠心的。该问的每一句话都不能少，少问一句话就可能导致一个特别大的问题搞不清楚。程序的过分省略，可能会导致丢失我们希望得到的东西。比如说如果把裁判文书简略掉了，或者把其中说理的部分省略掉了，就很难说服当事人，甚至有可能导致当事人由此对裁判的公正性产生怀疑。再比如说期间的减少，很多环节的减少，存在着导致当事人权利受损害的可能。程序弱化就会削弱程序公正的价值。

其三，克服简易程序运行中认为调解拖后腿的问题。审理简易程序案件贵在快捷、简明，和普通程序案件中调解发挥的作用与诉讼关联度高的特点相比，简易程序与调解的关联度较低，从某种意义上说，简易程序所追求的高效率与调解所追求的结果圆满难以同时兼顾。不少的调解案件，需要慢工出细活，很难做到快；简易程序为了追求快，往往很难完全兼顾纠纷解决的质量和效果。当然也有一些经过简易程序审理的案件，如案情简单，双方当事人争议不大或者逞一时意气而起诉的案件，调解能完全与简易程序的审理相兼容。在美国，许多州在小额程序的改进和发展方面的立法是非常先进的，他们在便于诉讼、简化诉讼的同时特别重视调解的发展，但调解通常是与小额诉讼分立的，很多调解是完全不收费的，这样用一种新的方式给当事人提供选择和便利。我国的简易案件审判，在简易程序中，可以在开庭前的时间组织调解，也可以在开庭时由法官直接提出一个简单的调解思路和方案，问双方当事人是否同意，如果双方当事人同意，法官提供的这个方案既可以作为调解，也可以作为判决；如果当事人不同意，法官就不再进行调解，而是直接判决。这些做法可以缩短调解的进程。在简易程序操作过程中，针对不同的案情，法官也可以有意识地缓和法庭的气氛，不过分突出审判程序的公开化、正规化、对抗化，提高法官对简易程序的操控能力。

四、法院审案方式选择的方法论

从法理上讲，法院是生产司法产品的场所，要对各种性质的纠纷加以了断，法院所形成的司法结论既可以是诉讼法所规定的判决、裁定诸形式，也可以在充分尊重法律、当事人意志，发挥人民法官智慧的基础上形成的调解。所谓调解，是指经过第三者的排解疏导、说服教育，促使发生纠纷的双方当事人依法自愿达成协议，解决纠纷的一种活动。而法院调解或诉讼调解，是指人民法院对所受理的民事案件、刑事自诉案件、行政赔偿诉讼案件进行调解，双方当事人在法院指导下就民事权益争议自愿、平等地进行协商，以达成协议，解决纠纷的活动。

调解制度作为具有我国特色的诉讼制度，相比其他的外来诉讼制度，调解更符合我国民众中存在的抵触法律而敬畏伦理的传统，不但符合我国现阶段的社会经济状况，也符合我国的民族传统和民族性格。在现阶段，一部分公民的法律意识还很淡薄，对诉讼存有一定的排斥或不合作心态，因此，调解制度将在相当大的范围内有着存在的必要性和合理性，在现在的社会生活中所发挥的作用丝毫没有减弱。

调解制度是社会主义司法的重要组成部分，具有价值和程序上的独立性和低成本性，具有平等协商、互谅互让、不伤感情、成本低、效率高等特点，易为人民群众所接受，在化解各类矛盾纠纷中具有独特的优势。当前，我国正处于社会转型期，大量民商事纠纷以诉讼的形式进入审判领域，增加了法院工作负荷。实践证明，在缺少法治传统的我国，单纯通过法院判决的强制性来解决争议往往无法起到定分止争的作用，反而有可能刺激当事人的对立情绪从而激化矛盾，甚至会使简单民间纠纷转化为刑事案件或引发涉诉上访。在审判组织主持下，当事人在互相协商、相互谅解的基础上自愿达成协议，解决纠纷，这样一来，能够有效避免当事人在穷尽法律途径之后继续越级上访、无理缠诉。因此，从这个意义上讲，说"调解是最好的审判"一点都不为过。近年来，我们的人民法院摸索出了"调判结合，案结事了"的审判指导原则，为人民法院审判工作增加了新的内容，对人民法院的调解工作能力提出了新的更高的要求。

1. 拓宽司法调解适用范围

把调解作为民商事案件处理的一种优先选择；民商事案件是当事人之

间就平等自愿性的法律关系所发生的争议，从其产生原因、对抗程度、损害法益、弥补可能性方面看都是调解可以解决的。因此，对于传统的合同、侵权类民商事案件应该优先考虑调解，首要考虑调解，除依法不能调解的以外，凡是有可能通过调解方式结案的，都要纳入调解程序；对于劳动争议纠纷，环境损害赔偿纠纷等较新类型的案件，尽管我们调解的经验和手法尚不丰富，也应当尽量适用调解。对以刑事案件中有附带民事赔偿部分的，可以进一步将其纳入调解的范围，寻找一种轻微刑事案件特别是刑事自诉案件调解的新模式；行政案件要积极探索行政和解制度，在不违反法律、国家利益、社会公共利益、他人合法权益和充分自愿的条件下，通过协调化解行政争议，促进行政关系和谐；执行案件要加大和解力度，促使当事人自动履行生效法律文书。

2. 积极探索调解工作新机制

（1）在诉讼流程方面要解决好诉调对接制度，做到对接科学化、规范化、经常化、制度化，形成整体合力，力求取得最佳效果。具体包括：实施诉前引导分流制度。立案时，对案情简单、争议不大的纠纷，向当事人释明人民调解的特点和优势，告知诉讼成本和风险，当事人同意调解的，及时交付人民调解组织调解。建立参与诉讼调解制度。立案后，经当事人同意，对事实清楚但矛盾激烈的民事案件，安排人民陪审员主持庭前调解，对专业性较强的案件，委托相关职能部门或行业协会进行调解，要把调解贯穿于一审、二审、再审的各个阶段，把诉讼调解和判前评断、判后答疑相结合，加大调解力度，讲究调解艺术，提高调解的成功率，以最简单、经济、快捷的方式保障当事人的合法权益，最大限度地化解矛盾纠纷。

（2）不断改进调解工作方法。要深入调查研究新时期社会矛盾纠纷的特点和规律，根据不同类型矛盾的表现形式、发生原因、发展趋势和个案的具体特点，以及当事人的文化程度、职业特点、诉讼请求等，因地因时因案因人而宜地采取灵活多样的调解方式。

一是在审判工作中因案而异、因人而异，对不同的案件、不同的当事人分别采取不同的调解方法。

二是对在认定事实上存在较大争议的，要注重通过答辩、举证和质证方式，查清案件事实，为调解奠定基础。

三是对在适用法律、理解法律上分歧较大的，注重释法析理、宣传疏导，让当事人明白各自是非和应承担的责任，促成当事人在各自承担的责任范围内互谅互让达成调解协议。

四是注重抓争议焦点，寻找调解的切入点和突破口，尽快调解结案，消除当事人之间的对立情绪，有利于纠纷双方达成妥协，也有利于当事人日后的相处。

五是注重转变工作作风，深入到实地现场、田边地头、村组家庭、工厂企业，采用适应基层特点的、群众喜闻乐见的方式，以心暖人，以情动人，综合运用教育、协商、疏导等方式，努力做好当事人的思想教育和法律宣传疏导工作。

六是注重对影响社会和谐稳定、影响工作大局、涉及众多当事人、可能引起矛盾激化等类型民事案件的调解。要将"司法为民、公正司法"贯彻到调解工作中，在依法调解的同时，体现人性关怀，营造融洽氛围，综合运用法律、政策、公序良俗等多种手段，明之以法，晓之以理，动之以情，促使当事人达成调解协议。

七是用准调解语言。语言是表达感情、沟通思想的工具。调解中的语言运用的方法和分寸非常重要，既要符合法律，又要有很强的亲和力、感染力，这样会增强调解的说服力。

八是减少调后反悔的情况。首先是即调即签，当场制作调解协议，由当事人面对面签收。其次是提高调解协议的签收落实率，在双方当事人不能同时签收的情况下，应加快送达签收调解书的速度。最后是可以在征得双方当事人同意的前提下，在调解协议中注明"调解协议自双方当事人签名（捺印）或者盖章后即具有法律效力"，简化送达手续。

3. 完善调解保障措施

要教育广大法官增强对调解工作重要性的认识，纠正单纯业务观点，提高调解能力。要完善案件质量效率综合评估体系，将案件调解撤诉率作为衡量办案质量的重要指标，合理设置其他相关指标，完善司法评价机制，解决好法官愿调、能调的问题。要加强司法调解与人民调解等的衔接，加强对人民调解工作的指导，构建"大调解"工作格局，将大量的矛盾纠纷化解在诉讼外。

4. 加强对人民调解的支持与探索

2007 年 3 月 6 日最高人民法院颁布了《关于进一步发挥诉讼调解在构建社会主义和谐社会中积极作用的若干意见》，提出了人民调解工作的新思路和新措施，包括人民法院对于常见性、多发性的简单民事纠纷，在当事人起诉时或立案前，可以引导当事人通过人民调解解决矛盾纠纷。人民法院对于进入诉讼程序的民事案件，在征得当事人的同意后，可以委托人民调解组织对案件进行调解。人民法院对刑事自诉案件和其他轻微刑事案件，可以根据案件实际情况，参照民事调解的原则和程序，推动当事人和解或者委托人民调解组织调解。此举大大丰富了调解制度的内涵，拓展了调解工作的操作空间。可以相应地分流社会矛盾，减少民事案件的数量。此外，意见强化了法院对人民调解协议的认可，提出各级人民法院特别是基层人民法院及其派出的人民法庭按照规定要求，及时受理涉及人民调解协议的民事案件，并依法确认人民调解协议的法律效力。经人民法院审理确认生效的调解协议具有与生效调解书同等法律效力，可以作为人民法院强制执行的依据。当事人持已经生效的人民调解协议司法书向人民法院申请强制执行的，人民法院应当及时立案执行。

5. 在运用调解制度的时候应注意的一些问题

（1）应当依法调解，严格审查调解协议的效力。在实践中，调解结果的正当性往往不是来源于法律规则，而是双方的认同，这就难免造成调解结果与法律规定的偏离。所以，虽然在调解过程中允许当事人互谅互让、自由处分自己的民事权利，但这种处分权必须在法律规定的范围内行使，不能违反法律的禁止性规定，不得损害国家、集体和他人的合法权益。人民法院作为调解的主导者和调解效力的赋予者，应当认真审查调解协议的内容，发现有明显违背法律法规和公序良俗内容的，法院应不予认可。

（2）要坚持调解的自愿原则，不应为了调解而调解，为了某些数据而调解。目前，各级法院在考核指标的设定上，调撤率、上诉率、发回重审率等数据指标被纳入考核内容当中，作为考量本院法官和下级法院的重要标准。慑于考核压力，法院和法官甚至比当事人更热衷于以调解方式结案。在这种情况下，避害趋利的法官很容易出于对调撤率的追求而违背自愿原则强制对当事人进行调解。而由于经法院认可的调解协议一经作出即产生法律效力并规定有更为严格的申诉条件，这意味着不正义的调解书将比其他裁判文书更难获得救济，强制调解可能给当事人带来的损害也就更甚于错误的判决或者裁定，其引发涉诉上访或群体性事件的可能性也就更大。法院调解须切实遵循当事人自愿的原则，不宜将调撤率作为考量法官业绩的主要标准。

（3）应加快案件调解工作节奏，提高办案效率，不能久调不决。法院调解制度的一个重要价值在于简化审判环节，更为便利、迅速地解决纠纷，使得当事人能以较低的诉讼成本获得较大的诉讼效益。然而由于我国诉讼法对调解的时限未做具体规定，这就给案件的久调不决带来可能。超过合理期限的调解增加了当事人和法院的诉讼成本，造成当事人的讼累和法院诉讼资源的严重浪费。"迟来的正义是非正义"，从某种程度上也反映调解制度的非效益性。因此，对于调解也要抓住时间规律的要求，将调解耗时计入办案期限指标，努力提高诉讼效益。

（4）在充分发挥调解制度功能的基础上，最大限度避免调解工作的负面影响。调解是司法纠纷的辅助解决机制，是历史上司法不发达的情况下产生并存在的。但在实践中，人民法院如果过分强调调解的作用，可能会带来一定的负面性问题。作为典型的"熟人社会"，我国公民"避讼""厌讼"的思想本来就根深蒂固，如果调解大范围取代了诉讼，就会在社会上形成"打官司证据不重要，公了最终还是变成私了"等错误观念，从而偏离了司法所追求的正确目标，影响法治国家的建设进程。因此，人民法院在重视调解、最大限度发挥调解积极作用的同时，还应当坚持对法律负责，真诚信仰法律，真心坚守法治，精益求精提高审判质量，努力"让人民群众在每一个司法案件中都能感受到公平正义"。

第四节　专门类型案件的审判方法论

根据各级人民法院尤其是中级法院和基层法院在受理一些带有多发性、典型性案件过程中总结、摸索出的一些审判要旨和心得，我们认为，在下列专门类型案件的审理中，应当遵循并发展相应的审判思路和方法。当然，有关案件方法论的概括还不尽完善，需要在司法实践中进一步丰富、扩充和深化。

一、涉农案件审判的方法论

自党的十一届三中全会以来，农业农村和农民问题都是全党工作的重中之重。在党的十八大提出的全面建设小康社会的进程中，"三农"问题更是重大课题。在"三农"问题的解决过程中，司法机关的保驾护航必不可少，因此应当运用适当的方法，发挥维护农村稳定、化解"涉农"纠纷、保障农民权益、营造良好的法治环境的重点作用。人民法院的审判工作应当突出服务意识，做好党和国家制定的农村政策的重要推手。

刑事审判中，充分发挥惩治预防职能，维护"三农"工作稳定的社会环境。坚持"严打"方针，依法运用刑罚手段，严厉打击侵犯农民人身财产权益、破坏农业生产设施、贩卖假冒伪劣产品坑农害农等各类犯罪活动，积极开展"平安村居"建设。同时，要进一步加强法制教育和犯罪预防工作，构建稳定工作的长效机制，为社会主义新农村建设提供坚实的前提和基础。围绕推进现代化农业发展、促进农民增收、加强农村社会保障体系建设以及城乡发展一体化等工作重点，审理好各类涉及农民权益、农业秩序、农村发展的民事案件，充分发挥调节疏导职能，妥善解决各类"涉农"纠纷，帮助农业龙头企业提高依法经营水平、依法保护各种形式的规模经营。积极落实便民利民举措，依法开展司法救助工作，化解纠纷、促进和谐，为农村建设创造良好的发展软环境。在行政审判当中，充分发挥司法审查职能，监督支持依法行政。认真执行废止农业税、加强耕地保护等一系列文件精神，审理好涉农税收、筹资筹劳、土地征用等行政争议案件，监督和支持进一步减轻农民负担，依法防止农民负担反弹。依法审查和执行非诉行政案件，帮助乡镇和村集体组织提高依法管理的能力，改善农村生产生活条件，全面推进"小康文明村"建设。

实践中，很多涉农案件都涉及土地问题。在我国现阶段，土地仍然是农民赖以生存的基础，农民没有了土地，就会引发各种社会问题。2003年1月7日，时任国务院总理的温家宝在中央农村工作会议上谈到如何保护外出农民利益问题时说："土地还是他们最基本社会保障，如果没了土地，他们就没了退路，社会就很难安定。"处理好农民的土地问题，是关系到构造和谐社会主义新农村的重大问题，具有很强的政治性。当前农村承包纠纷案件增多、类型复杂，是农村的突出问题，如果处理不善或者处理不及时，势必影响到社会稳定和农业经济发展，在审理涉农土地纠纷案件时，要注重维护农村土地政策的稳定。2003年3月1日起实施的《中华人民共和国农村土地承包法》，以土地承包经营权为核心内容，强调土地使用关系的稳定，突出"30年（耕地）不变""增人不增地、减人不减地""原则上不调整"的方针，被誉为中国第三次土地制度的大变革。《物权法》的颁布实施，进一步以法律的形式对农民土地承包经营权及其流转等作出明确规定。但实践中，有些农村组织违背法律规定，对土地随意调整，损害农民利益的现象时有发生。在审理此类案件时，要依据《物权法》等相关规定依法予以纠正。在法律理念上，要把土地承包经营权当作农民神圣不可侵犯的财产权利。农村土地承包经营权实现的是农民对土地的直接支配，是在集体所有或国家所有的土地上根据法律规定或合同约定所享有的他物权，具有用益物权的全部属性。在审理涉及农村土地承包纠纷案件时，首先要注重对农民合法财产权益的保护，更要注重效率原则。俗话说，"人误地一时，地误人一年。"鉴于农作物种植的特殊性，审理此类案件要特别注意从保障农民生产出发，如对于未过播种期的"抢种"者，应令其停止侵害，恢复原状，一般不宜再就侵权问题做出赔偿；对已过播种期的，由侵权者收获，但做出赔偿，赔偿数额在土地纯收益以下合理确定。在审理涉农土地纠纷案件时，还要注重保护农民的基本承包经营权利。20世纪80年代后期以来，因农村税费名目繁多，农民认为种地无利可图，往往外出务工，致使土地抛荒，村、组或上一级政府经农民同意，将土地以较低价格租赁给第三人使用。而现在进行税费改革，取消了农业税，实行"粮食直补"等有利政策，加之粮价及农副产品价格上涨，广大农民认识到种地有利可图，加之第三人承包利益凸显，农民在心理上产生不平衡，要求收回土地承包经营权成诉的日益增加。在处理此类案件时，要区分家庭承包和其他方式承包的不同，对家庭承包的土地承包经营权实行物权性质的保护，对其他方式的土地承包经营权给予债权性质的保护，维护农民的基本生存权利。在审理涉农土地纠纷案件时，还要注意保护合法的土地承包经营权流转。随着城镇一体化进程的加快，一些地方特别是发达地区的农民出现了流转土地的愿望，这是农村工业化和农业现代化必然要出现的趋势。通过土地承包经营权的流转使一部分劳动力从土地上脱离出来，推动农业产业化经营，提高劳动生产率，形成多元化的农民就业和增收渠道。同时，允许土地进入市场进行流转，则会改变土地抛荒的现象，农村的剩余劳动力就会伴随着土地的流转而弃农务工或弃农经商，进入市场的土地就会集中到少数人的手中，形成集约化经营。这对提升农业生产效益、壮大农村经济实力是有好处的，正确操作是利国利农的。因此，对待这类案件的审判，法院要胸怀大局，判明是非，积极支持改革创新，慎重掌握法律与政策界限，使判决综合效益达至最优。

与此同时，要围绕上述审判目标，开展基层法院、基层司法单位的审判能力管理与建设。要充分认识到，推进社会主义新农村的司法建设工作，重点和主体在基层。要坚持重心下移方针，强化与审判有关的人员配置、经费投入、装备建设向基层倾斜的力度，进一步推进信息化建设与应用，不断提高司法能力。要突出人民法庭建设，发挥与农民联系最密切、位居农村和农业生产第一线的优势，加强对基层调解组织的业务指导，强化诉讼调解与行政调解、和解、仲裁等的衔接，构建多元化的社会矛盾纠纷解决机制，共同促进农村的和谐、文明发展。同时，要加强法治宣传，为审判工作提供法治氛围，营造社会主义新农村建设的文化氛围。要强化涉及新农村建设案件特点和规律的研究，选择贴近农民群众、涉及农业和农村工作的典型案件，通过公开审判、以案释法，提高农民的民主意识、法制观念；大力普及民法、婚姻法、行政处罚法、妇女权益保障法、环境保护法等与社会主义新农村建设关系密切的法律法规，弘扬法治观念、传播科学方法、保护民间艺术，为社会主义新农村建设提供精神动力。

二、未成年人案件和涉老案件审判的方法论

未成年人是特殊并受到格外关注和保护的社会群体，针对未成年人的司法程序也是特殊的司法程序。针对该类案件，适宜多管齐下，另辟蹊径，以体现司法效能，回归司法本意。

某地法院采取比较成功的做法如下：成立专门的少年法庭，对涉及未成年人的刑事、民事、行政案件实行特色化审判。涉少刑事案件着力感化与挽救，充分引入恢复性司法制度，立足"三个延伸"，实现依法审判与未成年人特殊保护的有机结合。涉少民事行政案件贯彻"积极优先亲切关怀"审判理念，突出"儿童利益最大化"的原则，强化调解和协调，实现对未成年人的特殊保护。

实践中，少年法庭还建立未成年人案件心理辅导干预制度，区分案件类别进行区别干预。涉少刑事审判中，从心理疏导、心理测评、心理矫正三个层面，分庭审前、庭审中、判决前、判决后四个环节，对符合干预条件的未成年被告人、未成年被害人的心理状态及行为表现进行全方面教育与深层次感化，有效缓解其心理压力与紧张情绪，重塑未成年被告人的完

整人格，涤除未成年被害人的心理阴影，为开启其健康人生奠定基础。同时，将心理咨询和辅导纳入未成年犯的帮教中，积极探索少年犯社区矫治新途径。将帮教的触角向前、向后延伸，加强同看守所、少管所、司法局、社区等部门的联系沟通，形成犯罪帮教、预防重新犯罪的整体合力，借助新媒体，开通"阳光 QQ 群"，通过在线互动交流进行实时跟踪帮教，打造预防青少年重新犯罪的绿色屏障。涉少民事审判中，在解决案件当事人问题的同时，就影响未成年人健康成长的有关家庭人员的心理问题一并进行咨询、疏导，为青少年健康成长创造和谐环境。还着重加强对未成年人弱势群体的结对帮扶工作，对审判发现的特殊群体未成年人逐人建立档案，定期帮扶救助，采取多种方式了解未成年人合法权益的实现情况，巩固庭审后果，避免涉诉未成年人失爱、失教和失学。尤其是对该类群体的未成年人在成长中遇到的心理问题，及时发现并干预，不断提升青少年心理关爱水平。

少年审判中，还要积极开展多种途径的法制教育，以实现全方位预防青少年犯罪的目的。注重从家庭入手，对如何关注未成年人成长心理进行广泛宣传，从源头减少问题孩子的产生。建立青少年法律学校和法制教育基地，加强与驻地教育部门联系，根据未成年人不同的成长心理阶段，举办法制讲座、组织学生旁听庭审和指导学生开办模拟法庭等不同方式，不断提升未成年人的法治意识和自我保护意识。

当前，随着我国步入老龄化社会步伐的加快，涉老纠纷引发的各类矛盾和问题也日益突出，需要人民法院积极主动地参与健全老年人维权服务体系，依法保护老年人的合法权益。涉老案件中，主要应把握一些工作要点：一是特别安排，优先受理。安排有丰富接待经验的审判人员对老年人提出的法律咨询耐心倾听，耐心解答，缓解其焦虑情绪。对需要通过诉讼解决的问题，告知其诉讼程序，释明相关法律内容，优先立案，优先排期审理。二是急当事人之所急，注重司法救助。对于不懂法律的老年当事人，要帮助他们记录诉讼请求，整理证据资料，并联络有关部门的组织给他们提供专门的法律援助。对经济上确有困难的老年人，实行诉讼费减、免、缓原则，真正让老年人打得起官司。对生活急需的赡养案件，实施先予执行措施，以确保老年人的基本生活。三是寓法于情，调解为主。对于家庭子女之间矛盾、邻里纠纷、赡养、抚养、伤害、虐待等耐心调解，在审理案件时，注意以情动人、以理服人，帮助当事人之间消除隔阂，鼓励双方当事人自愿达成调解协议。四是多管齐下，强化联系。加强与社区、街道办事处、居委会的相互联络，建立司法救助点，加强对老年人的诉讼指导，改善维权环境。五是延伸工作，登门走访。除了定期书面案件回访外，在重阳节和春节来临前夕，专门派出法官，来到赡养案件的当事人家中，了解老年人赡养审理后的落实情况，督促老年人的子女及时履行自己的义务，为老年人创建一个老有所靠、老有所乐的生活环境。

三、涉及民生案件审理的方法论

关注民生、重视民生、保障民生、改善民生，是中国特色社会主义的本质要求，也是党的十八大精神的要旨之一。司法领域的涉及民生问题是人民法院司法功能的重要着力点，是审判管理的重点环节。因此，人民法院要蕴小案于大势，寓局部于宏观，既办好案件也发挥好党和国家所赋予的特殊使命。

处理好涉及民生案件，首先要牢固树立"四个意识"。一是大局意识。人民法院上下要正确理解、把握党和国家关于民生问题的一系列重大举措，把履行审判职责与改善民生这一事关全局的问题有机结合起来，找准工作的着力点，发挥好保障民生、服务民生的职能作用。二是宗旨意识。人民法院的干警要努力践行"司法为民"宗旨，树立正确的群众利益观，解决好"为谁执法、为谁服务"的问题，把党的全心全意为人民服务的宗旨，演绎为司法工作的生动实践。三是效果意识。人民法院法官要克服机械办案思想，做到办案的法律效果、社会效果和政治效果的有机统一，把案结事了作为司法工作追求的最高境界，解决好、实现好人民群众的合理诉求。四是和谐意识。要着眼于和谐，一心谋和谐，坚持和谐的司法政策，运用和谐的司法方式，促进社会和谐稳定，建设和谐民生。

　　审理涉及民生的案件，要突出审判工作重点，一是坚决制裁各种有害民生的违法犯罪行为，使人民群众的合法权益得到及时有效的维护。二是要正确把握法律与政策、法律与公序良俗的关系，既要严格依法办案，又要充分体现民意，顺应民情、社情、国情。在具体适用法律的过程中充分体现党和国家现阶段的政策取向。三是要创造性地办案，正确区分政策法律限制与改革创新的关系，罪与非罪、合法与非法的关系，尊重和保护人民群众在改善民生方面的首创精神，促进实现人的全面发展，体现"发展为了人民、发展依靠人民、发展成果由人民共享"的要求。四是在审判的各个环节落实便民利民各项举措。工作中，对于陷入困境、需要帮助的困难群众进行积极的司法救助就是这一原则的体现。对追索抚养费、赡养费、人身伤害赔偿金、劳动报酬的经济确有困难的当事人以及涉及下岗职工、低保人员、残疾人、孤寡老年人、农村贫困群体、拖欠农民工工资等需要救助的对象积极提供便利，简化案件审批程序，指定专人办理，千方百计确保他们打得起官司，而且还能够享受到法律、享受到人民法院对他们的司法关怀。同时，动员社会力量，拓宽救助渠道，多方筹措司法救助专项基金，帮助更多的困难群体。司法救助不仅体现在直接给予当事人物质补足上面，从更深层次看，司法是对某些受损的社会秩序的修复，是对某些不平衡的权利义务关系的校正。对于有一定典型性的弱势群体案件，可以在现行诉讼法允许的范围内，采取最大限度地简化和便利诉讼的措施，改革立案、审案方式，解决打官司难题。如近年来多发的农民工追讨工资案件，有的法院创造专门办案机制，包括实施流动办案，对在未设立法庭的乡镇设立临时巡回法庭，农民工可以就近到巡回法庭立案，法庭也可以就近传唤被告到庭，节省了时间，对于此类案件一律实行快立、快审，能调解的当即调解，调解不成的，及时判决并集中执行力量快速执结。简易案件可以即收即结，提高了效率，对部分经济困难的符合条件的当事人采取减免诉讼费的措施，使得办案更加体现人性化。有的法院在审判的同时，还以案件为教材，给欠薪案件高发的建筑企业、房地产开发等企业负责人上法制课，共同研究解决拖欠民工工资等有关问题，发挥了好的社会效果。

四、涉外案件审判的方法论

我国加入 WTO 以来，政府、企业、民间团体、个人更多、更广地参与到国际政治、经济、社会事务中，各种涉外的法律纠纷的范围将越来越广，发生频率将越来越高，涉及的法律门类将越来越多，涉及的权益和金额将越来越大，世界各国的眼光也会更多地投向中国的司法机关，人民法院面临的正确处理各种涉外法律事务、确实维护国家、集体、个人的合法权益，及时有效地调处涉外法律纠纷的任务将更加繁重，所肩负的责任也会更加重大，这不仅关系到法律权威，而且关系到人民利益、国家形象和国际影响力，必须引起各级法院的高度重视。当然，由于各个法院所处的地理位置，所承担的涉外事务审判任务的不同，在具体的做法上可能存有差异，但是工作的根本点是相同的，即加快建立一个能够熟练、公正处理涉外法律事务的现代化审判机关，这是人民法院的决策者在考虑法院审判管理以及法院工作的其他方面必须坚持的出发点和落脚点。我们认为，下列一些方面的工作要给予重视和加强。

一要进一步更新审判观念，建立现代司法理念。人民法院要适应国际经济交往活动的开放型、高度法制化的特点，要适应国际间通行的民商事经济规则，如 WTO 倡导的原则和精神，树立公正、公平的意识，秉持平等地保护国内外民商事法律关系主体的利益原则。在民商事法律事务中，首先，要认真学习和掌握国际私法、国际经济法的基本原理，学会正确运用冲突法规则和技巧，熟悉主要贸易伙伴国家的法律体系特色和司法诉讼制度，同时要十分熟悉和加强研讨我国近年来颁布的涉外经济活动法规和诉讼法规，了解我国加入或承认的国家公约，国家经贸组织规则、在国际上具有较高声望和广泛影响的国际惯例等内容，能够准确地掌握我国法律的适用范围、域外法律与我国法律的差异所在。其次，树立国际主义观念，要有国际化、全球化的胸襟和长远眼光。作为司法机关，要带头尊重和倡导正确执行国际条约和对等履行国际义务。作为法官，要顺应改革开放的历史潮流，坚守公正立场和不分国界的职业精神，在审判活动中树立一体适用法律规则的意识，并增强适用国际条约和协议的主动性与公正性，体现司法作为解决争议最后途径的功能，在更高层次和更广泛的领域内体现人民法院的公正属性和国际形象。

二要针对当前涉及 WTO 领域的国际民商事案件急剧增加的形势，加强学习 WTO 规则和国际条约、协定，加强对涉外案件法律适用问题的研究。WTO 机制对我国和国外的诉讼当事人来说往往是一把双刃剑，遵守规则有其好的一面，违反规则则可能带来复杂的负面效应，而且由于国家间司法环境的差异，WTO 规则所体现的保护力度也存有差异。哪个国家更善于利用 WTO 规则，哪个国家的司法机关能够最及时、最适当地运用 WTO 规则，对本国和国家当事人都会产生重要的影响。我国正在迅速成长为国际贸易的大国，但我们还远远不是国际贸易的强国，对于 WTO 规则的熟悉和援用水平，我们和发达国家还有很大的差距，因而，人民法院要积极探索 WTO 规则与我国现行法律制度、诉讼体系的差异所在，探索我们的司法审判的标准与 WTO 规则接轨的有效途径，在审理涉外民商事案件时，优先而又有原则地适用 WTO 规则。随着我国法制的日益完备，我国的涉外经济法律法规绝大部分与 WTO 的规定相一致，但也存在不一致的地方，如损害赔偿，我国的规定是直接经济损失；WTO 规定的是全额赔偿，除因侵权造成的损失外，对于诉讼开支、律师费等都要赔偿。对于存在差异的地方，人民法院要根据有关法律规定和最高人民法院的要求，妥善处理，在审判当中做到平等保护各国当事人的合法权利。随着我国国民的流动性的增强，涉外不动产案件、婚姻、继承案件、涉外投资案件也会随着增加，在处理这些案件时也需要我们正确使用本国法律、国际条约，体现高水平的司法。需要强调的是，在各类涉外案件的审判当中，人民法院要站在全局的高度，站在忠于法律的角度，要坚决排除地方和部门保护主义干扰，通过审判活动传递出的信息，协助和促使所在地方进一步改善外商投资环境，树立我国在世界经济贸易中的良好法制形象，提升司法的权威。

三要进一步加强对涉外案件法律问题的研究，增强审判工作的主动性和前瞻性。WTO 文件是一个内容庞杂、结构严密、技术操作性很强的规则体系，既涉及一般的货物贸易，也包括了与贸易有关的投资、知识产权和服务贸易；既有复杂的原则性和强行性条款，也有大量的例外条款；既包括《世界贸易组织文件》这样的基础性文件，也包括在 WTO 框架内各缔约国达成的数量庞大的双边贸易协定。既适用于处理国际贸易中的反倾销、反补贴等复杂的法律争端，也能适用于一般性的贸易纠纷，掌握和运用起来难度较大。作为现代化审判机关，要抓紧熟悉、掌握国家相关的法律法规和解决贸易争端的国际规则，推行专业法官和专业合议庭制，尽快培养一批审理涉外案件的专门法官。要大力推行专业法官和专业合议庭制，加紧培养和吸收一批熟悉审判业务，具有较高外语水平、丰富的专业知识、精通 WTO 规则和国际经济法律的"专家型"人才，以满足涉外审判的需要。要加强法官的遴选、培训工作。要注意在审判实践中提高工作能力，要注重审判案件的总结和交流这些行之有效的措施的运用。要加强法院电子网络的辅助作用、提高法官利用先进电子资讯的能力，总之，要通过遴选、培训、学习，提高法官整体素质，建立职业化制度，培养能适应 WTO 要求的涉外法官。

四要深化在涉外审判中对公正与效率问题的认识，加强法院的软硬件建设，努力建立符合入世要求的审判条件和工作机制。通过大力推进数字化法院工程，实现案件审理网上运行，提高自动化、监控程度，基本实现无纸化办公，实现全市、全省、全国联网，与国际先进水平接轨。要围绕如何实现裁判公正、提高司法公信力，积极按现代市场经济体制的基本规律及现代法治的基本要求，进一步区分、完善行政、审判两套运行机制，强化立案、审判、执行、监督的分立，强化审判流程管理。积极开展 WTO 与审判、合议制度、证据制度、繁简分流、诉讼效率、审判成本等专题研究，探索解决制约审判工作的因素，建立符合审判工作特点的运行机制。在涉外案件审判中，要十分注重法官的廉政监控，切实做到警钟长鸣。只有严格要求审判人员，确保审理涉外案件的法官不发生问题，才能确保涉外案件审判的质量和声誉，做到上对国家和人民负责，下对司法事业、人民法院干警自身及其家庭负责。

五要积极推进体制创新，确立具有世界性影响和声誉的有中国特色的司法体系。切实解决司法公正、司法效率、司法秩序和司法环境方面存在的问题，建立"司法公正，执行有力，工作高效，队伍廉洁"的法院形象，通过法院体制改革与制度创新，最终建立和完善与建设社会主义法治国家相适应的、具有中国特色的司法制度。要对司法公正、司法效率、司法秩序和司法环境方面存在的问题分解攻关，研究解决措施。在审判结构中，从制度上确保法官的中立，避免法官既是证据调取者，又是审判指挥者和案件仲裁者，寻求控、辩、审三方力量的平衡；在审判方式上，强化合议庭职责，探索繁简分流、规范操作程序；进一步深化司法体制改革，承认司法的特性和法官的专业性、职业性，走精英化的路子，促进法官责任向个人责任发展，使法官成为法院结构的中心；在司法体制上，维护司法权的统一性，落实独立审判原则的组织、财政保障，确保法院、法官独立行使审判权。努力造就一批有知识、有专长、有审判经验具有国际水平和声望的法官。涉外案件的审判管理是一项长期的任务，人民法院要努力提升司法能力，不但出色地完成党和政府赋予的涉外案件的审判任务，并且通过法院的创造性工作，促进我国判决在异国的承认和执行，不辜负新时期人民法院肩负的光荣使命。

五、涉及市场经济秩序案件审判的方法论

在社会主义市场经济体制、社会主义法制不断完善的过程中，经济领域的案件、事件、事故情况复杂，原因众多。法院不能机械司法，而应主动适应经济社会形势的要求，主动延伸司法职能，服务大局，促进社会主义市场经济的完善。

就当前而言，随着国际经济形势的低迷，对我国实体经济影响日益明显，由此引发的大量矛盾纠纷通过诉讼渠道反映出来，特别是合同纠纷案件突出。例如一些企业已经签署了买卖合同，由于受金融危机影响价格大幅波动，为降低风险和减少损失，不能全面、适当地履行合同义务，有的

当事人甚至不惜主动违约，宁愿支付违约金也不履行合同，于是引发了大量的纠纷，因企业不能按期还贷引起的金融机构"扎堆诉讼"的情况也十分突出。同时，破产案件大幅增加。一些抗风险能力较弱的中小企业受金融危机的影响，亏损严重，破产的情况屡屡出现，还伴随着外资企业老板逃逸现象不断发生。外商逃逸后，企业立即陷入破产境地，职工生活没有着落。由于破产案件大量增加，而善后处理涉及债权人权益、破产企业职工的权益等诸多矛盾，当事人之间利益严重冲突，给审判工作造成巨大压力。经济景气程度下降引发劳动争议案件大幅上升，相当一批中小企业处于停业、半停业的状态，部分企业通过裁员、减少报酬以降低运行成本，劳资矛盾随之尖锐，由此导致劳动争议案件大幅上升。受到金融危机直接冲击的房地产类型案件呈连锁反应。一是违约主体发生明显变化。在楼市景气时，违约者多为开发商，表现为擅自解除合同、迟延交付房屋或者一房二卖。楼市下跌时，一些购房人从自身利益考虑也开始主动违约，如签订合同后不交纳房款或者不办理贷款手续。二是购房人不依约偿还购房贷款。尤其是以投资为目的的购房，在经济不划算的情况下，购房人宁愿选择放弃已购房屋。三是因房地产销售不畅带来的多米诺骨牌效应大量显现。不少项目因资金链断裂，工期延长，造成开发商不能清偿银行债务和支付工程款，致使建筑商亦无法向材料供应商支付货款，无法向施工工人支付工资。上述原因导致房地产案件、建筑工程承包合同案件明显增加。因恐慌心理导致信任指数下降引发诉讼。经济景气时，企业即使不能按时履约，对方为维持协作关系也并不急于起诉。但目前由于信心不足，即使债务人有能力继续履约，债权人也会尽快提起诉讼，唯恐资金收不回来。同时，由于担心债权实现有困难，诉讼保全案件明显增多。执行案件中，要求一次执行完毕的增多，和解难度明显加大。社会上的刑事案件明显增多，经济犯罪出现新的动向。由于股市低迷，交易萎缩，投资渠道受阻，非法集资现象在一些地方抬头，因非法集资引发的刑事案件明显上升。此外，持有假币罪、非法吸收公众存款罪、信用卡诈骗罪在一些地方屡屡发生。

　　排除上述这些直接性的经济影响因素，还有一类属因政策调整引发的新纠纷给立案、审判和执行带来新问题。近年来为防止经济出现"过热"，我国相继出台了一系列遏制经济过快增长的宏观调控措施。但在全球经济形势持续低迷的影响下，我国经济社会运行的一些情况发生了很大变化，许多地方和行业开始变"冷"，一些原有的法律法规可能已不适应新形势的需要，甚至有的还对当前保增长、保民生和保稳定目标的实现产生负面影响；与此同时，为积极应对金融危机，近年来各级政府加大投资力度，在基础设施和公共项目上的投资明显增加。按现行程序，项目审批进度较慢，一些政府职能部门为尽快达到投资效果，力求简化审批手续，有的甚至边开工边办理手续。由于手续不完备和补偿不到位，引发了一些相关利益人提起诉讼，使得一些地方因征地、拆迁、建厂、交通工程引发的诉讼案件呈增加趋势。这类纠纷既关系到经济建设大局，又关系到人民群众的具体权益，在处理上需要格外稳妥慎重。在农村地区，农民工失去务工机会，回到农村后因土地被他人耕种与当地村委会和村民发生冲突，导致到法院提起诉讼的情形增多，且调解的难度很大。在相当长一段时间内就业形势会比较紧张，部分应届大学生就业无着落，也可能引发以就业问题为中心的群体性事件。

　　笔者认为，人民法院可以从以下几个方面有所作为：

　　一是贴近党委政府，发挥审判的潜在职能，为辖区社会经济的稳步发展提供有力的司法保障。如设立司法联络点，配合和协助党委政府设立维权服务中心，设立产权交易服务机制，协助政府全面、平稳地推进企业的产权完善和改制工作。贴近企业，服务生产，开展企业大走访活动，定期到辖区企业进行法制宣传，及时了解、协助解决企业经营中出现的问题，对企业提供法律辅导和咨询，提出司法建议，讲授法制课，帮助企业培训法律事务人员，帮助企业加强知识产权保护。建立信息交流机制。对融资借贷、消费信贷、投资理财、房地产、商事合同、企业破产清算、劳动争议等群体性或连锁性案件，执行好重大案件报告制度，及时发现并报告案件审理中影响经济发展和社会稳定的苗头。

二是建立协调沟通机制。对于可能引发社会不稳定问题的重大案件，建立与相关部门的沟通协调机制，定期交流工作信息。加强上下级法院间的信息沟通，互通情况。充分发挥多元化纠纷解决机制的作用，通过人民调解、行政调解、行业调解和仲裁等多种途径，妥善调解纠纷，积极化解矛盾。及时向金融监管部门或有关行政管理部门提供相关信息，便利其掌握有关企业的信用状况，做好风险预警有效防范金融风险。对案件中反映的金融领域的问题，及时向金融监管机构提出司法建议。对案件审理中发现的其他违法犯罪问题，及时向相关部门通报。对司法过程中发现的法律空白点和现行法律规定中的不适应之处，人民法院应当主动发现问题，向立法机关反映。

三是慎重使用强制措施。受经济形势的影响，很多案件当事人在生产经营或者生活方面存在困难，如果我们在审判中使用强制措施不当，将有可能使其进一步陷入困境。因此人民法院在办案中要慎用强制措施。对于处于正常经营状态、有发展前景的债务人，应灵活运用财产保全等措施，可通过设置担保、禁止买卖和抵押等灵活多样的方法促成债权人给予债务人合理的宽限期，帮助债务人渡过暂时的财务困难期，而不能因采取强制措施不当使其雪上加霜。当然，对于企图转移财产、逃避债务的企业，应依法采取保全措施，在法律规定的期限内及时完成审查程序，有效控制被诉企业财产，严防侵害债权人和职工合法利益的行为。

四是审判的目的更加清晰，比如在处理破产案件方面，人民法院就应本着社会理念，替市场经济张名正行，首先，要在立案审批环节严格把关，层层复核，对不符合破产条件的或借破产逃避债务的企业申请坚决不予受理，给各市场经济主体创造真实平等的竞争氛围。其次，在破产过程中奉行阳光原则，对于清算组的日常活动，收支情况进行公示。最后，在破产案件处理过程中讲究效率，最大限度地维护合法债权和社会稳定。一是要求清算组加大债权催收力度，必要时协助清算组追索债权。二是及时委托中介机构进行评估拍卖，实现破产财产的价值最大化，提高资金变现率。三是积极与上级法院和政府沟通，争取支持，借助外力加快破产进程，缩短破产周期。四是实现无震荡破产，妥善安置职工，减少上访、群访事件发生。五是对清算组开销经合议庭严格审批，控制支出，最大限度地维护破产企业利益。六是对破产案件，促危机为契机，帮助企业牵线搭桥，力争盘活企业的各类有利用价值的资产，减少社会财富的消耗。

第五节　加强执行工作的方法论

一、确立正确的执行理念

1. 执行理念的概念及发展

执行理念是对执行工作的主观认识和看法，来自对执行工作特别是对执行权性质的认识。执行权的性质决定了执行人员所应具有的执行理念，只有正确分析了执行权的性质，客观地分析执行所处的环境和所面临的任务，才能树立正确的执行理念。

执行理念是司法理念的一种重要组成部分，是执行工作方法论和实践论的统一，其内涵应当体现强制执行的精神实质，反映执行工作发展的规律和司法价值取向。从广义的角度看，执行理念是对执行法律制度的认识和看法，以及在此基础上形成的有关执行的价值判断和价值取向。执行理念与执行过程的目的、主体及其现实化程度相适应，其内涵应当包括执行法律理念、执行道德理念、执行方法理念等。执行法律理念包括有关执行法律所应体现的基本原则和执行立法所应追求的价值和目的。执行道德理念是执行过程中所应遵循的道德规范，包括敬业理念、廉洁理念和文明执行理念。执行方法理念是执行法官在思维中有意识地明确执行方法的地位、内涵，保证执行目的的实现。[①]

执行理念这一概念的提出时间并不太长，但是受到对民事强制执行制

---

① 王少南主编：《法院执行实用管理学》，人民法院出版社，2009 年 3 月第 1 版，第 58 页。

度理解的偏差、我国的强制执行政策以及社会环境、经济发展环境等综合因素的影响，执行理念的内涵也经历了巨大的变化。在民事、经济审判与执行合一时期，教育说服的执行理念较为突出，多数案件自动履行，"执行难"问题基本不存在。随着立、审、执的彻底分离，执行工作的强制性凸显，通过采取相应的强制措施办结大量执行案件。根据最高人民法院的要求，在清理执行积案活动中必须树立生道执行、原情执行、谦抑执行、和谐执行、经济执行、高效执行六个理念，完善相关工作机制，更好地为大局服务。

随着信息化的快速发展以及信息化在法院工作中的应用范围和深度不断扩大、深入，特别是执行工作信息化程度的快速发展，执行理念的发展更加贴近执行工作的本质要求，对执行工作的政策性要求、口号式的要求逐渐淡化。

2. 确定执行理念应紧扣民事强制执行制度的本质

执行制度本质上是强制执行制度，对那些被生效法律文书赋有法定义务的当事人在不能主动、适当履行法定义务时，由人民法院强制其履行义务，这是民事强制执行制度立身之本。因此，执行理念的确立，要紧紧围绕其本质而不能舍本求末。

（1）要牢固树立依法执行的理念。依法执行是指为实现生效法律文书确定的权利或为义务人履行生效法律文书确定的义务采取的执行措施要以法律、司法解释等为依据，根据案情的需要为或者不为一定的执行行为。依法执行是民事强制执行实践的生命线，离开依法执行的底线，任何执行措施的实施与否，都将被扣上"乱执行"的帽子。依法执行是执行工作的最基本的要求，但也往往在执行实践中被漠视。如实践中，执行员可能会宁"冒违法之大不韪"，全力帮助债权人实现债权。而这种现象，在实践中也并非罕见，因此常被诟病为"乱执行"。"乱执行"的危害不言而喻，不仅最终无法实现债权人的利益，而且严重损害司法的权威，降低法院执行工作的公信力。因此，依法执行，是对执行的合法性要求，是第一个要坚守的执行理念。

（2）要牢固树立规范执行的理念。由于执行工作起步较晚，相对于刑事审判、民商事审判工作，执行立法相对较少，规范化建设相对滞后，执行中许多问题缺乏处理依据；粗放式执行现象普遍存在，规范化程度不高依然是执行难和执行乱的一个重要原因，是制约执行工作发展的制度障碍。一是从立法上规范执行行为。加快推动强制执行单行立法是全面规范执行行为的立法保障，立法机关应当从政治的高度予以重视，尽快出台民事强制执行法。针对民事诉讼法修改，尽快完善司法解释，同时，也要加强对执行主体、执行程序、执行裁判、执行实施等执行程序本身的制度的修改和完善。二是从程序上规范执行行为。执行程序求精求细，细化到每一个环节和节点，全方位监督，彻底杜绝粗放式执行。执行程序的规范主要包括审批程序规范、实施程序规范和监督程序规范，主要体现在依法、及时、文明，做到每一环节、每一个步骤都有目标、有措施、有时间要求、有效果。

（3）要牢固树立经济成本最低的执行理念。经济成本最低的理念应贯穿整个执行过程。无论从申请执行人、被执行人的角度，还是从法院司法资源的角度，都要考虑到执行的成本，以最少的执行成本最大限度地实现当事人的合法权益。同时，要解决好国家成本和个人成本的合理分担，该国家承担的成本，绝不能转嫁给当事人。要坚决禁止乱收费、变相收费，如违法收取工本费、实际支出费，与当事人"同吃、同住、同行"办案，国家该承担的费用转嫁给当事人等；不符合法律规定、该当事人个人承担的风险，自然也不能转嫁给国家。

（4）要牢固树立文明执行的理念。文明执行虽无法律条文的明确要求，但体现了社会主义法律制度的内在要求，同时也是对执行员的综合素质的基本要求。文明执行是依法执行的需要，是满足当事人合法权益的需要，也是树立人民法院执行权威和提高公信力的迫切需要。这就要求执行队伍不仅要有娴熟的法律技能，还要有较高的人文素养和道德修养。

（5）牢固树立平等保护的执行理念。无论申请执行人还是被执行人，抑或是协助义务人，在法律上具有同等的法律地位，只不过是因为生效法律文书赋予了他们具体的、不同的权利或义务而已。因此，在执行时，一定要平等地保护各方当事人的合法权益。应当注意的是，这里所说的是各方当事人的合法权益，也就是说法律赋予他们的、不可侵犯的权利。如，按照现行的法律规定，维持被执行人最低生活保障的财产是不能执行的，人民法院不能为了申请人的利益强制执行，要保护被执行人的最低生活保障权。同时，执行实践中，也经常发生侵犯第三人合法权益的事情，当第三人或案外人有证据证明被执行财产是其合法财产时，要依法启动异议审查程序，严格依法审查案外人提出的执行异议，切实保护案外人的合法权益。

二、优化执行权配置

长期以来，执行机构一直设置在法院内部，是法院的一个职能机构，也是附属在法院内部的分支机构，本身不具有独立性。在法院内部，执行机构的地位或独立性也在发生着变化。相对于审判机构来说，执行机构的法律地位在立法上经历了合一制模式、执行庭模式、执行局模式三个阶段。[①] 执行局与执行庭虽然一字之差，但却具有性质上的差异，执行局一方面强调了上下级之间的行政领导关系，给执行工作的"三统一"管理体制提供了组织上的基础；另一方面执行局往往高配于审判机构，要么局长进党组高配，要么执行局本身高配，能够一定程度上避免内部的干扰，便于发挥执行机构的独立性。总体来讲，经过多年的探索和实践，全国法院基本都实现了执行局模式，执行机构的独立性得到加强。但受到执行资源紧缺的限制，案多人少矛盾突出，执行分权机制得不到有效实施等，因此执行效率低、执行公信力不高等现象仍然无法得到有效解决，而且，随着信息化在执行工作的不断渗透，现有的执行组织设置不能完全适应执行工

---

① 最高人民法院执行局著：《法院执行理论与实务讲座》，国家行政学院出版社，2010 年 10 月第 1 版，第 80 页。

作面临的形势和任务，也在制约着执行工作的健康发展。

1. 执行组织的设立应有利于纵向的行政管理

上级法院对下级法院执行工作实行"三统一"管理模式，经过多年的实践和探索，取得了成功的经验。山东省东营市中级人民法院通过"管案、管事、管人"的"三管"模式，实现对辖区基层法院的"统一管理、统一调度、统一指挥"，被中央政法委〔2007〕37号文件予以肯定。[①] 但是，由于各法院之间是相对独立的，上下级法院之间是监督与被监督的关系，缺乏领导与被领导、管理和被管理、服从与被服从的法律依据，因为执行权各自为政、难以形成一体化格局的局面还是无法突破，因此进一步加强执行体制的改革，增强上下级执行机构间的合力，充分体现执行权的权威必将有积极的作用。

2. 执行组织的设立应强化减少横向的干预

排除执行异议的审查带有准司法性外，单纯的执行实施权通常被认为是一种行政权，执行机构在行使执行权时，受到以指导审判为主要职能的审判委员会的监督，必然受到本级法院领导的制约和干预，这种来自横向的管理权限不利于具有行政权属性的执行权的实施，而且导致与执行机构应当主要接受上级执行机构的统一领导、统一指挥这一原理相冲突。比如，对违法的被执行人、协助义务人紧紧情况下的拘留、罚款，有时会因为领导的一句话而"拘而不留"、"罚而不划"，严重损害了执行的权威，造成很坏的社会导向。因此，执行组织的设立，要充分考虑排除来自同级部门的干预，最大限度地保障执行权的独立行使。

---

① 山东东营中院关于执行工作"管人、管案、管事"的管理模式取得了明显成效。中央政法委〔2007〕37号文件《关于完善执行工作机制，加强和改进执行工作的意见》中肯定了这一做法，要求积极推进执行管理体制改革，完善人民法院执行机构统一管理、统一协调本辖区执行工作的管理机制，积极探索"管案、管事、管人"相结合的管理模式。

3. 执行分权应突出与时俱进的特性

信息化的快速发展曾经为逃避、规避执行提供了技术掩护，而执行工作却依然受传统执行模式的影响，执行力不强，尤其是案多人少，执行装备落后，一度让执行工作感到无能为力甚至无可奈何。近年来，信息化的快速发展同样为执行工作插上了翅膀，逐渐摆脱"小米加步枪"的游击模式，执行力大大加强。随着最高人民法院关于要求全国各级法院进一步加强信息化建设，推进执行指挥中心建设，特别是广东等地已经试行"网上执行局"，可以网上立案，通过司法查询平台，对被执行人在全国各金融部门的存款直接在网上实施查询、冻结和扣划；可以直接查询、查封被执行人名下的车辆、土地、房产、设备，查询工商登记、缴税信息、出入境信息等，足不出户便可快速地将登记在被执行人名下的所有资产采取强制措施。最高人民法院2008年启用的全国法院执行案件信息管理系统，从上到下实现了适时监督、信息共享等功能，为进一步发挥失信被执行人信息制度的威慑作用提供了坚实的基础。这一切，都是信息技术给执行工作带来的革命性的变化，执行组织的设立、职能分工以及分权机制应当随着时代的发展而变化，特别是当前形势下，应尽快适应信息化带来的巨大变化。

按照当前的执行局管理模式，有的地方执行局下设执行处、执行科，但仍有许多法院在执行局内设执行庭，局长单独一人，高配进党组，也有的还没有高配，局长和庭长级别相同。庭长按照党组的分工行使不同的职能，局长上面还有分管领导，于是执行权的行政权属性不相适应。因此，在机构设置上应当突出执行局的行政管理职能。执行局及内设机构的设置既要考虑到快速、高效、独立的要求，在内部职能分工上也要适应信息化发展的需要。一是执行局内设机构消除司法权能，完全按照实施权职能配置执行局及其内设机构。局长应当高配，进党组或由副院长兼任，配备相应职数的副局长，级别高于本院庭长。执行局内设财产调查科和财产处分科和执行指挥中心。为了使执行异议审查权同样具有独立性，防止来自执行局内部的非正常干预，执行异议、复议审查庭（也可称为裁决庭）应当独立于执行局之外。二是按照执行指挥中心建设的新格局要求，执行局内部按照执行立案信息审查、录入、网上财产调查、财产控制、财产变现以及其他实施权能，从有利于节约司法资源、迅速采取执行措施提高执行效率、提高管理能力等多方面出发，合理分配执行资源，真正形成纵向的领导、指挥、管理与被领导、被指挥、被管理的关系以及横向的分权制约运行机制。

三、加强执行工作管理的方法

执行工作管理必然要依托一系列的管理规则和规则的运行机制。从执行工作与审判工作的比较来看，在管理的体制、机制上有本质的不同。从诉讼的角度，上下级法院是监督与被监督的关系；从执行工作的角度，由于执行权的行政权属性，执行法院与上级法院之间，除了被监督与监督外，还应该有领导与被领导、管理与被管理的关系。对具体的案件来说，如一个诉讼案件，不论是简易诉讼还是普通诉讼，审判者都要从一而终，非由法定事由一般不换人。但作为一个执行案件，最高人民法院已经明确要求打破"一人执行到底"的执行模式①，按照执行程序的不同阶段实行分段执行，按照不同的权属实施分权制约，如财产调查权、财产处分权分离，执行实施权和执行裁决权的分离等。只有正视审判权与执行权的不同，加强对执行工作管理方法的研究，才能符合执行工作规律的要求。

1. 深化执行工作管理体制改革

实现上级法院对下级法院"统一领导、统一指挥、统一管理、统一协调"的管理体制。一是建立和完善"管案、管事、管财、管人""四管"机制，达到上级法院对下级法院执行工作的"四统一"管理职能，整合有

---

① 最高人民法院法发〔2011〕15 号文件，《最高人民法院关于执行权合理配置和科学运行的若干意见》。

限的司法资源、信息资源和物质资源，真正形成上下执行的合力。二是建立和完善指挥中心工作运行机制，实现对辖区执行工作的统一指挥和调度，提升打击逃避、规避执行的能力。三是建立和完善诉讼、执行诚信机制，优化外部执行环境。

2. 形成执行大格局

法院内部应完善立、审、执相互促进、相互监督机制，形成执行大格局。一是加强立案阶段的风险告知，提高申请人提供线索、参与执行的积极性。审判阶段要充分考虑执行，力促自动履行。特别是在立案、审判阶段，要加大对义务人财产的调查，能保全的尽量采取保全措施。二是建立审判、执行联席会议制度，经常开展工作交流，开展"执行看审判、审判看执行"活动，分别从对方的角度考虑，相互促进、提高。同时，还要完善轮岗制度，执行法官和审判法官定期交流，既提高业务能力，也能够促使审判人员在审判时主动地考虑如何化解、防范或者降低执行风险。三是试行财产申报前置制度。按照民诉法的规定，执行程序启动后，被执行人有义务如实申报财产，否则可被实施罚款、拘留等强制措施。如果在审判阶段，责令负有义务的当事人在接受调解或审判时，如实申报财产，执行阶段可以直接执行，有利于执行提高执行的实际效果。

3. 健全完善执行案件流程管理机制

执行案件流程管理是极为重要的管理制度，是建立公正、规范、高效、廉洁的执行工作机制的保障性机制，最终实现执行工作的高效率目标。

从管理的实践看，一个成功的执行流程管理机制，应当符合以下特征：一是宏观调控与节点控制相结合。所谓宏观调控是指从立案、保全、实施、监督等影响案件质量的所有因素都纳入管理的范围；同时，每一个节点必须清晰、准确、完整。二是目标明确，措施具体。三是简便明了、易于执行、便于监督。从当前的民事执行法律制度以及最高人民法院的司法解释规定，以及当前的实践改革的经验总结，执行流程管理分五大阶段，即执行立案、执行分案、执行实施、执行裁决和执行申诉的管理。

（1）执行案件的立案审查管理及审查程序。执行立案是人民法院依据法律的规定，对申请人提出的强制执行请求审查后予以登记的活动，是执行程序启动的标志。一般来说，除法律规定移送执行的案件外，都要由申请人提出明确的请求后，人民法院才可以立案。目前大部分法院的执行立案工作都由立案庭负责，也是立审执分离制度的实践践行。执行立案审查应当严格执行法律规定。首先应当具备立案的条件。其次应当坚持法定的期限。立案审查要在7日内完成。其三，应当向当事人通告审查结果，符合立案条件的，要在7日内予以立案，不符合条件的，在7日内裁定不予受理。① 其四，根据最高人民法院关于在"全国执行案件信息管理系统"中录入当事人身份证明的要求，尽可能多地采集有关人员的信息，特别是要查明申请人的身份，列明申请人的身份情况，属法人或其他有组织机构代码的，记名明码，属自然人的，列明身份证号码等，方便案件承办人收案后及时录入案件信息。其五，要履行风险告知、提示申请人提供执行财产或线索的义务。

（2）执行案件的分案管理。所谓分案，是指立案后，案件以何种方式或途径分配到承办人手中，换言之，谁有权选定承办人。关于立案后如何分案，各地法院做法不一，但大体有两种，一种是立案庭直接分案，即立案后按照事先确定的规则（如按单双号、按执行员存案数量等）直接确定执行员。另一种是执行局分案。局长或授权的执行局其他人员确定执行员。一般来说，第一种做法强调了立案庭的管理作用，而第二种做法突出了执行机构在分案中的作用。从实践看，两种做法各有利弊，前者的优势是，在当前人们对执行乱现象反映比较强烈的现实背景下，更有利于法院执行管理的公正、公开、透明，在法院与当事人之间建立相互信任的沟通

---

① 关于执行立案的审查要求，在《民事诉讼法》和最高人民法院《关于人民法院执行工作若干问题的规定（试行）》中规定得较为详细，本书不再详述。

桥梁，为顺利执行案件打下好的基础。劣势是如果遇到多个案件关联性较强、由一个执行员办理更加有利的案件，立案庭不便打破既定规则，容易造成资源浪费。后者虽有利于执行局统筹执行资源，根据案件之间的相互关系，如多个案件当事人相同或有关联的可以分给同一个执行庭或承办人，有利于提高执行效率。但弊端也是明显的，如分案过程不公开、不规范，随意性大，容易造成暗箱操作，不利于体现执行公正。从有利于公开、公正的角度出发，还是应该坚持立案庭分案，遇到特殊案件，由承办人提出申请，执行局局长审批或由执行局会议讨论决定变更承办人，然后提交立案庭变更执行人员。

（3）执行实施程序管理。执行实施程序的管理，又有两个分支，一个是针对债权人权益实现的，分为执行程序的启动、财产查控、变现、案款过付，一个是针对内部程序管理的，分为执行措施的选择及审批、期限、卷宗等。这里仅对前者的管理方法进行分析。

执行程序启动前，执行员应做好执行前的准备工作，包括阅卷、制作阅卷笔录，向申请人等询问有关信息，制作执行方案等。向申请人发出询问，主要是寻找被执行人的线索或财产线索，必要时也可以召集各方当事人进行询问或谈话，敦促被执行人自觉履行义务。执行员在执行前，还有义务对执行依据进行审查，避免因执行依据错误导致执行回转不能。但是，执行员在对执行依据进行审查的时候，不应主动审查审判程序是否合法，仅仅对判决、裁决的事项是否符合法律规定，是否有明显的逻辑错误，以及是否属于执行范畴等。

1）执行启动程序的管理。准备工作完成后，制作执行通知书、财产申报令和采取的相应执行措施，经审批程序后按照法定的程序送达相关当事人、协助义务人等。

2）执行实施程序的管理。执行实施是按照法律规定的程序为实现生效法律文书确定的权利，依法采取的各种执行措施。在向被执行人发出执行通知书、责令申报财产后，依法展开财产调查，依法采取冻结、划拨，查封、扣押、拍卖、变卖财产等强制措施，必要时，进行搜查、罚款、拘留等。这一环节的要求是要突出强制性，更要强调规范性，因为强制执行本身，就是要依法规范使用相关的强制执行规定，离开规范难以实现强制执行的目的。

关于执行通知。执行通知书依然是执行程序应当采取的一项措施，但是，为了制止被执行人借机转移财产，规定了即时执行制度和执行通知书后补制度。在实践中，如果遇到在发出执行通知书前采取了强制执行措施，不必要再发出或者不能再发的情形，执行通知这一程序可以免除。因此，发出执行通知书是常态，补发是补充，不发是例外，要根据案情具体确定。

关于财产申报。责令被执行人申报财产制度是《民事诉讼法》新增加的一条规定。责令被执行人申报财产，是一项法定程序，被执行人在执行通知书要求的时间、范围内，未适当履行义务的，执行法院都应当责令被执行人申报财产，被执行人也应当按要求申报。同时，执行法院可要求被执行人连续申报财产，直至执行完毕。

关于财产调查。财产调查是执行程序的关键环节，直接影响债权实现。第一，财产调查的适用范围。一是要注意程序的合法性。财产调查程序只能在执行案件时使用，如果没有具体的执行案件，任何人都不能对单位或个人的财产进行调查。二是被调查财产的合法性。由于财产调查的法律后果仅仅表现为被调查财产性质的展现，对其价值、权属、使用、收益、处分等无任何影响，因此，执行法院为执行案件需要，可以对被执行人的所有财产进行调查。但是，执行法院应当保密，特别是涉及商业秘密、个人隐私的，要依法采取保密措施，限制知晓范围。第二，财产调查的方法。查询存款、不动产权属、股权、知识产权，搜查，询问当事人、证人，悬赏调查等，只要法律不禁止的，都可以作为执行案件财产调查的措施。但要特别强调的是，执行法院在财产调查过程中，应当依法进行，向被调查人、协助义务人出具执行公务证、相关的法律文书等。

关于财产处分。财产处分措施有两类，一类是控制性（保全）措施，如冻结、查封、扣押等；另一类是处分性措施，如划拨、拍卖、变卖、裁定以物抵债等。实践中，执行法院对调查出的被执行人的收入、银行存款、有价证券、房地产、车辆、机器设备、债权、知识产权、对外投资及收益等财产，可依法采取查封、扣押、冻结等控制性执行措施。为突出执行工作的效率，控制性措施可由执行员直接采取。

关于责任追究。主要有罚款、司法拘留和移送公安追究拒执罪、妨害执行公务罪。对当事人妨碍执行、协助执行人不履行协助义务采取强制措施的，视情节轻重，采取罚款、拘留直至移送公安追究刑事责任。

执行实施是执行程序的核心环节，应坚持效率优先原则，穷尽法定的执行措施，尽可能实现法定权利的最大化。

（4）执行裁决程序管理。有权利必有救济，执行实施权的目标是实现利益最大化，突出强制性和效率优先。实施过程中，不可避免地会对被执行人或者案外人的合法权益造成侵害，因此，强化对执行实施过程的监督，及时纠正违法执行措施，意义重大。

依据《民事诉讼法》的规定，执行过程中，当事人、利害关系人针对执行员的执行行为和对执行标的采取的措施可以提出执行异议和案外人异议，执行法院通过执行裁决程序对执行行为作出评断。目前，需要裁决的事项有两类，一类是当事人地执行程序的合法性提出的异议，另一类是对执行标的的权属提出的异议。一般认为，前者属于程序性异议，由执行机构审查，救济途径是向上级法院提出复议。后者属于实体性异议，根据效率优先原则，由执行机构进行形式审查，救济途径是向执行法院提起案外人异议之诉。

执行裁决程序类似于民事审判程序，虽然法律没有明确规定裁决程序，而且审查的时间只有十五天，但在保障效率的同时，也应当追求程序的公开、公平、公正性。如另行组成合议庭审查或安排他人独任审查，必要时公开开庭听证等。

4. 强化分权制约机制

执行分权制约机制，是针对执行实施权可分的特点，为了防止怠于执行、暗箱操作、违法执行等弊端，按照不同的节点进行执行资源分配形成的监督制约和促进机制。实践证明，虽然分权制约机制一定程度上可能会影响工作效率，但总体上看是利远大于弊的。

执行分权是原则，但具体实践不可"一刀切"。执行实施权分到什么程度，主要考虑三个因素：一是执行力量，二是案件数量，三是信息化程度。如果执行力量不强，执行权分段越多，工作效率和效果会越差。案件数量越多，执行分权也显得尤为重要，同样，信息化程度越高，分权的可能性也越大，效果也会越好。

（1）要找准关键节点。一般来说，执行分权要根据执行工作规律特点，坚持效率优先、监督相随的原则，根据本院的人力、案件数量和信息化程度，选择合理分权运行机制。一般来说，财产调查、控制权、财产处分权、案款分配权应当分开，这是分权制约的核心。至于调查权中的具体法律文书的制作和实施、财产信息的查询和控制等具体的运行是否需要细分，还是要根据前面所述实事求是地选择。需要特别提出的是，随着信息化在执行工作中的逐渐深化，执行工作格局也会产生历史性的变革，因此，适应信息化在执行工作中的不断渗透，实施权中的人力资源应当发生变化。如分权关键节点可为财产查询、财产控制、财产变现、案款分配，据此确定分权运行管理机制。

（2）科学设计各环节之间的衔接程序。之所以认为分权制约运行机制有时会出现影响效率的现象，主要是因为不可避免地会出现各环节之间的推诿、扯皮，矛盾后移，前一工作环节带病移交，下一工作环节不能有效开展工作，造成工作效率不高。因此，各环节之间的衔接程序成为分权制约机制的关键。一是明确各环节之间的任务目标、工作时限和责任追究；二是相关人员如局领导在环节流转中切实审查好、把好关，杜绝带病移交。

5. 执行信息公开的管理

执行公信力不高与执行信息不公开、执行程序不透明密切相关，同时，因受"执行难"这一顽疾的影响，执行案件的实际执结率和标的到位率偏低的现实不被社会所接受。去年以来，最高人民法院提出"三大平台"建设，其中包括执行信息公开平台建设，要求将所有的生效法律文书在互联网上公布，所有的执行信息同步公开，切实保障当事人的知情权和参与权，接受广泛的、全面的监督。面对新的形势，执行工作在鼓足勇气迎接监督的同时，更应该理性地应对公开带来的正反两方面的效应，从最初的问题"倒逼"出现的不适应到逐渐提升执行能力，减少执行的负面效应，最终实现"因公开而公信、因公开而公正、因公开而公平、因公开而高效"的目标，在赢得当事人理解认同的同时，凝聚社会力量，形成健康的社会诚信体系和强大的威慑机制，让"执行难"这一社会顽疾逐渐消融。

实践中，哪些执行信息可以公开，哪些信息应当严格保密，确实值得认真研究。我们认为，执行信息公开应当坚持两个原则：一是凡应当接受监督的措施一律公开，如关于执行时限的信息，是否在规定的时间内采取措施？采取了何种措施等？二是涉及当事人秘密的信息应当依法不予公开。如执行中查询到的被执行人个人信息、财产信息等，除为被执行人履行法定义务外，不得以任何方式、通过任何途径泄露。二是执行信息公开的方式或途径。目前，执行信息公开尚处在初始阶段，应着重在以下五个方面加强公开的范围和力度：首先是充分利用执行短信平台，把所有采取的执行措施及时通知当事人。这就要求执行员要全面、完整、准确、及时录入信息，及时传达给当事人。其次，要充分利用全国法院执行案件信息管理系统，让当事人和案外人能够查到案件的执行情况。第三，要全面公开被执行人拒不履行或不适当履行法定义务的信息，通过社会惩戒机制形成社会压力。第四，要将生效的执行法律文书及时公开，交社会进行监督。第五，在一些具体的措施上，如通过公开开庭听证、邀请有关组织、人员参与执行等，公开执行信息，宣传有关工作。

第六章　法院人力资源建设的方法论

当今社会，人力资源是第一资源，人力资源的建设或者管理是组织管理的核心。人力资源管理（Human Resource Management，HRM）是 20 世纪七八十年代产生的一套新兴管理理念、系统和方法。其含义是指国家和各种组织为开发和促进本国、本组织人力资本的发展，对本国或本组织人力资源现状进行的统计、规划、投资、成本—收益核算以及培训、使用、保障、研究和发展等一系列决策活动。[①]

而法院作为公共部门，对其进行人力资源建设又有其独有的特征。首先，法院作为一个组织结构体系，是按照统一的组织原则建立起来的具有统一目标和职责的有机整题，从这点来看，法院人力资源建设有着系统性的特点；其次，国家和社会赋予法院特殊权利和地位，使得法院人力资源建设具有凌驾于其他社会组织之上的特殊地位和权威，因此，其制定的有关人力资源管理的各项制度及措施，对其他社会组织都具有一定的强制性和一定的约束力，同时，国家通过各种法规对其进行一定的限制，使得其具有法治性的特点；最后，法院人力资源建设的目的不是为法院自身谋求既得利益，其具有公益性特性。

第一节　我国法院人力资源建设工作方法的现状

传统的法院人力资源管理把精力放在员工的考勤、档案、干部任免、奖惩、合同管理、办理保险等事务性工作上。现代人力资源观强调以系统、全局的观念来统筹人力资源，不把人力资源局限于相关部门、封闭于狭小领域，而是把人力资源管理作为支持长远发展的战略性力量。

我国法院人力资源建设中最突出的现状或者问题就是：司法人力资源

[①] 廉茵. 公共部门人力资源管理. 北京：对外经济贸易大学出版社，2006.

体制性浪费问题。这主要是"由于政府体制不健全、不合理，或者不按规章办事，导致政府行政效率低下，提高了行政运行、社会运行成本而造成"的。① 导致司法人力资源体制性浪费问题的因素很多，但根本原因在于没有在理论上真正弄清司法权的本质与功能，从而导致保障现代司法权有效运行的种种制度空缺或存在根本缺陷。这种有缺陷的司法制度与不合理的现实交互作用，演化、衍生出形形色色与现代司法制度相悖的怪象。总结起来，有以下几方面的原因。

一是人民法院没有实现真正意义上的独立审判权。虽然我国宪法和其他法律规定了法律依法独立实行审判权，不受行政机关及其他组织的干涉，但同时也规定了最高人民法院对全国人民代表大会和全国人民代表大会常务委员会负责，地方各级人民法院对产生它的权力机关负责。这就为权力机关不当干涉司法系统留下了隐患。在实际操作中，由于一些地方人大负责人往往由党委负责人担任、司法经费仰仗地方政府财政部门拨给、地方政法委负责人往往由地方公安机关负责人担当、司法官员人事任免大权实际掌握在地方党委组织部门之中等现实因素，司法权难以抵制来自个别党政领导人以及人大机关、行政机关及其下属部门的不当干预，难以真正独立。我国现状中又存在着"复转军人入法院""党政高官当院长"等问题，使得真正受过法学教育，通过正当途径当法官，勤勤恳恳从事司法工作却难以升迁的专业司法人员带来很多的负面影响。

二是司法管理行政化现象严重，法院人力资源管理模式存在一定缺陷。由以上分析可知，我国司法权独立问题没有得到解决，法院内部司法管理模式，特别是司法管理行政化方面存在问题，使法官在审判工作上缺乏主动性、积极性、创造性，最终使个案审理及裁决耗费的力成本大为增加。在高度管理行政化的法院管理模式下，院长、庭长、审判委员会等等非庭审机关或个人可以公开或私下要求审判人员口头或书面汇报庭审情况，审判人员大量的时间不能用于认真独立地思考、研究、裁判自己审理

---

① 晏扬. 更应关注体制性浪费. 文汇报，2005 年 8 月 18 日。

过的案件，而是耗费在一些无谓的汇报与会议当中；同时，听取汇报者也陷于非自己承办的案件的文山会海里，双方貌似繁忙无比，实则都是浮光掠影，时间耗在浪费之中。此外，律师非强制代理制度、案件上请制度等，则极易丧失审前律师对案件思考、研究的过滤成果以及通过审级进行纠错的机会，造成裁判质量难以提高，从而加剧司法资源的无效率消耗，形成司法人力资源体制性浪费。另外，这种行政化模式还使法院审判管理与法院内务管理不分，一些行政领导，根本不懂法院审判工作，插手甚至干预法院的正常的审理工作。从而不得不使法官花费相当的时间与之沟通，这种沟通本身加重了法院人力资本，造成法院人力资源体制性浪费。高度管理行政化的法院管理模式也是非司法性事务对司法人力资源的占用与耗费的重要原因。因为维护此种高度管理行政化的管理模式本身需要占用与耗费大量的、本来可以用于实现司法功能的人力资源；高度管理行政化又意味着对上负责的金字塔管理结构，上层领导很容易为满足"形势需要""大局所需"要求造成司法资源错用，而不会受到来自内行法官方面太多的阻力。

三是司法人员的素质差，造成法院人力资源管理的体制性浪费。新中国成立之初，在藐视旧法律、创造新司法的心态以及对"司法民主"片面理解的影响下，司法职业大众化成了主流做法，"工农出身，政治面貌清白，具有高小文化"就可以成为司法官员。改革开放以后，司法制度得以恢复，但提高司法人员素质的问题没有很好地落实。早在1980年，邓小平同志即深感中国紧缺并迫切需要"学过法律、懂得法律，而且执法公正、品德合格的"法官、检察官、律师等法律职业人才，"起码缺一百万"。[①]令人遗憾的是，其后"工人转岗当法官""复转军人进法院"现象依然存在，甚至出现了像王爱茹这样的"舞女法官"、姚晓红这样的"三盲院长"。由于司法人员素质方面的原因，造成了以下几个方面的司法人力资源体制性浪费问题：①大量的司法人力、物力耗费于对已经进入法院大门

---

① 邓小平. 目前的形势和任务. 邓小平文选第2卷，人民出版社，1993年版。

的司法官员进行法律常识与基础学历培训，让一大批文化程度不高的司法官员逐步完成"过大专、升本科、混硕士"的"学历包装工程"。②难以理解、接受并运用律师对案件的代理成果提高裁判水准，甚至排斥律师对诉讼活动的积极参与，使律师这一"对法律的顺利实施和司法质量负有特殊责任的群体"① 不能真正发挥自身作用。③审判人员缺乏基本的司法裁判、调研能力，办案质量低下，司法裁判缺乏权威，迫使各级法院内部不得不设立诸如"研究室"一类的内部机构并配备"专职调研人员"，等等。

四是司法业绩考核体系存在问题，难以反映司法资源实际耗费。责任政府呼唤责任司法，对司法机关及司法人员的业绩考核逐渐引起社会关注与司法机关的重视，许多法院也在建立审判质量评估体系，通过基础指标和分析指标，从审判公正、审判效率、审判效果等方面对审判质量进行考核②。这种建立系统量化指标对审判工作进行考核的方法当然算是司法管理上的一种进步。然而，这些指标似乎仅仅局限于法院内部的裁判与执行工作，对法官的素质、办案成本（含法院本身成本投入以及当事人成本、社会成本）、因法官素质不高而导致的培训成本与机会成本等能够反映出司法资源（含人力资源）利用水平高低与浪费程度大小、对社会司法人力资源的吸纳水平、法院人力资本方面的核心竞争力等根本未加考虑。有关审判质量考核的结果难以全面反映我国司法权运行的实际水平，并且可能掩饰了许多应该让社会知情与急需改进的问题，其中当然就包括司法人力资源体制性浪费方面的众多问题。

五是人员进出渠道不畅，司法机关对社会司法人才利用水平低下。由于户籍制度、干部人事制度以及其他方面种种不合理因素的存在，司法机关明知如何改进司法人力资源管理问题，需要的人才却依然进不来，不需要的庸人出不去，人员进出渠道不畅，从而司法人力资源体制性浪费问题一直难以解决。社会上从事法学研究及法律实践的司法人才也大量存在。

---

① 谭世贵. 中国司法制度. 北京：法律出版社，2005.
② 梁三利. 审判质量评估体系初探. 中国质量，2006（9）。

这些法律人才本来是对司法人力资源进行优化的良好资源，从资深、优秀律师当中选拔司法人员本来也是法治发达国家的成熟经验。然而，由于身份意识、官本位意识的作祟，社会司法人才，特别是律师行业，往往受到公开的、隐蔽的歧视，甚至政府法律服务领域也要"公职律师"去担当才放心。而按照现行法律、政策规定，律师事务所既非国家机关、人民团体或国有企事业单位，也不算私营、外资企业，辞去公职的律师也很难有机会再行回归政府及公共事业部门，遑论担任司法官员。《人民法院第二个五年改革纲要（2004—2008）》将原先第一个"五年改革纲要"当中从律师当中选拔法官的明文规定悄然删除，《人民法院第三个五年改革纲要（2009—2013）》尽管提出完善法官招录培养体制的意见，但目前法院仍然难以真正吸纳法律实践经验丰富、最适合担当法官职位的成熟司法人才，司法官员法律学历培训上的不经济逐渐转化为法律经历培训上的不经济，司法人力资源体制性浪费现象必将长存不衰。

以上是我国法院人力资源管理现状存在的问题，然而，现今还有很多好的管理方法，值得借鉴。即在发展远景、职能使命的指导下，将人力资源管理与法院组织结构、法院文化紧密结合，以达到短期内促进法院业绩提升，长期内推动法院职能全面实现的目标。

其一，对法院人力资源进行科学的规划。人力资源规划的目的在于建立合理的队伍结构，使人力资源更有效地支持法院工作目标的实现。工作重点有三个：一是建立合理的人员"类别结构"，二是建立合理的人员"质量结构"。三是建立合理的人员"年龄结构"。根据法院的职能特点、队伍状况和审判工作规律，将法院全体工作人员划分为法官、审判辅助人员和司法行政人员，审判辅助人员分为法官助理、书记员、司法警察，司法行政人员分为专业技术人员、行政人员、后勤保障人员。

其二，人才管理要有效。人才管理不是简单的人事安排，它是针对智力资源的管理。管理者辨识一个人的长处，将其配置在合适的位置，从而为组织创造最大的价值。这是一个基本的管理常识，也是一个管理者必须履行的职责。所以，人才管理的核心是实现人职匹配。如某法院让一个审判庭的业务尖子担任某管理部门领导后很不适应，这种人员配置常常会使审判庭失去了一个审判人才，又塑造了一个平庸的管理者，对于组织和个人都是一种损失。管理者和审判人才是两个完全不同的角色，素质要求大相径庭，把他放在审判庭工作如鱼得水，颇有业绩，相反让其作为管理人员却可能是一种浪费。法院人力资源管理目标是引导干警把对个人自身价值的追求置身于法院的追求之中，使个人的付出获得应有的回报和认可，并鼓励干警具备奉献精神。只有这样，整个法院职能运转才能像一个正常人一样协调行动。法院的领导者把好方向掌好舵，努力培养干警与法院形成共同的理想，积极做好组织、协调工作，大力促进法院队伍建设，就能完成预期的任务，充分发挥法院的职能。

其三，法院人力资源管理要融入到法院本身的文化中去。从人力资源观看，法院人力管理是一个大系统，法院文化、人力资源管理系统是这个大系统内相互渗透、相互影响的子系统。任何一个子系统的变化必然影响其他子系统，因此，人力资源管理系统的设计不能不考虑文化背景和氛围。如某法院经过长期建设，基础牢固、工作平稳，它的文化崇尚稳固、渐进，与之相适应的职位、工作、人（人力资源平台）强调的是渐变，是相对稳定的；而管理系统中的招聘、使用则强调干部的稳重素质，一般从内部提升管理者。另一个法院条件不如前一个法院，为了达到先进法院标准，必须以锐意进取、求异思变的精神去挑战困难，因此，它的文化注重的是创新、进取，其人力资源平台常处于变动之中，而其招聘新人员、使用、提拔干部注重强调创新、变革和奋斗进取精神，喜欢从外部招人。前者是趋向保守，后者立足于进取。因此，人力资源操作系统必然受到法院文化的影响。但法院文化与人力资源操作系统的融合并不是机械的，是有一定的模式可以遵循的。处理好两者关系的核心在于建立人力资源操作系统，要有意识地以文化为主要决定因素之一，要考虑两者之间是否协调一致，如存在矛盾就必须站在文化的角度重新审视人力资源操作系统，修正方向，促进法院文化的发展。

其四，将人力资源管理与其他系统相结合。法院有审判管理系统、后勤保障管理系统、教育培训管理系统、警力保障管理系统、政工管理系统等若干管理系统。人力资源系统与这些管理系统是相互作用和相互影响的；每一个系统中都有人力资源管理问题。人力资源系统要为他们提供、配置、调整合适的人力资源，指导对干部的合理使用。它通过制定可操作的各项人力资源政策、制度、程序、方法，为管理者提供咨询，促进管理者有效管理。形成人才"引得进，留得住，用得好"的机制。事实上，人力资源管理系统融于每一个系统之中，因为干部吸收、考核、激励、保留等也是审判管理、后勤保障管理、警力保障管理等系统的重要任务，所以人力资源管理系统与其他系统有机结合在一起，就是要发挥人力资源管理系统的指导和服务作用，就要求我们在进行人力资源系统建设时与其他系统协调一致。

其五，对法院人员进行有效的培训。培训本身肯定不是目的，只是实现人才培养的手段和形式。培训的主要目的在于培养支持法院长期可持续发展的人才。通过培训提升干警的知识理论水平和工作技能，更重要的是培养、提升干警的政治思想、道德品质和工作态度。衡量培训效果的根本标准不只在于培育了多少人才，更重要的是支持法院与其成员共同成长。如何有效地改进和提升法院干部的思想、工作素质、如何建立法院和其成员和谐共进的职业发展通道是开展培训时必须确定好的培训策略。在法院发展的不同阶段，由于业务重点和管理要点的变化，培训策略与培训内容又是动态变化的。通过培训项目管理，明确培训目标、设计培训内容、选择培训形式，充分调动业务部门参与培训的积极性，可大大提高培训的有效性。以笔者实践看，应具体把握以下几点：一是突出培训重点，扩大培训覆盖面。在保证全员培训基础上有重点地培训法官主体。二是增强针对性和实效性，突出更新知识及提升职业技能的培训。特别是对新颁布的法律和司法解释，要及时采用多种方式进行培训，统一法官对法律、司法解释的认识及执法尺度。三是改进培训形式和方法。除运用好传统方式外，还要充分发挥网络在教育培训中的作用。四是加大教育培训的评估力度，确保取得实效。

第二节　法院人力资源建设工作方法的创新

由以上对我国法院人力资源建设现状的分析可知，我国法院人力资源建设存在很大的问题，要想真正使我国法院更好地利用法院内部以及社会上的各种宝贵的人力资源，必须对现有的工作方法进行改进或者改革，创造一套合理的法院人力资源建设方案。这要从加强法院领导团队（班子）建设做起，进而改进法院干警队伍建设，着重谈一下法官职业化途径问题。

一、领导团队建设的工作思路

我国法院领导团队表现出很强的行政化色彩。由于新中国成立以来相当长的一段时间我国实行高度集中的计划经济体制，反映到上层建筑领域则相应地表现为法院内部设置的不合理性，还残存着计划经济时代的色彩，法院领导的权力过于集中，缺乏相应的监督机制，加之我们对法律的认识不足，人们甚至在很长一段时间都认为执行法律是一种技术，而对法院系统的管理应当依照行政方式来进行，这就导致了法院管理的行政化倾向，法律机构设置的行政化。[①] 由此而形成了一种现象：法院内部不断增设部门，行政管理内设机构庞杂；法院比照行政机关设置诸多职能部门，使得职能过细，工作交叉；法院的本职是审判工作，应以精干的司法行政部门的有效工作为其保证，但是现在很多地方越是级别高的法院部门，行政部门对业务部门的比重就越大，有的已经各占一半，这实际削弱了法院的业务职能。法院领导队伍的行政化导致法院失去了应有的功能，使司法独立受到挑战。

因而，当今法院领导队伍必须进行改革，朝着专业化方向发展。即加强法院领导队伍人员的专业素质修养，改变司法进入渠道，使司法人员与行政公务员区分开来。加强法官的独立审判能力，减少法院行政人员类似

---

① 沈敏荣. 依法治国与我国的法制建设. 人文杂志，2000：（2）.

院长对个案审理的干预。具体来说，表现在以下几个方面：

（1）提高领导队伍的整体作风。狠抓领导班子建设，持之以恒地贯彻落实中央"八项规定"精神和最高人民法院"六项措施"，努力把各级人民法院领导班子建设成为政治、业务素质高，清正廉洁，严肃执法，作风优良，具有较强凝聚力和战斗力的领导集体。

（2）严格按照法官法的规定选配法院领导干部。选拔任用法院领导干部，要按照正规化、专业化、职业化的建设要求，严格执行最高人民法院《关于进一步改进和完善干部选任工作的意见》【法组（2013）93号】，既要符合一般领导干部的条件，又要符合法官法规定的任职条件。法院领导干部应当具备法律专业知识和法律工作经历，凡是不符合"德才兼备"原则、不符合法官法规定条件的人员，都不能任命为院长、庭长，不能进入领导班子。

（3）领导队伍年轻有为化。按照中央规定的各级领导班子年龄结构的目标要求，及时把德才兼备、实绩突出、群众公认的优秀年轻干部选拔到各级法院领导班子中来。对特别优秀、有发展潜力的年轻干部可以破格提拔，及时放在重要岗位上锻炼。

（4）充分发挥不同年龄段干部的作用，特别是要发挥有经验的审判骨干的作用。处理好注重高学历、年轻化和注重实践经验、保护审判骨干的关系，形成合理的领导班子年龄梯次结构。

（5）加强法院后备干部队伍建设。上级人民法院要积极协助地方党委确定下级人民法院领导班子后备干部人选，努力保持后备干部的数量、质量和活力，使各级人民法院领导班子有充足的后备人选。要主动与地方党委沟通、协调，有计划、有步骤地对后备干部进行培养和锻炼。

二、法院干警队伍建设的工作思路

根据各个职位的工作性质和职责，人民法院工作人员分为法官、审判辅助人员、司法行政人员三大类。人民法院工作人员分类管理制度改革是中央司法体制和工作机制改革的一项重要任务，也是探索实施科学的法院人力资源制度的必然要求。近年来，最高人民法院根据《人民法院五年改革纲要》和《关于加强法官队伍职业化建设的若干意见》的精神，着重围绕法官职业化建设的总体思路，采取了整体部署、分步推进、从易到难、试点探索等方法，不断丰富法官职业化建设的措施和经验，在法院人员分类管理制度改革方面作出了富有成效的探索。2003年10月，最高人民法院联合中组部、人事部下发了《人民法院书记员管理办法（试行）》，确定了对书记员实行聘任制合同管理的制度，迈出了法院人员分类管理的重要一步。2004年10月，最高人民法院征得中组部同意后决定，在十八家地方人民法院开展法官助理试点工作。2004年年底，中共中央转发的《中央司法体制改革领导小组关于司法体制和工作机制改革的初步意见》，最高人民法院于2005年10月下发的《人民法院第二个五年改革纲要》，明确规定要改革、完善司法人事管理制度，推行人民法院工作人员的分类管理。中发〔2006〕21号文件《中共中央关于进一步加强人民法院、人民检察院工作的决定》中也指出，要"逐步建立法官、检察官及其辅助人员分类管理模式，建立法官、检察官单独职务序列"。2005年4月27日，第十届全国人大常委会第十五次会议通过了《中华人民共和国公务员法》，凸显了分类管理的原则。在前期十八家法院法官助理制度试点基础上，2007年12月，最高人民法院又下发了《关于在西部地区部分基层人民法院开展法官助理制度试点、缓解法官短缺问题的意见》，将法官助理试点范围扩大到西部八百多个法院。2013年3月5日，中央组织部和最高人民法院联合印发《人民法院工作人员分类管理制度改革意见》，正式拉开法院人员分类管理制度改革的序幕。上述有关人员分类管理的一系列改革，在一定程度上完善了法院人事管理制度，促进了不同类型人员整体素质的提高，但由于法院人员分类管理还处于探索和试点阶段，在推进法官职业化、实行人员分类管理过程中还存在许多困难与不足，需进一步改进和完善，具体表现在以下几个方面。

（1）法院人员身份、岗位交叉现象普遍。目前，法院工作人员虽然有法官、审判辅助人员、司法行政人员的划分，但是人员岗位和身份并不明晰。法官虽然按照法官法管理，但同时也纳入了公务员法管理范畴。法院现有许多执行员、司法行政人员、司法技术人员本身具有法官职务。同时，由于法院为了加强人才培养、使用，综合部门与业务部门之间人员流动较为频繁，使得法官、书记员、综合部门工作人员兼职现象普遍，身份变化较多，难以界定。

（2）法院人员管理模式单一。法院人员的遴选、考核、晋级、晋职、培训没有建立符合不同类别人员的管理体系。凡涉及晋职晋级、调整工资等均以行政职务、职级为主要依据，考核模式也以公务员年度考核为主，缺乏针对性较强的岗位绩效考核指标和要求。同时，由于法官员额制度尚未确立，法院内部符合法官任职条件的人员，都可以被任命为法官，导致法官数量逐年上升，影响了法院内部审判人员和行政人员的合理构成比例。

（3）分类管理的政策、法律依据仍需加强。目前，法院人员分类管理改革过程中需要解决法官助理的法律定位、最高法院设置执行员、明确司法警察的法定职责等政策、法律问题。同时，法院人员分类管理涉及人员进出、转岗、使用、考核、奖惩、晋升、工资福利待遇等一系列法院人事管理问题，涉及国家司法体制改革的重要内容，必须采用自上而下的改革方式，在国家组织、人事、财政等部门的支持下，完善各类配套政策，并通过立法予以确认的方式，理顺管理体制，加强政策保障。

法官助理作为人民法院的重要组成人员，地位重要，责任重大。因此，法官助理应该是一支高素质的、有一定数量的、稳定的专业人才队伍。法官助理属于公务员，但又是特殊的公务员，即司法公务员，这一职业特点要求其具有普通公务员必须具备的知识外，还要掌握法律专业知识。我们要结合中国国情，探索我国法官助理队伍的建设问题。

其一，关于法官助理如何管理的问题，一种意见认为法官助理应作为独立的司法类公务员，按照《国家公务员暂行条例》进行管理；另一种意见则认为，法官助理与法官职责虽有区别，但与审判工作岗位紧密相关，具有一定程度上的不可分性，按照《国家公务员暂行条例》管理，容易产生消极影响，应按法官法管理。笔者倾向于第一种意见，因为法官助理不是法官，自然不应列入法官序列，对其实行单独序列管理才能真正体现法院不同岗位人员的分类管理。此外，法官助理作为"智识型"的助手，是一个专业性很强的职务，对其任职条件和工作能力的要求都比较高，必须要有一定的职务晋升空间和较高的待遇，才能调动法官助理的工作积极性，保证法官助理队伍的稳定性，确保审判工作的完成。因此，在对法官助理实行单独序列管理时，应设立科学、合理的职务、职级序列，其职级配备应略高于普通公务员；待遇应低于法官，但要略高于公务员。

其二，关于法官助理的任职条件。担任法官助理的条件应当把握两个原则：一是法官助理应具有较高的文化水平和法律专业素质，同时法官助理的地位和性质决定了法官助理的条件应当低于法官的条件，高于书记员的条件；二是由于我国幅员辽阔，民族众多，经济、文化发展程度很不平衡，对担任法官助理的条件限制应当遵循原则性和灵活性相结合的原则。基于以上两个考虑，对于新进入法院拟担任法官助理的人员的学历条件，一方面要坚持高标准，即法官助理应当是高等院校法律专业本科毕业或者高等院校非法律专业本科毕业具有法律专业知识。另一方面又要坚持实事求是，对欠发达地区的法院要有倾斜政策，西部地区和《最高人民法院、最高人民检察院〈关于在部分地方放宽法官检察官学历条件的通知〉》规定的放宽学历条件的地区，法官助理的学历条件在一定期限内应该可以放宽为大专文化程度。此外，在目前一律要求法官助理通过国家司法考试并不现实的情况下，可以由各省高级人民法院根据本地区的实际情况，自行确定是否将通过国家司法考试作为法官助理的任职条件。

其三，关于法官助理的录用程序。我国的法官助理采取的是职业化的模式，其基本性质是职业化的司法辅助人员，因此显然不能像美国法官聘用法官助理那样率性随意，而应该有一套严格的录用程序。具体而言，法官助理作为公务员中特殊的、独立的职务序列，应当按照录用公务员的方式，根据公开、平等、竞争的原则，通过考试（最好能够考虑到法官助理的特殊需要，在考试中突出专业内容）、考核，择优选用。

其四，关于法官助理的管理模式问题，也有多种不同的意见。一种意见认为法官助理应该由法官（合议庭）直接进行管理，对法官（合议庭）负责，这样便于随时做好工作的衔接和协调，减少庭前准备与庭审工作间的摩擦，有利于保持审判工作的连续性，有利于提高诉讼效率。另一种意见则认为，法官和法官助理分属两个单独序列，法官助理由法官（合议庭）进行管理在体制上理不顺；同时，法官助理与法官（合议庭）的联系过于紧密，对彼此的工作思路、工作方式和工作习惯都过于熟悉，不利于发挥创造性，也有悖通过法官助理阻断法官与当事人之间联系的初衷，因此认为应设立一个专门机构，对法官助理进行单独管理。笔者认为，思考法官助理管理模式的着眼点要放在有利于法官独立、公正地行使审判权，降低审判成本，提高审判效率的基础上，真正实现人员分类管理。要从管理的实质内容上做文章，不能仅停留在表面形式上。否则虽然人员集中了，但是管理政策没有突出法官助理的职业特点，等于穿新鞋走老路；或者为了协调与衔接，仍沿用同一管理模式管理不同类型的人员，等于没有改革。从这一点看，分类管理的核心应该是管理政策的分类。法官助理与法官、书记员在同一个审判庭，根据审判需要组成不同的审判单元，各司其职，各尽其责，相互配合，共同完成案件审理中的各个环节和不同岗位的工作，保证案件审理的"公正与效率"，这就是我们的初衷。至于法官助理是否需要由专门的机构管理，合议庭与法官助理的搭配是固定或相对固定，或随案组合，这些问题都需要根据各级人民法院和不同地方的实际情况摸索确定。但是，无论采取何种管理模式，法律规定的独立审判、公务回避、秉公执法以及审判工作必须遵守的工作纪律等，是相关人员都必须要遵守的。因此，笔者认为，法官助理这一岗位应该按照公务员的职级序列设定相应的、有一定发展空间的职级配备标准，并根据法官助理自身的工作表现和能力晋升公务员职级，从而使大多数法官助理安心本职工作。当然，对个别符合法官条件、通过国家司法考试的优秀法官助理，在法官缺额的情况下，通过必要的选拔程序和法律程序，也可以任命为法官。从这点讲，法官助理也是法官人选的培养和储蓄基地，可以为选任法官提供充足而坚实的人才储备。

其五，法官助理的配备。在配备法官助理时，必须坚持以下五个原则：一是保证法官居中、独立裁判的原则，二是维护当事人合法权益的原则，三是提高审判效率的原则，四是统筹、合理使用司法人才的原则，五是回避原则。

法官助理的配备可以说是"牵一发而动全身"，它与确定法官编制员额以及法院其他各类工作人员的编制员额互相牵制，密不可分。在考虑法官助理的配备时，必然涉及对法院各类人员的重新组合，需要整体考虑人民法院各类人员的员额比例，而科学、合理地确定人民法院各类人员的员额比例，必须以科学地对各类人员的工作量进行统计分析为前提，绝不能仅凭经验。当然，目前我们还没有形成一套对法院各项工作进行科学的量化评估的系统，但是，这是一项必须要做的工作。这项工作需要时间，需要大量的调查研究，需要翔实的统计数据和科学的分析，需要有一个科学的、合理的、明确的管理理念。

在这个前提下，才可能制定出一个符合中国国情的、适应中国法院审判工作需要的人民法院各类人员的员额比例。目前，我们可以从以下几个角度考虑法院各类人员员额比例的确定问题。一要根据审判业务人员与行政人员、后勤服务人员的职责和工作量，确定法院中上述三类人员的总体配备比例。只有将这个比例框架确定，才可以避免在确定某一类人员的比例时超出编制的总额，才可以使我们在考虑不同人员的员额比例时注意相互协调、相互平衡。二要科学、合理地确定审判业务人员中法官与审判辅助人员的比例。这是人民法院确定各类人员比例的关键，因为它涉及法官的编制员额的确定。根据国外的经验，审判辅助人员往往比法官多得多，例如，德国的法官与审判辅助人员的比例一般为 1：2 至 1：3，在基层法院两者的比例则更高一些；法国的比例约为 1：4；英美法系国家，这个比例还要高。在我国，一方面，不同地区的法院情况差别较大；另一方面，由于不同审级的法院受理案件的对象不同，审理案件的程序也不同：基层法院受理的案件相对简单，适用简易程序的比例很大；中、高级法院虽没有适用简易程序的，但也有一部分采用了普通程序简化审的方式，不同的审判方式导致了工作量也有很大的差异。因此，在考虑法官与审判辅助人员的配置比例时，应考虑各地区法院、各级法院、各种法院的特点，设计较为灵活的方案。三要根据各自的职责和相应的工作量，具体确定审判辅助人员中法官助理、书记员、法警、法医等各类人员的比例，并在此基础上，合理确定法官助理与独任法官或合议庭的比例、书记员与独任法官或合议庭的比例。目前，我国许多地方法院已经开始对法官和法官助理、书记员、速录人员的比例进行研究，并对各种比例进行了试点。以北京市房山区人民法院为例，他们对"三二一"模式进行了尝试，即一个合议庭由三名法官、两名助理法官和一名书记员组成，其配置比例为 3：2：1。其中，三名法官既可分别担任独任法官，又可组成合议庭。浙江省岱山县人民法院则自 1999 年开始实施了以独任法官为核心、法官助理和书记员为辅助的配置模式，其配置方法是由一名独任法官、一名法官助理和一名书记员组成审判组，三者的配置比例为 1：1：1。这些配置模式都是各地法院在试点过程中的有益尝试和探索。我们认为，无论怎样设定各类人员的比例，都要综合考虑相关因素。例如，研究法官助理与法官的比例就要考虑到法官的员额，考虑到法官（合议庭）配备书记员的比例，考虑到案件审理过程中法警的配备要求等。单独考虑某一类人员的配备，不可能制订出科学合理的人员比例方案。我们应该及时总结不同地区法院的实践经验，摸索、研究、分析各种模式的优缺点，为最终确定各类人员的员额比例提供参考。

其六，法官助理的实施与现状的过渡。根据我国法院改革的基本构想及我国法院的人员构成现状，法官助理的来源主要包括新录用助理和转化助理两大类：新录用助理主要指从向社会公开招录的人员中吸收而来的助理，包括来自法律院校的应届毕业生和来自相关职业的有关人员；转化助理主要指从法院内部的现行人员中转化而来的助理，包括从现有的法官队伍中（审判员和助理审判员）转化而来的和法院内部非法官人员（书记员和其他行政性辅助人员）转化而来的法官助理。而从我国法院法官的现状考虑，除在有限的编制范围内从大专院校招收少量法官助理外，法官助理的来源应当以法院内部相关人员的转化为主。

由此可见，法官助理制度涉及相关法律问题和干部管理政策问题，涉及法院工作人员的切身利益，关系重大，一定要慎重稳妥。笔者认为，在建立法官助理制度的过程中，为保证队伍的稳定和审判任务的完成，可以先对模式进行运行和探索，即改变以往人民法院审理案件由"法官（合议庭）＋书记员"法官包括审判员和助理审判员的人员组合，实行"法官（合议庭）＋法官助理＋书记员"的新的人员组合。但在运行模式时应该采用"老人老办法和试行新政策相结合"的工作原则。"老人老办法"是指在人民法院现有人员中试行法官助理制度的，重点以运行新的人员组合模式为主，维持从事法官助理工作的有关人员的法律职务、待遇不变，使他们在保留现有身份的前提下，行使法官助理的职责。"老人老办法"可以运行一段时间，根据形势的发展、相关政策的配套、人员心理状态的调整，甚至直至法官编制员额的确立，再进行总结和完善。在推行"老人老办法"的同时，还必须同时试行新的政策，即对法院人员的"增量"实行新的管理办法。"新政策"是指新进法院的审判业务人员和重新组合后的法官助理、书记员和法院其他工作人员不再任命为助理审判员。这些人员中符合法官（审判员）条件的，可以根据审判工作的需要，通过法定程序，任命为法官（审判员）。符合法官助理条件的，可以根据审判工作的需要，任命为法官助理。因为法官助理与助理审判员不能同时存在。否则助理审判员队伍没有减少，"老人"的群体逐步增加，新的政策则无法彻底实施。

法官助理制度涉及人民法院工作人员分类管理的大格局，涉及许多人事政策的改革，例如，过去对法院干部职级的晋升有明确规定，书记员到一定年限转为助理审判员就可以晋升行政职级。如果取消助理审判员，没有相应的人事政策配套，干部的利益就会受损失，法官助理制度就可能无法推行。因此，实行法官助理制度，还必须处理好实行这一制度与相关人事政策的衔接。

三、法官专业化的实现路径

法官队伍专业化建设是提高法官队伍整体素质的重要途径。在当前和今后一个相当长的时期，努力推进法官队伍的专业化建设，是摆在各级人民法院面前的一项重要任务。

1. 深刻认识加强法官队伍专业化建设的重大意义

改革开放以来，特别是近十年来，人民法院在抓好审判工作的同时，大力加强队伍建设，法官队伍的整体素质明显提高，为人民法院依法履行宪法和法律赋予的职责，提供了坚强的组织保证和人才支持。但不可否认，法官队伍的现状离党和人民的要求仍有相当的差距，法官队伍整体素质尚不适应形势发展与任务的需要。迄今为止，我们还没有真正建立起严格的法官录用和法官选任制度，法官依法独立公正审判案件的职业保障机制尚未确立，法官管理和监督体系仍有待完善，法官的职业培养和继续教育制度尚需健全，等等。总之，建立一支高素质法官队伍仍是一项紧迫的任务。我们要以"三个代表"重要思想、科学发展观为指导，按照《中共中央关于进一步加强政法干部队伍建设的决定》《中共中央关于加强和改进党的作风建设的决定》《党政领导干部选拔任用工作条例》和《中华人民共和国法官法》的要求，大力加强法官队伍职业化建设，努力建设一支高素质的德才兼备的职业法官队伍。加强法官队伍职业化建设是实施依法治国基本方略的客观需要。实行依法治国基本方略，要求一切国家机关及其工作人员，必须依照宪法和法律的规定行使公共权力，治理国家。但"徒法不足以自行"，法律需要通过司法、行政的运作过程，即通过法官公正司法、公务员依法行政的职务行为，才能发挥其社会功能。就司法而言，不仅要通过法官公正裁决纠纷，维护社会正常的生产、生活秩序，而且要通过法官司法活动，对公民、法人和其他组织的行为产生示范效应，从而引导整个社会树立起良好的法律意识和法治精神。在现代法治社会，法官是维系国家法治的特殊群体，法官素质的高低，直接关系到法治的实现程度，对法律功能的发挥起着很大的作用。依法治国，建设社会主义法治国家，客观上对法官提出了严格的职业化要求，法官必须具有特殊而鲜明的职业素养和专业特征。加强法官队伍职业化建设是审判工作的内在要求。审判工作肩负着解决社会矛盾和纠纷，维护社会公平与正义的重任。法官是社会矛盾和纠纷的最终裁决者，权大责重，必须具备深厚的法律知识功底和丰富的司法经验，并具有相应的知识背景和教育经历，接受统一的职业训练。只有这样，才能使法官对法律的理解和运用不出现偏差，才能保证司法公正。法官不是大众化职业，审判也不是一般公务活动。审判工作的规律及其特殊性，要求从事审判工作的法官必须具有独特的职业素养和能力，走职业化之路。加强法官队伍职业化建设是人民法院面临新形势、新任务的迫切要求。当前，我国已进入全面建设小康社会，加快社会主义现代化建设的新的发展阶段。随着改革的不断深化和社会主义市场经济的发展，社会经济成分、利益关系和分配方式等愈加多样化，各种利益冲突不断出现，人民法院依法调整的社会关系也随之多样化和复杂化。我国加入世界贸易组织后，人民法院司法审查的范围进一步扩大，新类型案件层出不穷，审判任务与队伍素质不适应的矛盾加剧，司法信誉和司法权威在更大范围内经受严峻考验。面对新形势和新任务，大力加强法官队伍职业化建设，比以往任何时候都显得更为重要，更为迫切。

2. 全面推进法官队伍专业化建设

法官专业化，是指法官以行使国家审判权为专门职业，并具备独特的职业意识、职业技能、职业道德和职业地位。法官队伍专业化建设，是指根据审判工作规律和法官职业特点，采取一系列措施，培养法官的职业素养，提高法官队伍整体素质。当前和今后一个时期，法官队伍职业化建设的指导思想和总体要求是：以邓小平理论、"三个代表"重要思想、科学发展观为指导，认真贯彻执行法官法，大力提高法官的思想政治素质和业务素质，努力造就一支政治坚定、业务精通、纪律严明、作风优良、品格高尚的职业法官队伍，为更好地司法为民、公正司法，促进改革开放和社会主义现代化建设，提供强有力的司法保障。法官队伍专业化建设既是一项长期而艰巨的任务，又是一项现实而紧迫的工作，必须把总体要求同阶段性目标结合起来。

法官专业化的实现路径主要有以下几个方面。

一是严格法官的职业准入。按照法官法规定的条件选任法官，进一步规范法官选任程序，统一法官选任标准，从学历、任职资格等方面提高法官职业准入"门槛"。一方面确保准入的人员从一开始就具有良好的条件、较高素质，另一方面确保不合格人员进不了法院，当不了法官。①

二是强化法官的专业意识。通过专业化建设，不断增强法官的政治意识、大局意识、审判独立意识和中立意识、平等意识、公正意识、效率意识、自尊意识、司法文明意识、司法廉洁意识，真正做到一身正气，一尘不染，执法如山。

三是培养法官的职业道德。严格执行《法官职业道德基本准则》，做到保障司法公正，提高司法效率，保持清正廉洁，遵守司法礼仪，加强自身修养，约束业外活动。

四是提高法官的职业技能。不断提高法官的政治理论和法学理论水平，使其对法律知识有广泛的涉猎和深刻的理解，同时不断增强法官的审判实践经验和技能，提高从事审判工作的能力。

五是树立法官的职业形象。着力解决法官的工作作风、生活作风等方面存在的突出问题，从小处着眼，从细微处入手，培养法官的职业气质，树立求实、公平、严谨、刚直、廉洁、文明的职业形象。

六是加强法官的职业保障。一是要保障法官依法独立公正审理案件的职业权力；坚决排除各种干扰，包括行政机关、社会团体和个人对案件审理的干预，以及法院内部的行政干预，落实合议庭、独任法官对案件作出裁决的权力。二是要保障法官的职业地位，法官一经任用，除正常工作变动外，非因法定事由，非经法定程序，不得被免职、降职、辞退或者处

---

① 《最高人民法院关于加强法官职业化建设的若干意见》（法发〔2002〕12号）。

分。三是要推动建立符合法官职业特点的工资福利制度，逐步完善和提高工资福利标准。

七是完善法官的职业监督。建立和完善符合法官职业特点的内部监督制约机制，充分发挥诉讼体制本身的监督制约作用。同时，要主动、认真地接受各级人大及其常委会的依法监督，把内部监督和外部监督有机结合起来。要继续加大惩治腐败的力度，重点查处利用审判权、执行权贪赃枉法的人和事，发现一起，查处一起，进一步纯洁法官队伍。

3. 全面推进法官队伍的专业化建设，必须深化改革

只有不断深化人民法院改革，才能及时而有效地解决法官队伍职业化建设中的问题。深化法院改革主要包括以下几个方面。

（1）实行法官定额制度。要在综合考虑中国国情、审判工作量、辖区面积和人口、经济发展水平各种因素的基础上，在现有编制内，合理确定各级人民法院法官员额。

（2）改革法官遴选制度。地方各级人民法院补充法官人选，必须经高级人民法院组织的统一测试、考核，从通过国家统一司法考试取得任职资格的人员中择优遴选，逐步推行法官逐级选任制度，并加强对法官遴选工作的监督。

（3）严格按照法官法的规定选配法院领导干部。选拔任用法院领导干部，既要符合一般领导干部的条件，又要符合法官法规定的任职条件。法院领导干部应当具备法律专业知识和法律工作经历。

（4）试行法官助理制度。逐步实现司法资源的合理配置，提高审判质量和效率。法官助理是从事审判业务的辅助人员。确定法官员额后，一些不能继续担任法官但符合法官助理条件的人员可以担任法官助理。法官助理符合法官法规定条件的可以被选任为法官。此项工作要在积极开展试点并取得成功的基础上逐步推广。

（5）实行书记员单独序列。书记员属于审判事务性辅助人员，实行编制单列、职务序列单列。各级人民法院补充书记员，一律实行聘用制。同

时，要做好现有书记员的平稳过渡。进一步明确书记员的身份和职责，以利于审判工作的顺利进行。

（6）改革现职法官培训制度。大力加强对法官的职业培训，建立健全与法官选任相配套的法官职业专门培训体系，完善法官继续教育制度，逐步实现以知识型培训为主向能力型培训为主的转变，从普及性培训为主向专业化培训为主的转变，从临时性培训为主向规范化培训为主的转变。大力倡导法官教学、案例教学、现场教学。

（7）改革法官惩戒制度。全面落实法官法有关规定，建立健全审判行为规范和审判纪律规范，完善既能严肃查处法官违法违纪行为，又能充分保障法官申辩权利的程序。把预防和惩治腐败工作寓于法官管理的各个环节，并进一步健全法官自律制度。

（8）为法官依法履行职务提供物质和身份上的保障，增强法官职业的神圣和尊荣。同时通过对法官职业行为进行有效约束来促进司法公正，增加社会公众对法官的尊重和对法律的信仰，提升法律和司法权威。长期以来，由于种种原因，我国法官队伍比较缺乏职业传统和职业气质，其职业特点也处于模糊状态，不仅在法律意识、法律专业知识上难以形成共同语言，而且在职业伦理、职业操守等方面也难以达成共识，内部自律机制因而难以有效建立。一方面，法官依法独立公正行使审判权常常得不到有效的保障；另一方面，在依法独立行使审判权有充分保障的情况下，一些法官审理案件却恣意妄为，徇私枉法。究竟是缺乏保障机制导致裁判不公还是法官本身的原因导致裁判不公？需要我们认真做一做定量分析。法官职务保障机制需要通过法官职业化建设去促进，去完成。在确保给法官充分的物质保障同时，要对法官的身份予以保障。

4. 坚持正确的政治方向确保法官队伍专业化

建设健康发展法官队伍职业化建设涉及法院体制和法官制度的许多深层次问题，为了把握正确的方向，必须遵循以下原则：

第一，坚持党的领导。这是人民法院一切工作健康发展的根本保证。离开党的领导，法官队伍职业化建设就会偏离正确的方向，不可能取得成功。

第二，高举邓小平理论伟大旗帜，全面贯彻"三个代表"重要思想和科学发展观的要求。"三个代表"同马列主义、毛泽东思想和邓小平理论一脉相承，反映了当代世界和中国的发展变化对党和国家工作的新要求，是我们党的立党之本、执政之基、力量之源，是人民法院一切工作的根本指针。科学发展观紧密结合新的实践，提出以人为本、实现全面协调可持续发展等一系列新思想、新观点、新论断，这是对马克思主义理论的重大贡献。在推进法官队伍职业化建设进程中，我们能否达到预期的目标，人民法院能否为社会主义民主法制建设做出新的贡献，关键取决于我们能否深刻认识"三个代表"和科学发展观的真正内涵，能否认真实践"三个代表"，按照科学发展观的要求开展工作。要坚持把加强思想政治建设放在法官队伍职业化建设的首位，把学习贯彻"三个代表"重要思想和科学发展观作为法官队伍职业化建设的重中之重，不断增强实践的自觉性和坚定性，使广大法官始终保持一种蓬勃朝气、昂扬锐气、浩然正气。

第三，坚持干部"四化"方针和德才兼备原则。法官队伍专业化建设与干部"四化"方针和德才兼备原则的要求是完全一致的。"四化"方针和德才兼备原则作为党对干部队伍建设的一个基本要求，具有普遍意义，我们必须始终坚持。法官队伍专业化命题是针对法官职业特点和队伍现状而言的，虽然突出强调了"知识化"和"专业化"，但绝不是不要"革命化"。在法院队伍建设中，努力加强法官的思想政治建设，提高法官的思想政治素质，始终是第一位的。同时，深厚的法学功底、丰富的审判经验、不同阶梯的审判岗位，对职业法官来说是不可或缺的。法官队伍职业化建设，说到底仍是按照干部队伍"四化"方针和德才兼备原则，遴选好法官。

第四，坚持法治原则。依法治国，建设社会主义法治国家，是一项基本方略，不论是人民法院审判工作，还是法官队伍职业化建设，毫无疑问都应当贯彻这一基本方略。法官队伍职业化建设应在宪法和法律范围内进行，宪法和法律有明确规定的，我们应当依法办事；宪法和法律没有具体规定的，应当依照社会主义法治精神和法律原则进行。

第五，坚持从中国国情出发，实事求是。法官队伍专业化建设实际上是人民法院改革的深化，涉及法院体制、制度的方方面面，任务十分繁重和艰巨。因此，在推进的过程中要循序渐进，逐步深入，不可操之过急。既要牢牢把握中国的国情，绝不能简单地照抄照搬外国模式，还要充分考虑各地区实际存在的差异，从本地区、本部门的实际情况出发，不搞"一刀切"。

第六，坚持创新发展。一方面，我们要认真总结近几年来法院队伍建设的成功经验，继承和发扬优良传统和作风；另一方面，要不断探索队伍建设的新思路、新办法，坚持用理论创新和体制创新推进法官队伍职业化建设。面对新世纪、新阶段、新形势，人民法院的担子更重，使命更加光荣。我们要振奋精神，扎实工作，努力建设一支高素质的德才兼备的职业法官队伍，为社会主义现代化建设事业做出新的更大的贡献。

四、法院教育培训的工作思路

近二十年，以法律业大为主要渠道和载体的人民法院教育培训事业，经过了一个艰辛创业和不断发展壮大的过程，极大地改变了法院干部队伍的整体素质，为全面推进人民法院各项工作提供了强有力的人才支持。可以说，没有这种人力资源的开发和保障，就不会有人民法院目前的这种队伍建设不断加强、各项改革不断深入、审判职能不断强化的积极态势和喜人局面。[①] 然而，历史在不断地前进。当我们步入 21 世纪后，法官队伍的结构和素质的现状与我国司法建设发展的要求之间的不适应越来越突出地显现出来。"当前，随着依法治国、建设社会主义法治国家进程的推进，法治观念深入人心，党和国家、人民群众乃至国际社会，都对人民法院队伍建设特别是对法官素质提出了新的更高的要求。"为大局服务、为人民司法"是新时期人民法院工作的主题，全面推进人民法院教育培训工作，必须要坚持"党的事业至上、人民利益至上、宪法法律至上"，紧紧围绕"为大局服务、为人民司法"工作主题，落实大规模培训干部、大幅度提

---

① 肖扬．谱写人民法院培训事业的新篇章．

高干部素质的战略任务。在司法领域，公正的法律若要不折不扣地得到实现，直接取决于执行法律的法官是否具备优良的职业能力和职业道德品质。职业能力欠缺者，不足以实现法律的公正；职业道德品质欠缺者，不可能有持久的动力去追求法律的公正。因此，大力加强法官队伍在政治素质和业务素质上存在种种不足的现实状况，加强对法官队伍的教育培训，对于中国法院而言就具有更加重要的意义。教育培训工作对于提高司法效率也至关重要。没有必要的、合理的效率，就谈不上司法公正；而没有训练有素、勤勉敬业的法官和审判辅助人员，就谈不上必要和合理的司法效率。我们还应看到，在现代社会的各类公共职务中，法官是一种对职业化程度要求最高的公共职务，也是对社会公信度依赖程度最高的公共职业。如果法官在职业能力和职业道德品质上不堪社会公众的信任，司法权威就难以树立。司法权威不能树立，法院的工作就难以彻底摆脱被动的局面，也就难以保障司法公正和司法效率。人民法院在新的世纪里，要想围绕"为大局服务、为人民司法"这个主题写出大手笔的文章，就必须在战略上对教育培训工作给予极大的重视。

法院教育工作培训要面向法院审判工作的实践，面向法院队伍建设需要，面向司法改革和法制进步的指导方针，通过强化法官的政治素质和业务素质来保障法院工作的人力资源供给。要以增强领导素能为重点，抓好领导干部培训；以提升司法能力为重点，抓好法官全员培训；以培养实务能力为重点，抓好预备法官培训；以培养业务带头人为目标，抓好高层次人才队伍建设；以提高履职能力为重点，抓好人民陪审员培训；以强化岗位技能为重点，抓好司法辅助人员、司法政务人员培训；以培养双语审判人才为重点，抓好西部和少数民族地区法官培训。法院工作的外部社会大环境要求我们，人民法官在履行职责的过程中，必须以良好的职业道德品质来赢得社会公众的信赖，从而确立司法权威，提高裁判的公信度。因此，人民法院的教育培训工作要探索出一条以现代司法理念和职业道德教育为先导，全面提高法院队伍总体素质的路子。

第七章 法院行政管理与后勤装备建设的方法论

人民法院的行政管理工作，承载着为法院全面履行各项职能提供后勤保障的重要任务，是人民法院全面推进司法改革、公正高效地开展审判工作不可或缺的重要组成部分，它涉及综合办公、组织人事、司法行政等方方面面。长期以来，由于受制于传统的封闭式管理体制的束缚，法院行政管理至今仍然沿袭着以行政化手段为主要管理方法的落后机制，加之专业司法行政管理人员的缺乏，检查监督职责不清，司法管理制度缺失和不规范，严重制约着基层法院的司法行政管理工作，在很大程度上迟滞着法院司法改革的深化推进。因此，如何搞好法院行政管理工作，为审判执行工作提供全面高效的优质服务和物质支撑，已是人民法院行政管理改革一个刻不容缓的课题。

第一节 法院行政管理工作方法的创新

法院行政管理的任务是为审判工作的有效运行提供服务，为审判职能作用的充分发挥提供保障。为适应党的执政能力建设需要，最高人民法院提出了司法能力建设的科学命题，人民法院作为依法治国的重要载体，在职能范围日益宽泛、工作任务日益繁重的新形势下，加强法院行政管理工作既是提高法院司法能力建设的重要内容，也是实现这一目标的基本手段。科学认识法院行政管理的意义，采取必要措施进一步加强行政管理工作，对于促进法院工作的全面发展有着极其重要的作用。

一、树立现代管理观念

管理在整体工作中具有十分重要的作用和基础性地位。为更好地适应新形势新任务的需要，必须紧紧抓住管理这个环节，真正把提高管理水平作为一项重要课题，从思想认识、制度建设、机制完善、工作方法上入手，明确管理目标，改进管理措施。

根据新形势下审判工作、法院改革、队伍建设、后勤保障的需要，提出"以人为本强管理，凝聚人心求发展"的工作思路，始终把加强和规范管理放在突出重要的位置上。应通过开展建章立制、检查监督制度执行情况等一系列工作，加大管理力度，提升管理水平，深化管理层次，有效地促进了审判质量效率和干部整体素质的提高，为今后的工作发展打下了扎实基础。

当前，人民法院的行政管理工作相对于其他工作来说还是薄弱环节，并且发展很不平衡，其首要原因是管理观念落后。树立现代管理理念，是加强法院行政管理工作的前提和基础。树立现代管理理念主要应把握以下几点。

一是坚持以人为本的理念。管理工作要贯彻"以人为本"的理念，把人作为管理工作的出发点和归宿，做到重视人、尊重人、理解人、关心人、激发人，明确人性化的管理方向。要把传统管理方法和现代管理方法有机结合起来，把刚性管理和柔性管理有机结合起来，把严格要求、严格监督与有情操作、有情管理有机结合起来，统筹兼顾，宽严适度。要着眼于提高人的整体素质，既大胆管理，又管教结合，在管理中加强养成教育，营造和谐的工作氛围，推动人与周围环境的协调融合。

二是贯彻制度先行的理念。法院管理是一项要求很高、规范性很强的现代管理工作，必须做到有章可循，将制度化规范化程度作为管理水平的标准。在工作实践中，我们体会到制度和机制的建立、完善及贯彻执行对于工作顺利开展的重要作用。一遇到问题，首先想到在调查研究的基础上建立一套行之有效的制度规定。同时，要求各级领导和干警全面掌握制度规定，把学习、执行制度和对照检查结合起来，做到思想认识先提高、先到位，不断提高遵守规章制度的自觉性，较好地保证了制度的贯彻执行。

三是落实制度管人的理念。人是管理中最活跃的因素。人既是被管理者，又是管理者和制度的执行者。在管理中考虑人的有机因素，克服管理的盲目性和随意性，必须建立制度，运用制度，依托制度，完善制度，在管理者与被管理者之间建立良性互动的关系，充分调动和激发人的工作潜力。我们一直重视通过建章立制，明确目标任务，细化流程节点，规范工作要求，落实工作职责，以真正实现以制度管人管事，使遵守规章制度成为每一位干警有意识的行为，各项工作处于有序可控之中。

四是科学规范管理的理念。一流工作要靠一流管理来实现，有一流管理才能开创一流工作。要把科学规范管理作为提高工作质量效率的有效途径，拓宽管理思路，完善管理机制，向管理要质量要效率。为此，要积极探索新的有效管理方法，着力解决"不想管""不敢管""不能管"的问题，对审判、行政、干部人事等工作进行分层分类管理，落实一级抓一级、一级对一级负责的管理原则，按照符合法院工作和审判工作规律特点的要求进行管理，提高管理的针对性，实现管理的制度化和规范化。

二、实现办公管理的科学化

办公管理主要是指从事政务工作，为领导决策和工作指导提供政务服务的职能。主要包括公文管理、档案管理、接待管理、印章管理、督查工作管理。其中心任务就是为领导决策和工作指导提供优质服务，提供行政效能，保障审判工作的顺利完成和审判职能的充分发挥，推动人民法院各项工作有序开展。

人民法院办公室的工作地位十分重要，人民法院的办公室承担着协助党组、院领导组织、协调、处理司法政务和司法事务的重要职能，在法院工作中发挥着参谋助手、综合协调、督促检查、后勤保障的重要作用，处于核心要害地位。最高人民法院前院长肖扬指出："人民法院办公室工作至关重要。办公室不仅是协助法院领导组织协调、处理法院工作的重要职能部门，而且是法院党组制定决策和协助实施的参谋部，是法院工作运转承上启下、协调左右的综合部门，在整个人民法院工作中发挥着重要的桥梁和纽带作用。"肖扬还指出："办公室是人民法院的指挥部、司令部、参谋部和保障部，是党组的参谋和助手。"

随着依法治国进程的不断推进，审判工作、队伍建设和法院改革等各项工作的深入发展，司法行政工作面临着巨大的发展机遇和新的挑战，任重道远。在新历史时期内，法院领导决策需要占有和处理的信息量比以往更大，审判工作需要督促检查的任务比以往更重，法院日常工作需要协调沟通的范围比以往更广，完成审判工作需要提供保障服务的事务比以往更多，这些都给法院办公室工作提出了更新、更高的要求。

但与新形势和新任务的工作要求相比，法院司法行政工作中还存在的问题和不足也有凸显，如集中表现在信息不灵、监办不力、办公现代化进展缓慢、内部协调不够有效、外部渠道不够畅通等。这些问题对法院的各项工作都会产生影响和制约。因此，如何在新时期进一步提高为审判服务的质量，全面规范后勤行政管理是值得探讨的问题。

1. 规范后勤服务管理的原则

（1）现代管理的原则。现代管理理念已经深入到社会生活的各个方面。社会各界强烈要求法院通过加强管理和监督，防止司法腐败，确保司法公正。法院办公室作为法院的重要管理部门，在推进法院改革中扮演着十分重要的角色，要以强化管理为切入点，努力深化法院改革和巩固改革成果。

（2）以人为本的原则。实现办公室工作规范化，中介和核心是人。要借鉴行为科学的原理，充分发挥政治思想工作的优势，在管理中注意研究人的内在要求和行为规律，坚持以人为本，调动人的积极性、主动性和创造性，使他们能够最大限度地发挥聪明才智，并自觉地为办公室工作而努力。

（3）制度管理的原则。办公室工作千头万绪，如果没有健全的规章制度，很容易在忙乱中出差错，出现相互推诿、扯皮等现象。要使办公室工作做到规范化，就必须依靠制度来进行管理。按照法约尔的理论，制度由以下管理原则组成：①劳动分工，分工越细，衔接就应当越紧密；②权力与责任，权力越大，责任就越明确具体；③纪律可以维持协调和统一；④统一指挥和领导，要保持管理思想的统一性；⑤个人利益服从集体利益原则；⑥秩序，它保证每一项管理活动都在应有的位置上运行；⑦人员的稳定和团结，有利于管理活动的协调运转；⑧首创精神，它是办公室工作充满活力的前提。因此要建立健全工作的各项制度，用制度来管人，做到事事有人管，件件有落实，从而提高工作的效率和质量。

（4）追求效能的原则。在实施办公室后勤服务规范化管理的过程中，要克服僵化和形式主义倾向。管理工作无小事，要以提高工作效率为核心，不断创新和探索，努力钻研管理的新方法，探求管理的新思路。革除一切阻碍和影响工作的因素，不断完善工作运行机制，促进工作上水平。

2. 把握方向和重心，理清头绪求实效

（1）把准办公室工作的方向，使工作得到健康有序的发展。把发挥好参谋助手、督促检查、协调综合作用作为办公室工作的总方向，并朝着这个方向努力。但要把握好这个方向，就要从实际出发，从全局出发，抓住每个时期法院工作的重点、热点、难点，摸清领导的意图，贴近领导的思路，增强主动性，注重实效性，创造性地开展工作。

（2）抓好办公室工作的重心，围绕大局、服务大局。办公室的各项工作都要坚持围绕新时期党和国家的中心工作，着重突出人民法院当前的主要工作任务。法院办公室工作的特点是多业务、多门类、多头绪，主要有行政事务性工作，有财务、接待等工作。其实结合最高法院的要求，今后办公室工作的重点应放在加强政务性服务工作上。具体到工作中就是要加强综合协调，强化督促检查，做好参谋策划，要在协助领导抓大事上下功夫。

（3）求真务实、讲求实效，保障办公室工作有效开展。要以高度的责任感报实情、讲实话、办实事、求实效；要带头把各项方针政策、工作部署和工作要求落到实处，要在抓落实上下功夫，在抓落实上作表率，在抓落实上创实绩。按照求真务实的要求做好办公室的各项工作，必须从实际出发，认真总结经验，逐步形成必要的制度，并不断加以完善。办公室要严格执行责任制度，强调责任到岗，责任到人，建立并严格执行目标责任

制，确保领导部署和安排的各项工作，都能逐一落到实处，取得实效。

3. 推进规范化建设，提高服务质量

（1）要从法院工作全局出发，合理确定办公室的工作范围，理顺工作职能关系。要围绕加强综合协调、督促检查和参谋助手作用来确定工作范围。目前，许多基层法院都迫切要求上级法院统一办公室的职责范围，理顺工作关系。就目前来讲，法院办公室的工作范围应当包括协调综合、公文处理、行政秘书、督促检查、机要保密、档案管理等。规范化建设有利于进一步明确工作思路，统一工作步伐。

（2）制度化建设要力求严密细致，并认真抓好落实。办公室工作千头万绪，如果没有一套健全、完善的工作制度，势必出现无序运行，忙于应付的混乱局面，必然会影响整个法院的运作。因此，法院办公室要在办文、办会、办事、督查、机要、档案等方面制定一套规范的操作程序，做到事事有规可循，人人按规程办事。同时，办公室要站在全院的高度，统筹规划，要在审判流程管理、审判方式改革、公开审判以及监督等方面，加强制度化建设。制度建立后必须认真执行，要突出一个"严"字，狠抓落实，凡已制定的制度和办法，要经常组织学习和检查，让大家熟悉并自觉地按章办事。

（3）应进一步加强法院办公现代化进程，就目前情况看，一些法院办公经费难以保障，提供办公室现代化设备难以实现，这在一定程序上影响了工作质量和效率，甚至影响了执法形象。因此，法院要加大办公现代化的工作力度。

4. 加强自身建设，提高服务能力

为院党组和院领导服务，为审判工作服务，为广大法官和工作人员服务，是多年实践中形成的法院办公室工作的基本职能。搞好"三个服务"，做到领导满意，广大法官及其他工作人员满意，是法院办公室坚持不懈，努力追求的工作目标。法院办公室工作人员要坚持讲政治，坚决服从服务

大局，把握好法院工作与党和国家工作大局的关系，抓住审判工作、法院改革、队伍建设、廉洁自律的重大问题，找准工作的出发点和着力点；要坚持解放思想、实事求是、与时俱进的思想路线，打破因循守旧的观念，摒弃不合时宜的做法，以高度的责任意识和忧患意识，着力在思想观念、工作思路、工作举措上不断创新，努力提高工作水平。

从新时期的法院办公室工作的任务来看，队伍的整体素质仍存在一定的差距。主要是一些法院的领导同志错误地认为办公室是非审判机构，工作好坏不影响办案质量和效率；有的认为办公室是后勤服务部门，只要处理事务性的工作就可以了，谁都能胜任，不需要精通审判业务；有些办公室的业务骨干也纷纷要求到审判业务庭，队伍的思想不够稳定。由此可见，加强法院办公室队伍整体素质和自身能力建设，既是一项长期的任务，也是一项紧迫的工作。

人民法院办公室的自身建设关系到人民法院的运转效率，关系到人民法院的对外形象，关系到人民法院的整体工作能否开拓新的局面，与法院的其他各项工作有着不可忽视的重要联系，必须予以高度重视。切实加强人民法院办公室的自身建设，要强调以人为本，树立科学的发展观、正确的政绩观和科学的人才观；要强调坚持改革创新，进一步转变管理观念和管理机制；要强调工作的质量和效率，确保为领导决策、为审判工作、为其他部门提供优质的服务。

要进一步提高服务能力和水平，办公室行政人员就必须具备两种能力和五个方面的素质。

（1）两种能力。一是应具备解决复杂局面的处置能力。作为保障部门，往往会面对一些突发性较强的事件，这些事件处理不好或者稍有不慎，极易影响法院的主体工作。作为行政后勤保障队伍，就要做到迅捷、灵敏，及时捕捉可能影响大局的信息，准确把握，及时应对。二是要具备综合协调各方的能力。对内要围绕审判这一中心，帮助协调各庭室、各人员之间的关系；对外要协调好与法院有关方面的关系，赢得社会各方面的支持和理解，为审判工作和法院的发展创造良好的司法环境。力争通过以上手段形成管理的新模式，促进办公室和行政管理部门工作的制度化和科学化，努力打造一支纪律严明，步调一致的后勤保障队伍，更好地为审判工作服务。

（2）五个方面的素质。

一是人民法院办公室工作人员一定要忠诚可靠。人民法院办公室的每一项工作，看来是很具体性的工作，可都是政治性很强的工作。因此，办公室工作人员任何时候都必须忠于党、忠于人民、忠于法律、忠于祖国，把讲政治，强化政治素质作为自身的第一素质。邓小平同志曾三次担任党中央的秘书长，他十分强调"忠诚服务"、要"对党忠诚，埋头苦干"。江泽民同志也要求办公厅的工作人员，在政治上要过得硬，要同党中央保持一致。我们讲忠诚可靠，就是要保持坚定的政治立场，在思想上和政治上同党中央及法院党组保持高度一致，坚决维护党中央及院党组的权威性；就是要认真贯彻执行党的路线方针政策和院党组的决议，确保政令畅通；就是要恪尽职守，无私奉献，以高度的政治责任感和使命感做好每一项服务工作；就是要坚持原则，遵守党的政治纪律，严守党和国家的秘密。讲忠诚还必须注意三个方面：一是参政而不乱政。要坚持实事求是的原则，给领导提供情况和信息，绝不能掺杂使假，更不能出馊主意；二是沟通而不泄密。当说则说，不当说则不说，没有传达任务的坚决不能传达；三是办事而不循私。作为领导身边工作人员不能利用工作之便谋取半点私利。

二是人民法院办公室工作人员一定要业务精湛。需要具备以下几方面的能力。一是服务决策的能力。人民法院办公室工作人员作为参谋和助手，必须不断提高参与决策的能力，善于运用创造性思维，谋划具有本单位特色的工作，融于决策服务之中。要练就好调查研究、综合分析和研究决策等基本功。二是运筹全局的能力。要注意处理好重点与一般的关系，注重抓那些涉及全局的事、其他职能部门管不了的事和别人不愿管的事。要精于谋划、善于谋划，使工作有计划、有目的、有效果。要想领导之所想，急领导之所急。领导想到的要想到；领导没有想到的，要主动替领导想到。三是办文办事的能力。这种能力是多种能力的综合体现，比如专业知识能力、领会领导意图能力、驾驭局势能力、语言表达能力、处理复杂矛盾的能力以及交际能力等。

三是人民法院办公室工作人员一定要公正廉洁。办公室工作人员都应严格遵守《中华人民共和国法官法》中"十三个不得有"、《中华人民共和国法官职业道德准则》以及法院制定的廉洁从政、廉洁司法的各项规章制度，堂堂正正做人，清清白白做事，勤勤恳恳工作，一身正气司法。一要公正处事，平等待人。协调各种关系，处理各种事务，都要坚持从党的事业出发，从法院工作的大局出发，不能存在任何偏见，不能从个人恩怨出发，不能以个人好恶为标准，做到公正、客观。这不仅是一种美德，也是一种纪律。二要廉洁自律，奉公守法。如果不能严格要求自己，就很容易被人利用，甚至会滑向权钱交易、腐化堕落的泥潭。

四是人民法院办公室工作人员一定要谦虚谨慎。古人曰："满招损，谦受益。"谦虚谨慎既是一种美德，又是一种修养。在办公室工作，既要尊重领导，又要大胆工作；既要文明礼貌，又要不卑不亢。道德品质高尚的主要标志，就是要做到不仁之事不为，不义之财不取，不正之风不染，不法之事不干，多一点谦虚，就多一份和谐，多一份谨慎，就少一份后悔。

五是人民法院办公室工作人员一定要甘于奉献。办公室工作是默默无闻的工作，既不能赫然于世间，又难以显荣于人前，不显山露水，是幕后英雄，要全身心地投入工作。办公室工作人员如果缺乏爱岗敬业的精神，很难做好工作。爱岗敬业，乐于奉献，这是对每一个办公室工作人员的起码要求。在办公室工作，要有一种不图名、不图利、默默无闻、忘我工作的精神境界。虽然随着社会主义市场经济的发展，物质生活条件会不断改善，但甘于奉献的精神不能丢。每个办公室工作人员都要不断加强主观世界的改造，勤勤恳恳，任劳任怨，淡泊名利，努力做到谋事而不谋利，奉献而不索取，耐得住生活清苦，耐得住工作艰苦，把心思用在工作上，真正在工作中体现自己的人生价值。

5. 办公管理现代化的特点

（1）规范化。办公管理的规范化，就是要求行政工作按制定的原则、标准去实施。实现办公管理的规范化。①公文撰写规范化。公文撰写规范化。在草拟公文时，从公文的种类、格式到审稿、核稿、签发，都要严格按照 2012 年 7 月 1 日颁发的《党政机关公文格式》去做，以提高公文质量。由于审判机关与党委、人大、政府等国家机关的公文来往甚多，因此要注意党政机关有关公文处理的规定，以保持国家机关公文的一致性。②公文处理规范化。公文处理看起来只是收发、传递，但做得不好，传递不及时，就会出现差错，影响工作效率，甚至贻误大事。因此，必须制定出公文处理的规范，从签收、登记、拟批、阅批、催办、督办到立卷、归档、销毁，都要严格按所制定的规范去办理。③会议安排规范化。所谓会议安排的规范化，是对会议的时间、议题、出席者及审批手续制定出一定的规范。在时间安排上，对一些经常性的会议，可以把时间固定下来，以利用领导事先安排工作并做好准备。在会议议题和出席者方面，要对一些经常性的例会的会议议题和出席者作出明确规定，避免浪费时间和精力。在会议安排的审批上也要有一定的规范，凡提交领导会议讨论的议题必须由本单位领导或办公室负责人审批、把关。④接待工作规范化。要根据接待对象的级别、来访目的，明确接待规格，制定接待工作规范，如接待方案等。对于由哪个上级领导者或部门出面接待，接待标准如何，都要规定下来，以便按章接待。

（2）程序化。办公管理的程序化，就是把日常行政工作分解成若干步骤并固定下来，以后办事就按规定的步骤去做。制定工作程序时注意按工作的先后顺序，把每一个步骤的做法、要求都要规定清楚。这样，既可避免凭经验办事，在忙乱中出错；对于新从事行政工作的同志来说，又可按部就班，不至于因经验不足而缩手缩脚、无所适从。

（3）制度化。办公管理的制度化包括四个方面。①岗位责任制。通过制定岗位责任制，对每个工作人员的职责、分工和任务都必须作出明确而具体的规定，进行目标管理和考核，使每项工作都有章可循。②公文处理办法。公文处理是一项细致复杂的工作，因此，要根据上级的有关规定，结合本单位的实际，制定出适合本单位的公文处理办法，从而在办理公文时有条不紊。③会议制度。要建立严格的会议审批制度，明确规定一切会议都需由办公室统一安排，提交会议讨论的议题必须经过主管领导的审批。④接待制度。在接待工作中，最值得注意的是接待的规格、费用的开支、食宿交通的安排。要按照中央八项规定和《党政机关国内公务接待管理规定》的要求，建立相应的接待工作制度，对接待的礼仪、规格、费用标准等作出明文规定，并严格执行。

三、确保办公手段的现代化

随着计算机的普遍应用，人民法院的信息化、科技化管理成为发展的趋势。从20世纪90年代开始，计算机、网络、家庭电脑、自动化办公等悄悄地进入人们的生活，信息时代的管理理念向传统的管理模式提出了挑战。人民法院的审判管理、行政管理、人事管理也进入了信息化时代。通过对外国法院审判管理情况进行考察可以看到随着计算机的普遍应用，人民法院的信息化、科技化管理成为发展的趋势。

从科技化管理的情况看，利用计算机网络等先进的科技手段对法院审判工作进行管理，不仅可以提高工作效率，减少手工操作的失误，更重要的是可以使审判工作更具有透明度和公开性，从而保证了司法公正。最高法院对信息化建设非常重视，先后制定了《人民法院计算机信息网络系统建设管理规定》《人民法院计算机信息网络系统建设规划》《最高人民法院关于全面加强人民法院信息化工作的决定》等，进一步明确了人民法院信息化工作的指导思想、基本原则、工作目标和保障措施等。

因此，人民法院实现信息化、科技化管理是发展的趋势。人民法院审判工作的科技含量越高，就越能实现公正与效率，越能推动社会进步和发展。这就要求人民法院在面对财政、人员素质、技术力量等方面的制约因素，克服困难，充分认识信息化、科技化管理在人民法院工作中的重要性，在现有的条件下，做好自己的信息化建设。

1. 树立现代办公与科技化管理的理念

虽然有些法院也配备了电脑等先进的办公设备，仍有个别人员认为用电脑打字不如用手写方便，向电脑输入信息不如用文本登记方便，对现代办公和科技化管理缺乏认识。信息化不是简单地用计算机代替手工劳动，也不是将传统的管理方式照搬到计算机网络中，而是借助现代信息技术，引进现代管理理念，对落后的经营方式、僵化的组织结构、低效的管理流程等，进行全面而深刻的革命。因此，人民法院的信息化、科技化管理，不仅仅是要有先进的办公设备，更重要的是要有现代办公意识和科技化管理的理念，才能正确认识提高审判工作科技水平所进行的必要投入与实现公正与效率，最终降低司法成本的辩证关系，才能高效率地运用现代科技手段，才会有超前意识，敢于创新、善于创新。

2. 实现办公的电脑化、网络化

（1）公文处理电脑化。电脑管理进入办公室后，公文处理工作不仅节省人力而且提高了质量。有了电脑设备后，要着手设计适合公文处理工作的各种程序并联成网络，将公文工作置于计算机网络之中，通过发文审批、电子签章等，从而实现公文处理的电脑化。

（2）司法统计网络化。法院司法统计是进行宏观决策的主要信息来源。《全国法院系统审判工作情况统计》等软件系统的开发与应用，大大提高了统计的速度与准确性，为领导决策提供了迅速、可靠的数据依据，促进了法院工作的全面发展。在此基础上，要创造条件，尽快实现全国司法统计网络的联网，进行统计数据的网上传输，提高信息传输速度，适应信息化时代的要求。

（3）档案管理计算机化。法院的档案对于总结审判经验、编辑典型案例、熟悉法院工作具有其他方式所不可替代的作用。为此，要尽快实现档案管理的现代化，运用现代科学技术，管理、开发和运用档案资源，保证法院档案的完整无缺，提高档案的利用效率。

3. 重视信息化人才的培养

（1）重视法院信息化科技人才培养和引进。法院工作要实现信息化、科技化管理，就必须有专门的科技人才，信息化建设需要很多人才，要维持科技化管理的技术手段，要开发出适合人民法院的审判管理、行政管理、人事管理的软件，对旧的技术手段进行更新改造等，都离不开科技人才。这些科技人才包括电脑专家、通信专家、声像技术专家、自动化管理专家等，根据人民法院的科技发展和需要进行培养和引进。这是实现法院工作科技化的关键所在。

（2）要加强法院队伍的计算机技能及科学技术的培训和教育。法院队伍的计算机应用以及科技化水平直接影响法院信息化科技管理的运行质量与效率。当前首要解决的问题是法官和法院其他工作人员对电脑知识的掌握和对电脑的实际操作，最根本的前提和最重要的环节就是计算机的普及应用。如果电脑知识在法院得不到普及，人们不懂得如何使用电脑，那就谈不上办公的自动化、无纸化，更谈不上信息化科技化管理。因此，笔者建议将计算机技能列入个人考核的项目，同时，作为提拔任用考核的基本内容，提高法院队伍应用计算机技能的整体水平，这也是人民法院信息化建设的要求。

总之，科技的发展给人民法院的现代化管理开辟了广阔的前景，通过研究解决这些科学技术在人民法院工作中的运用，必然会给人民法院工作增添新的活力，也将为人民法院实现"效率与公正"这一世纪主题创造良好的条件。

四、促进"三会"关系的协调化

"三会"是指法院党组会、院长办公会和审判委员会。"三会"关系的协调直接影响到法院的工作创新。

法院党组是同级党委的派出机构，是代表党委领导各项工作的核心，负责在法院落实党的各项方针政策，实现政治、组织和思想路线领导。根据党管干部的原则和法院管理的实践，党组会对队伍管理中的重大事项进行决策，政治部、纪检监察部门配合形成决策体系。党组会应坚持党的思想路线和政治路线，坚持民主集中制，坚持密切联系群众等原则。因此，党组会的职能主要定位在以下几个方面：一是研究贯彻执行中央、各级党委和上级法院的重要决策和工作部署，确定一个时期全辖区法院工作的指导思想和目标；二是研究提交党委、人大的重要工作部署和重要文件；三是研究干部的推荐、任免、调配和奖惩工作；四是指导本院机关党委和纪检组的工作，听取重要工作情况报告，加强党组织的自身建设；五是研究需要党组会讨论决定的其他事项。

院长办公会以法院行政工作和后勤保障等司法事务管理为内容，确保审判活动的健康和顺利开展，也是法院工作的重要组成部分。该项职能应由院长办公会行使，进行指导和决策，办公室、行装处等配合形成决策体系。由于院长办公会行使的是行政管理和后勤保障职权，具有典型的行政管理职能，因此，要求实行院长负责制，坚持集中决策与分工负责相结合以及坚持效能原则。院长办公会的职能主要应体现在以下几方面：一是研究贯彻执行上级领导机关有关行政工作的重要指示和重要会议精神的意见；二是讨论、决定全辖区法院和本院年度、阶段性工作安排和总结；三是研究人大、上一级法院的重要工作报告；四是研究法院综合性会议上或者专业会议上的重要讲话稿或制定重要文件；五是研究全辖区法院政务工作中的重大事项；六是研究决定重大财务开支和装备保障问题；七是研究需要院长办公会讨论决定的其他重要事项。

审判委员会是法院内部的最高审判组织，担负着总结审判经验、进行审判管理、研究决定重大疑难案件等职责，其职能是对审判中的宏观问题和指导意见进行决策，审判委员会办公室、有关业务庭配合形成决策体系。一个重要的特点就是民主化的集体决策模式。必须注意，它仅仅指决策权是分散的，参与这一过程的人都对最终决策有某种影响。这一特点在原则上与审判行政化的特色几乎是一个悖论。但是，这种悖论在现实中确实存在。因为如果是纯粹的法院的行政化，那么理应出现的是严格的首长负责制。但是，中国法院制度的结果并非如此。而是同时具有审判行政化的特点和决策分散化的特点，是两者的混合，是两者的相互强化和支持。

审判委员会就是法院行政化审判中的一个民主化集体决策的一个组织。作为一种非正式的制度，从起诉到作出判决，在这一审判决定过程中，审判决定权的行使被分割了，审理和判决一般说来都并非集中在任何一个组织或个人手中，而是与这一过程有联系的任何一个个人都可以发言、干预。这种决定权分散化，在一定意义上是一个民主的集体化的决策过程。而这种审判民主化的方式带来的后果常常是没有哪一个人对案件结果负最终的责任，而且也难以要求个人负责。由此，也就不难理解另一种从未见于任何法律规定，但却在各个法院都普遍运作的非正式制度——庭务会。各业务庭的庭长往往会把某个合议庭正在审理的案件拿到庭务会上研究，并要求全体业务庭的法官都参加，进行讨论。讨论的案件有可能是业务庭庭长与合议庭意见分歧较大的案件，因此，要求更多法官参加进来，以利于了解庭内多数法官的意见；也可能是由于合议庭无法拿出一个完整的结论性意见，因此希望听取其他人的看法。这种司法民主化的做法也与前述的法院的行政化形成了强烈反差。

这种民主化的集体决定方式在合议庭内部也有体现。据我们的调查，一个合议庭一般由三名法官组成，但是，在每一个具体案件的实际办理过程中总有一位法官是此案的具体承办人，他对该案件的事实和法律负主要责任。一个案件从接受，到庭前准备活动的安排、证据调查和案件最初处理意见之撰写，都基本上由该承办法官独自完成。合议庭的其他成员只是在开庭前简单看一下卷，然后就参加审理，合议时凭着看卷和法庭审理中获取的印象，再加上听取承办法官的汇报，其他合议庭成员会提出一下自己的看法。由于一般情况下合议庭的成员是相对稳定的，这就决定了合议庭内的各位法官会比较长期地维持一种协作型的关系格局。由于合议庭实行的是少数服从多数的原则，因此，承办法官一般都希望自己的意见获得另外两位或几位法官的认可，因为一个法官尤其是案件承办法官的意见如果在合议时总是处于少数，这就意味着他不称职。而作为一种礼尚往来，希望自己意见获得他人认可的法官一般也会对其他法官承办案件尽可能地予以协调性认可。

对于这一点，如果从理念层面上看，也许仍然不符合"法官独立"或所谓的"法官内部独立"。但是必须指出，这种观点实际忘记了一个司法判决从来都是一个法院———一个机构——的决定而不是法官个人的判决。群体的合作是必要的、应当的，因为我们谁也不知道那个法官的个人观点是正确的，或是否总是正确，因此，法官的某种程度的合作、相互妥协，实际上是有功效的，至少可以避免走极端。事实上，为许多中国学者羡慕的美国联邦最高法院决策模式中产生的重要的司法判决意见（即多数意见）大多是多数派法官的甚或是全体法官妥协的产物。但是，这种交换，并不意味着合议庭的意见将总是一致的，只是说在法律允许的自由裁量的范围之内，合议庭的法官们会相互协作，尽可能取得一致意见。

但是，仍然可以发现合议庭决策方式和程度受到目前法院行政管理制度的影响。与国外有关法院决策的小群研究相比，一个国外研究中不曾出现然而在中国法院的合议庭中最重要的、促成合议庭法官相互合作的因素就是他们的行政领导。如果合议庭的意见总是不一致，那就意味着这一案件的审理决策将进入法院内部上述具有行政管理性质的审判体系，这会增加业务庭庭长、主管副院长、院长乃至审判委员会的工作量，而就总体来说这些领导或机构也并不欢迎自身工作量的增加。因此，合议庭审判案件上的内部分歧外在化其实对合议庭的各位法官都没有好处。相反，如果有太多的意见分歧，可能使得法院的各级行政领导对他们有一个业务水平低、办案能力差的印象，并因此可能影响他们的未来的各种利益。正是这一因素的制约，使得合议庭的法官们一般都会努力争取获得一致意见。因此，即使在合议庭的民主集体决策模式中，法院目前的行政管理制度也以其他方式打下了它的印记，起到了一定的作用。

审判委员会作为法院内部审判工作宏观管理的管理机构，除行使对具体案件的最终裁判权外，更重要的是积极发挥对审判工作的宏观决策、监督、指导作用，并且把讨论决定具体案件的形式从大包大揽向研究法律适用方向转变。具体来说，审判委员会的职能应从以下几方面得到加强。

一是强化审判委员会管理、指导职能。分析审判形势，总结审判规律，制定审判规范，研究带有普遍性的问题，从宏观上把握审判工作不偏离审判工作指导思想。对于具体案件的处理，应当更多地交给合议庭去决定。

二是建立审判经验总结制度，为立法提供事实根据。法律有局限性、稳定性和滞后性的特点，社会矛盾纠纷随着社会发展总是有不确定性，特别是在市场经济逐步完善的阶段，已经形成的利益群体将被打破，新的利益群体重新建立，在这一过程中产生的各类矛盾冲突在现行法律中未必面面涉及，人民法院将其中带有共性的事实认定或法律适用方面的特点和经验进行提炼和升华，形成统一的制度化规则或习惯性规则，统一案件审判标准，在遇到法无明文规定或法条可操作性不强时，通过这种方式还可以形成解决疑难问题的法律适用规则，用于指导审判实践。这些规则的推广，有利于法官知识的积累和司法传统的形成，进而为立法的革新完善提供鲜活现实的个案事实。

三是规范案件旁听制度，通过现场监督提升合议庭审判水平。实现审判委员会的职能转变的基础是强化合议庭的审判职能，而合议庭审判质量的提高是审判委员会实施宏观管理的主要任务。审判委员会组织委员旁听案件审判，发现审判中存在的问题，有针对性地进行指导监督，及时纠正偏差，也是强化合议庭成员责任意识、程序意识、公正意识、效率意识最直接、最有效的措施。

四是规范审判委员会委员担任审判长审理案件制度。审判委员会委员一般是法官队伍中的精英，但如果长期不亲临审判实践，更新知识，增进技能，就不可能正确地把握实践的脉搏，为监督指导审判工作提供科学依据。审判委员会担任审判长审理案件，除了具有总结审判经验的功能外，还有示范作用，推广审判经验，提高全体审判人员的业务技能。

五是规范典型案例指导制度，加强对疑难案件的指导。在社会主义市场经济条件下，法律关系和涉诉纠纷日趋复杂，所适用的法律又往往存有漏洞、冲突或可操作性差的弊端，法官的自由裁量权也因而十分宽泛。作为解决问题的方法之一，参考性判例为法官裁判提供了重要的参照依据，有利于灵活应对新的情况，保障司法公正，防止法官由于经验不足或受到外力干扰，对类似案件作出差异较大甚至截然相反的判决。

六是规范法律适用研究制度，将抽象的理论和法律规则活化为具体的实践。准确地适用法律裁判案件是实现司法公正的关键所在。然而，面对疑难、复杂、新类型的案件，适用什么法律规范以及如何运用法律规范解决纠纷绝非易事。

当今中国要讨论法院改革或司法改革，就不能仅限于所谓的审判方式改革，不能将法院内部的行政管理体制的改革排除在外。这一点在当代中国甚至更为重要。因为，由于种种原因，中国法院面临的行政性事务更多，更繁重。尽管作为努力的目标来看，应当在国家政治体制改革的总体框架内尽可能减少由于体制不顺给各级法院带来的具有行政性事务，诸如"吃皇粮"的问题，但是，这种目标不大可能在短期内实现，法院的行政事务不可能在短期内急剧削减，更不可能完全消除。因此，法院内部的行政管理将始终是中国法院必须面临一个现实的且长期的问题，法学家可以在三权分立或司法独立的法理学框架中消除这些事务，但是无法从生活中的法院消除它。

要点是中国法院的问题也许并不在于它有大量的行政事务要处理（当然这是一个因素），而在于法院的行政管理制度和审判制度在职能上的混淆，没有实现职能分工，没有以法院对其所在社会的基本功能或宪法职能为中心实现法院诸多功能分工和剥离。如果要说提高法院专业化、职业化水平，其实这种职能分离可能是更应当关注的问题。

审判委员会是我国法院内部的少数正式审判制度之一，并且作为审判制度来说在目前中国基层法院其功能至少是具有相当的合理性的。如果将其废除，那么在目前的法院制度下，只会更进一步强化法院的目前的行政化色彩（在现有的法院内的行政管理制度支配下以及在诸如错案追究制、人大监督司法、舆论监督的种种压力下，独任审判的法官和合议庭的法官如何可能"一步到庭"）。现在各级法院审判委员会的运作都存在不少问题，但这些问题恰恰反映的是审判委员会制度是嵌在目前的法院行政体制之中，行政管理的逻辑限制了其成员构成，限制了其在中国法院内部的作用，削弱了其司法的逻辑和功能。如果真正强化了这一制度的审判作用，使之完全从法院的现存行政管理体制中剥离出来，使之真正成为法定的、作为法院内部最高审判决策机构的功能，尽管它也许不完全符合法官个人独立审判的理念，但是至少可以大大削弱法院目前实际上的"首长负责制"的行政性特色。

如果这一分析成立，那么，法院的审判方式改革或体制改革，就可以首先从制度功能分离这一点入手。甚至在我看来，必须抓住这一点，才可能实现中国法院的职能转换，才能建立起法院作为审判机关的制度逻辑。这一研究问题的进路，应当说，与目前法院系统流行的解决问题的进路有所交叉，也有所不同。目前法院系统内部以及法学界流行的观点是，要强化中国的司法或审判独立，一是搞审判方式的改革；另一个主要是解决法院的财权和人事权，即财政上"吃皇粮"，人事问题上法院有用人权。这两个方面确实都非常重要，但是很不够。其实，现在的所谓的审判方式改革也许更应看作或应侧重于法院的行政管理制度的改革，它实际是要将目前混杂在审判制度中的具有行政管理性质的程序从审判过程分离出去（例如，所谓的"一步到庭"）。但是，即使是在目前法学界几乎是一致看好的合议庭审判，也实际已通过其他渠道受到目前法院行政管理体制的影响。因此，必须意识到，如果不注意法院内部这两类制度的职能分离和调整，即使有了"皇粮"和用人权，目前中国法院所具有的行政色彩也难以弱化，相反法院系统可能变得更加具有行政色彩。结果是，法院会对行政部门具有了更大的独立性，但是审判独立的问题可能不会有太多改善；因为在一个高度行政化且独立于行政部门的法院中的法官未必比当下的法官在司法专业问题上具有更大的决定权。简单地谈论司法民主化、民主参与和民主监督实际是不着边际的用流行的意识形态开药方，是试图用万金油治百病。中国法院的行政化过程实际上伴随了一种决策的民主化,尽管这种民主化的产品并非我们之所欲。

必须指出,中国法院必须在职能分工的基础上逐渐形成其自身的制度逻辑和现代的司法职业传统。中国在历史上,法官和行政官员一直没有区分,近代的法院是大致按照三权分立的理念人为地从"衙门"中分离出来的,因此很容易被视为另一个解决纠纷的机构,而不是司法审判机构。缺少职能分工也就难以培养出一批专业化的法官。而由于这种缺乏,因此往往不得不借助行政管理体制和逻辑来保证法院职能的履行,而这种制度和逻辑的借助最终又改变了法院自身应当具有的逻辑。因此,从此可以看出,司法独立或审判独立的形成不仅仅是甚至主要不是在法律上如何规定,是否移植了或坚信某个理念或原则的问题,而是一系列综合的社会条件的集合的产物。

第二节　法院后勤装备建设的工作思路

法院后勤装备管理主要是指为审判工作提供工作条件和生活条件的一项基础性工作。在人民法院的各项工作中,它是一项服务性最强的工作。后勤装备管理水平的高低,直接涉及人民法院职能活动的正常运行,影响到广大干警的积极性,关系到人民法院整个工作的发展和形象。后勤装备管理主要包括车辆管理、财务管理、资产管理、两庭建设管理、服装管理、枪支管理等。这里以车辆管理和财务管理为例,阐述法院后勤装备管理的工作思路。

一、法院的车辆管理

人民法院车辆管理是对人民法院日常用车的管理,以及各类车辆的购置登记,车辆使用,油料领用等方面的管理工作。人民法院车辆管理,应以满足工作需要,服务于审判业务,节约物资设备,实现管理制度化、科学化为目标。

1. 法院车辆管理的三种形式

对车辆的管理一般有三种形式：

（1）将所辖的车辆集中起来进行统一管理使用。这种管理方式车辆调配机动性大，调度比较灵活，车辆的利用率较高，节约经费和油料，还可以节省车辆管理人员和驾驶人员，同时也有利于实现专业化和科学化管理。由于统一管理，该管理方式的缺点在于容易在用车调配上出现矛盾，用车和派车环节的衔接容易发生问题。

（2）将所辖的车辆分散到各业务部门，各自管理、各自使用。这种管理方式能够缓和各部门自己用车的矛盾，但是相对增加了车辆、驾驶人员和管理人员，在车辆维护保养、驾驶员管理、车库使用、油料供应等方面存在一定的缺点。

（3）根据工作状况，业务量大小等因素，将统一管理和分散使用相结合。

不管是哪一种管理方式，车辆管理的任务是保证人民法院日常工作和生活用车，有计划，合理地安排和使用车辆。

2. 法院车辆的分类

人民法院车辆主要有囚车、指挥车和其他业务用汽车、摩托车等。为保障审判工作的顺利开展，必须加强对交通工具的管理，充分发挥其作用。

（1）囚车。囚车是人民法院用于押解人犯、押送罪犯执行死刑、押送罪犯送交执行刑罚以及适用民事强制措施和收审、遣送当事人等专用特种车辆。囚车是各级人民法院必备的交通工具。每个基层法院应至少配备一辆囚车，刑事案件较多、执行死刑任务较重的基层人民法院和中级人民法院应当适当多配备囚车，以满足相关工作需要。

（2）指挥车。指挥车是人民法院用于集中公判罪犯、对罪犯执行死刑以及其他大型活动所使用的指挥用车。中级以上人民法院以及人口众多、刑事案件数量较多的基层法院应当配备指挥车，以保证人民法院大型执法活动顺利进行，体现司法的严肃和法律的威严。

（3）业务用车。业务用车是指人民法院审判工作和其他执法活动所使用的警车、勘察车、吉普车、小轿车、面包车、卡车和摩托车等法院配备业务用车，是审判工作的特殊需要，一般不应受当地配车编制的限制。各地人民法院应尽量争取财政部门的支持，配备一定数量的业务用车，以保证审判工作和其他司法活动的需要。人民法庭可以配备一定数量的摩托车或者吉普车。

（4）行政用车。行政用车是指法院除审判活动之外用于公务活动的汽车。根据规定，各级人民法院除业务用汽车外还应配备一定数量的行政用汽车。行政用车的配备可以参照当地有关部门办公用车配备的标准。但需要注意的是，法院行政用车的配备不能与业务用车配备相顶抵，应当在首先满足业务用车的前提下考虑行政用车的配备。

3. 法院车辆管理的内容

一是车辆的购置登记、调配使用、维修保养、油料领用等；二是对驾驶人员进行管理、教育，并对违反规章制度者进行处理。

（1）车辆的购置及登记。人民法院车辆的购置，必须按照法院及行政公务用车的有关规定购车、配车，并要严格限制使用范围。新车购进后，要按照合同对车辆清单进行验收。同时，及时建立登记卡片，将车辆型号、牌号、车况等各项数据，逐一登记，在车辆使用前，办理各种车辆登记、申领机动车拍照等合法使用手续。

（2）车辆维护保养及油料管理。车辆折旧主要是以行驶里程为依据。折旧里程的长短，应着眼于经济效益的好坏、设备更新的速度。过短会造成浪费，过长将增加修理费和燃料、轮胎的消耗，并阻碍或不利于技术的更新。如发现车辆经过长期使用后，技术性能变差，运行效率降低，物料消耗增加，维修费用增高，安全性能不可靠，经济效果不好，应予报废。

车辆用油料按其用途，可分为燃料用油、润滑用油等。要建立健全油料及票证的分配和领用制度；制定节约油料技术措施和奖惩办法，监督车辆油耗情况。

（3）车辆调配使用。车辆使用管理是对各种机关车辆进行合理的安排和调度。其目的一方面是保证法院各业务部门的用车需要，公务接待和行政事务等的用车需要；另一方面是保证车辆安全，省油节支。因此，应当建立健全车辆管理制度，确保车辆安全行驶，确保工作用车的需要，杜绝公车私用。要充分发挥车辆的效能，就必须对车辆进行科学的、合理的调度。车辆调度要严格按照规定的使用范围派车；派车要进行登记，并开具一事一车的派车单；对于派车到同一方向办事的，尽量安排合乘一辆车，统筹安排，杜绝浪费。

（4）驾驶员管理。目前，驾驶员的录用多采取聘任制。驾驶员驾驶水平的高低直接影响乘车安全，务必严格把好进人关，聘任驾驶人员要认真审核，绝不能徇私舞弊，马虎大意。另外，也可以在后勤人员中培训适量的驾驶员，让他们掌握良好的技能，提高驾车水平，这样可以节省人力、财力。

二、法院的财务管理

财务是指机关、企业、团体等单位中，有关财产的管理或经营以及现金的出纳、保管、核算等事务。因此，财务管理就是指对资金和实物等进行的管理，包括对资金的来源、使用和审核，以及各种物资的采购、保管和领用等一系列工作。

人民法院的财务管理是基于法院的财务活动和财务关系而产生的管理法院资金、处理财务关系的一项管理工作。与法院的其他管理，如审判管理、人事管理相比较，其最显著的特点就在于它主要表现为一种价值管理。

1. 法院财务管理的基本任务

法院财务管理的任务，从属于人民法院的根本任务。也就是说，法院的财务管理，必须遵循国家的财经法律、制度的有关规定，服从、服务于法院的职能工作，并根据人民法院在某一时期的工作重点，组织好财务活动，处理好财务关系，满足审判工作对经费的需求。

（1）组织经费收入。法院的收入主要来源于财政拨款。争取足够的财政拨款，满足各项工作的经费需要，是法院财务管理工作的重要内容。管理部门要根据人民法院在某一时期的工作任务及人民法院建设与工作发展的需求，本着勤俭节约的原则，确定法院工作与建设所必需的经费数量，并争取财政部门的大力支持，保证人民法院各项工作与建设对经费的需要。

（2）合理分配经费。在经费的分配中，财务管理部门要本着为全局工作服务的原则，正确处理全局工作经费需要与局部工作经费需要、审判工作经费需要与其他工作经费需要、法院日常工作经费需要与法院建设经费需要之间的关系，统筹安排、合理分配经费，把有限的经费用在刀刃上。同时，要与有计划地节约使用经费相结合，在支付时认真研究其合理性，在使用时切实讲求利用效果，努力做到用更少的钱做更多的事。特别需要指出的是，审判工作是人民法院的主要职能工作，因此，财务管理部门必须高度重视并切实保证审判业务经费的供给，满足审判工作对经费的需要。

（3）综合协调财务平衡。综合协调财务收支是指在组织经费收入、分配经费的过程中，要根据实际情况，采取措施，调节各部门、各项工作经费支出的比重，有计划地调度经费，保证经费的协调平衡，从而实现各部门的收支平衡，以至法院的收支平衡，保证法院各项工作与建设的经费需要得到合理兼顾，促使法院日常工作和法院建设得以协调发展。

（4）建立健全规章制度。法院的财务管理与其他国家机关、企事业单位的财务管理相比，有一定的差异。因此，要结合法院财务工作的特点，建立健全严格的财务管理制度，如诉讼费管理制度、差旅费报销制度、固定资产管理制度、办公用品经费包干制度等。这些制度既要严格，又要合理；既要有相对的稳定性，又要根据实际发展的需要，按照一定的程序作必要的调整和修正，从而使法院的财务工作有章可循、有据可依，杜绝不合理的经费支出，保护人民法院财产的完整与合理使用。

（5）实行财务检查与监督。对财务工作进行检查、监督，同为审判工作服务，是相辅相成的两个方面。服务是目的，检查、监督是手段。实行财务检查与监督的目的就在于通过财务检查与监督，发现问题，总结经验，保证国家财务法律、法规和制度的贯彻执行，发挥财务管理对法院工作的推动作用，更好地为审判工作服务。财务检查与监督主要是通过控制财务收支和检查分析财务指标进行的。通过合理地控制财务收支，及时发现和制止不合理的支出和不合法的收入；通过对财务指标的检查分析，可以发现资金和物资占用是否合理，人力和物力的利用是否有效等问题，从而为改进工作提供线索。

2. 人民法院财务管理的原则和体制

（1）法院财务管理的原则。财务管理的原则是组织财务活动，处理财务关系的准则。人民法院财务管理的原则是由人民法院财务管理的要求决定的，同时也反映了法院财务管理的特点。在人民法院的财务管理工作中，除必须坚持依法原则外，还必须坚持以下几项原则：

1）勤俭节约的原则。坚持勤俭节约，不仅是人民法院工作的需要。而且也是建设有中国特色社会主义强国的需要，这在我国经济尚不发达、国家财力比较紧张、法院普遍存在经费困难的今天，坚持勤俭节约更有其特殊的重要意义。因此在法院财务管理中，要发扬艰苦奋斗的优良传统，坚持节省一切不必要的开支，勤俭办事，把有限的财力用在最需要的地方。

2）计划管理的原则。首先，法院的财务活动受国家或地方财政预算的指导，其主要经费的支出必须按照年初的经费预算确定，实行计划管理。其次，由于财务活动是一种与多种因素有广泛联系的活动，因此，在实际的财务管理工作中必须充分研究诸种因素的联系与变化，作出远期和近期的规划，特别是要研究随着法院案件的大量增加、干警队伍的日益壮大，导致的对审判业务经费及行政经费的需求大量增加等问题，以防止经费管理的盲目性，提高预见性。再次，在财务管理活动中，必须树立全局观念，服从法院工作的整体需要，对于计划执行中出现的财务收支不平衡的矛盾，随时加以协调与处理。

3）统一领导和分级分口管理的原则。这是根据专业管理与群众管理相结合的要求确定的。所谓统一领导是指法院的财务管理工作，由分管院长领导，由财务管理部门具体负责管理。财务管理权限集中于财务管理部门，由财务管理部门根据审判工作及其他工作的需要，统一安排经费使用，管理财务收支，管理、登记所使用的财产、物资。同时，要根据财务的类别，由有关部门归口管理，按其业务范围确定其财产管理的责任与权限，并根据其使用情况，具体分解落实到各单位和个人。进行财务管理的统一领导和分级分口管理，必须按照管理物资与管理资金相结合、使用资金同管理资金相结合、管理责任与管理权限结合的要求，合理确定法院内部各部门在经费、物资管理上的权责关系。坚持这一原则也是民主管理原则在人民法院财务管理中的具体体现。

（2）法院财务管理的体制。

1）法院微观财务管理体制。一般来讲，一个法院的财务管理都由一名分管院长领导，办公室负责，财务部门具体管理。重大财务方面的决策，则由院长办公会集体讨论决定。由于各级、各地法院的具体情况不同，其财务管理体制的具体内容不可能千篇一律，具体形式可以多样，但无论各级法院财务管理体制的内容与形式存在何种差异，都必须处理好集权与分权的关系，绝不能否定财务部门的统一管理。只有这样，才能保证法院经费与物资的合理分配使用，国家财经制度的切实落实。

2）法院宏观财务管理体制。法院的宏观财务管理体制是由国家财政管理体制所决定的。我国现行的财政管理体制实行"分级包干"。在这种体制下，各级法院和经费预算列入同级财政预算，经费由同级政府的财政部门拨付，并接受其管理。

3. 人民法院财务管理的内容

由于法院的工作内容与其他国家机关的工作性质和内容有着显著的差异，从而决定法院的经费分类与其他国家机关相比也有明显的差别。根据国家财政开支科目和人民法院的实际情况，法院的经费主要分为以下几类：

（1）行政经费，包括：用于干部、职工部分的经费（工资、补助、福利待遇和离退休人员费用等），用于行政公务的费用（文具费、水电取暖费、设备购置费、会议费等）。根据财政部和各地财政部门的规定，行政经费一般采用经费包干的办法进行管理。

（2）审判业务经费。根据1985年最高人民法院、财政部《关于业务费开支范围的规定的通知》的规定，法院业务费包括：办案费（诉讼文书、表册用纸及印刷费，布告、公告费，调查案件差旅费，司法勘验鉴定费，陪审员公务费，审判场地租赁费，死刑执行费，材料消耗费等）、服装费、业务设备购置费（审判业务所需的交通工具、审判法庭内设施、通信设备、枪械、法医技术鉴定设备、文印档案与办公现代化设备、审判业务用图书等的购置费）、专业会议费等。根据财政部的有关规定，对人民法院的审判业务经费，由各级财政部门单独立户、单独列支。

（3）培训经费。主要是法院法官培训中心、各种培训班（研究班）等所需要的巨费，包括各种教材、教学用具、教师、图书资料所需费用及法院：部参加学习所必需开支的费用（差旅费、生活补助费等）。

（4）基本建设经费。包括办公用房、审判法庭以及人民法庭的建设费用等。

三、法院后勤装备工作方法的创新

1. 加强以"两庭"建设为基础的物资装备建设和管理

以"两庭"建设为基础的物资装备建设，是人民法院提高审判效率、确保司法公正、实现司法为民的基本物质条件。要严格按照《人民法院法庭建设标准》和《关于实施〈人民法院法庭建设标准〉若干问题的意见》《人民法院法庭专用设备配置的意见》等，进行规范化建设。在法庭、审判庭建设和刑场建设上，要树立正确的建设理念，准确把握建设标准，严格遵守建设原则，合理确定建设水平，正确处理好"四个关系"：执行建设标准和实际需要及当地财力的关系、法庭建设与办公用房建设的关系、满足审判功能需要与各类功能性用房设置的关系、方便诉讼与维护司法权威的关系。同时，加强对服装、枪支、弹药、警车、警牌的管理要落实责任制，并建立相应的责任追究制度，切实维护法院的良好形象。要加强信息化建设和应用，增强信息化建设和运用的自觉性，把加强信息化建设作为落实司法为民要求所必需的现代科技手段抓紧抓好。

2. 加强财务管理，搞好经费保障工作

要严格执行《人民法院财务管理暂行办法》《人民法院业务费开支范围》等规定，建立健全并严格执行各项规章制度，把牢财务的入口和出口关，对所有的经费实行统一管理，落实"一支笔"审批制度，严把财务审批关和报销关。认真执行"收支两条线"规定，坚决杜绝超出规定、自立项目收取诉讼费、部门提成和下达收费任务指标的现象。立足现有条件，少花钱多办事，花小钱办大事，向管理要效益，努力提高综合保障能力。

针对当前各地财政比较紧张、经费供应体制面临改革的情况，更应做好开源节流工作。要积极与当地财政等部门协商，克服畏难情绪，多沟通，勤汇报，争取更多的政策支持。杜绝文山会海，减少接待、会务等开支，向审判工作、向大案要案、向一线干警倾斜。好钢用在刀刃上，在经费使用上，一切工作都要以审判工作为核心。要提倡艰苦奋斗、勤俭建院的作风，坚决反对铺张浪费的不良风气，着力打造节约性法院。注重协调好"两种"关系，争取各级领导的大力支持。

法院的财务工作不是独立的，它受本级人民政府财政部门的监督管理，同时又受上级法院的业务指导。笔者所在的中级人民法院，就注重处

理财务管理工作中的纵、横关系。在横向方面，要求干部职工"勤动脑、勤动嘴、勤动腿"，充分发挥主观能动性，主动与政府有关部门协商，争取他们的政策支持与帮助。因为在争取经费问题上，有时可能涉及政府的许多部门，需要很多领导签批，这就要求我们不能坐享其成，而是多请示、多汇报、勤奋工作，更要遵守国家的财经纪律、审计制度，避免发生违规行为。在业务经费使用上，一方面严格按照人民法院业务经费开支范围执行；另一方面主动加强与审计部门的联系，正确处理每一笔业务。另外，从 2002 年起，全国法院的诉讼收费全部实行预算管理，取消预算外资金管理制度，法院的每一项支出，全部由财政予以保障。基于这一情况，通过加强与财政部门的联系，做好现阶段的经费保障工作；通过编制好部门预算，争取财政部门的支持和理解。在纵向方面，主动接受上级法院的指导，多与他们沟通，在业务上多向他们请教。同时，也要注重加强与下级法院的联系，在业务上对他们进行必要的指导。由于纵横关系处理得当，有力地推进了该法院的财务管理工作的正常开展。

3. 加强司法行政队伍建设，提供法院行政管理队伍的政治业务素质

新形势和新任务给法院司法行政装备工作提出新的挑战，司法行政干部队伍的政治素质如何、能力如何、廉洁如何，关系到人民法院的社会形象。在新的形势下，必须努力提高司法行政干部的政治素质，增强业务能力，纯化道德品质，牢固廉洁自律防线，建设一支政治过硬、业务过硬、能力过硬、廉洁过硬的司法行政干部队伍。

一要加强思想政治建设。司法行政工作没有法院中心工作的风光和荣耀，它是低调、琐屑的幕后工作，对司法行政干部的政治思想素质、业务知识水平和工作作风提出了较高的要求。为此，司法行政干部要加强思想政治作风建设，按照树立和落实科学发展观、构建社会主义和谐社会的要求，胸怀宽广，围绕中心，服务大局。要牢固树立司法为民的思想，坚持"四个服务"，即为审判中心工作服务、为全院干警服务、为基层法院服

务、为当事人服务，从思想上解决司法行政工作应该为谁服务、怎样服务和如何服好务的根本问题。工作中要增强"三个意识"，即服务意识、责任意识、大局意识。转变服务理念，变静态服务为动态服务、变被动服务为主动服务，真心面对服务对象。要甘于奉献，敬业负责，求真务实，不搞花架子，发扬嘴勤、手勤、腿勤的"三勤"精神，扎扎实实为审判工作做实事。

二要加强业务建设。随着经济社会的快速发展，司法改革进程的大力推进，司法行政工作面临许多新情况、新问题，必须不断地学习探索，去适应新的要求，去开创工作新的局面。要调动司法行政干部学习装备、信息化、财务、法律、管理等方面的积极性和主动性，提高干部队伍的业务工作能力。

三要加强廉政建设。作为司法行政部门，掌握着一定的财权、物权，不可避免地面临着形形色色的物质利益诱惑。如果放松了思想警惕，经受不住考验，手中的权力就会变成谋取个人私利的工具。因此，必须时刻保持清醒的头脑，保持高度的政治警觉性，不断加强党性修养，暮鼓晨钟，常鸣于耳，常记在心，做到自重、自省、自警、自励，独善其身，做到"常在河边走，就是不湿鞋"。

四要加强和谐团队建设。和谐团队出干部、和谐团队出效率、和谐团队出战斗力。司法行政干部不仅要搞好内部的团结，还要搞好与其他部门的团结，提高团体的凝聚力、向心力。因为司法行政工作涉及方方面面，有的直接涉及全院干警的切身利益，矛盾相对集中。司法行政干部要胸怀审判工作、法院建设的大局，坚持原则，用好每一分钱，不怕得罪人。领导要重视和关心司法行政干部的成长，积极为他们搭建施展才华的舞台，通过推荐评优、晋升、表彰奖励等多种方式进行激励，用待遇留人，用感情留人，用事业留人。

四、创新工作方法，不断开拓前进

在新的历史时期，司法行政工作被赋予了新的内涵和新的使命。司法行政工作者要不失时机地抓住司法体制改革和审判等各项工作发展所带来的机遇，以务实的精神，创新工作方法，不断开拓前进，努力开拓法院司法行政工作的新局面。

一要胸怀全局，服务发展。司法行政工作既要为审判中心工作服务，为全院干警服务，更要为基层和群众服务。只有胸怀全局，形成合力，牢记发展是我们党执政兴国的第一要务，才能有效地推进工作。要以"加强司法政务管理，做好后勤保障，服务审判一线"为工作目标，坚持用发展的眼光、发展的视角观察分析解决问题，立足本职，服务发展，完善落实司法便民措施，不断提高司法行政管理能力，更好地为人民群众服务。

二要突出重点，带动全盘。司法行政工作任务繁重，头绪很多，人手紧张。为此，一定要集中精力把重点工作切实抓好，通过抓好重点工作来带动其他各项工作，实现工作的整体推进。

三要以人为本，共建和谐。面对新形势和新任务给司法行政装备工作提出的新挑战，只有建设好一支政治坚定、业务精湛、作风优良、纪律严明的高素质干部队伍，才能担得起重任，才能不辜负法院干警和群众的信任与重托。只有坚持以人为本，把尊重人、理解人、关心人贯穿到行政工作的每个环节，把人文关怀落实到每一位干部职工身边，形成诚实守信、团结友爱、相互尊重、相互帮助的和谐人际关系，司法行政工作才有凝聚力，才能出战斗力，才能出成绩。

第八章　法院文化建设的方法论

近些年来，随着法官正规化、职业化、专业化建设的积极推进，法院文化这一命题得到了理论界和司法实务界的共同关注。通过法院文化建设，来提升法官群体素质和司法水平，已成为许多法院的共识。

第一节　法院文化建设的构成

法院文化通过符号、礼仪、共有的认识、观念、思维、知识以及许多无形的东西施加一种整体的影响力，它设定法官的行为方式，并且发展出一种法官在法院中的集体认知。尽管法院文化不是一个可分离、测量或者控制的单一变量，但对其构成的主要要素进行解构，可以在建构法官行为标准和法院运作规则过程中，将法院文化具体化。

法院文化是文化的子概念，兼具文化的一般性和司法的特殊性，内涵极为丰富。它是指法官职业群体在长期的司法实践中所形成的、具有鲜明审判特征的知识体系、理想信念、道德观念、价值取向、行为准则及其外在物质化体现的总和。我们认为，法院文化大致可以分为精神文化、制度文化、行为文化和物质文化四个部分。其中物质文化是基础，制度文化和行为文化是保障，精神文化是核心，三者互相作用，缺一不可。法院文化主要内容包括追求正义的理想信念、严格司法的价值取向、清正廉洁的职业道德、高效有序的管理规范、威严庄重的物质载体等。党的十八大报告指出："文化是民族的血脉，是人民的精神家园。全面建成小康社会，实现中华民族伟大复兴，必须推动社会主义文化大发展大繁荣，兴起社会主义文化建设新高潮，提高国家文化软实力，发挥文化引领风尚、教育人民、服务社会、推动发展的作用。"法院文化作为社会主义文化长河的一脉，和当下的社区文化、经济文化、企业文化、校园文化、军营文化等共同构成了中国特色社会主义文化。

一、法院文化建设概说

1. 法院文化的内涵与特征

"文化"一词，语出拉丁语 Cultura，最初的基本含义是"耕种、培育；修饰、打扮；景仰、崇拜、祭祀"。我国《辞海》将之界定为："从广义来说，指人类社会历史实践过程中所创造的物质财富和精神财富的总和。从狭义来说，指社会的意识形态及与之相适应的制度和组织机构。"它是具有社会学意义的一定人群所共有的意识形态、行为模式、生活方式及其在物质上的体现，包括思想、信仰、价值标准、语言、传统、习惯、制度、组织机构等。当今社会"文化"已然成为一种发展战略，起着对群体的理念支撑作用。法院文化是人民法院在审判和管理等实践活动中所形成的文化现象，是以法官为主体全体法院工作人员在长期的审判实践和管理活动中，逐渐形成的以实现公正与效率为特征，以追求法治为目标，凸显法院特点并得到共同遵循的价值观念、思维模式、行为准则等精神财富和物质财富的总和。

法院文化具有如下特征。一是主体性。法院文化是以法官为主体和代表的审判人员的文化，是法官这一特殊群体所共有的思想观念、行为模式和生活方式及其在物质上的体现。它是法官的人化，是法官群体的共同意识，是维系法官职业共同体的精神纽带；决定着法官的价值取向，支配着法官的行为选择，制约着法官的思维和判断，影响着法官的凝聚力和战斗力。二是法律性。法院文化是法律文化的缩影和代表，要凸显法院自身的司法规律，突出公正与效率这一司法永恒的主题，要凸显法官思维方式的非自主性和逻辑性，突出法官行为方式的程序性和相对封闭性，显示法官道德良知的崇高性和知识系统的专门性，展现法官审美情趣的严肃性和言行举止的严谨性。三是精神性。法院文化是精神的文化，重在发展内涵，增强素质，营造氛围，提高品位，展示形象，培育精神；重在培育一种体现法院根和脊梁、魂和神韵的精神，凝聚一种激励法官积极向上的力量，成为一种增强法官职业归属感、尊崇感和获取法院社会知名度、美誉度、公信度的表现方式。四是特色性。法院文化以其法院特色而区别于企业文化、校园文化、军营文化等。前面讲到的法律性是其特色性的表现之一，此外不同地区法院的文化各有不同，即所谓的地域性，需要融入不同的区域背景、历史传统、人文因素，以形成自己鲜明的个性。五是渐进性。法院文化必须经过长时间的积累与沉淀，不可急功近利，一蹴而就。它既是几千年中国传统法律文化的精华和世界先进法律文化的交汇和融合，也是立志于献身法律事业的法官们在司法实践中的主动创造与弘扬，必须经过长期的启迪、教化、灌输与规范，必须经过几代人的努力培植和时间积淀，最后内化为一种习惯，升华为一种力量，形成为一种传统。

2. 法院文化的功能

所谓文化的功能，即文化的作用。一般来说，是指文化整体或文化因素对人类社会生活和个人发展所具有的效能和作用。法院文化作为上层建筑中社会意识形态的重要组成部分，对于建设现代司法文明，推进社会主义精神文明和法治国家建设，有着不可替代的作用与价值。

一是导向功能。法院群体中的个体总是根据法院倡导的价值观来摆正自己的位置并作出自己的行为决策。先进的法院文化可以通过整体的价值认同来引导法院工作人员形成正确的人生观、价值观、权力观，使他们在文化的深层次上自觉地结成一体，朝着一个共同目标努力。

二是凝聚功能。现代社会中，将个体凝聚起来的力量并非生物的力量，而主要是一种心理的力量。先进的法院文化是法院群体的黏合剂，能使每一个个体产生一种强烈的向心力和对法院的认同感、使命感、归属感和自豪感，并自觉付诸行动，从而凝聚人心，集合战斗力，增强司法能力，获得整体效应。

三是约束功能。约束分为硬约束和软约束，硬约束是一种制度的约束，规范的约束，外在的约束；软约束是一种文化的约束，内在的约束，无缝的约束。硬约束有一定局限性，难以穷尽所有情形；文化约束是一种更高的深层次的精神约束。接受了先进法院文化的影响和熏陶，法院群体及其成员对其社会责任感和法院未来发展等精神要素有了更透彻的领悟和理解，使自己的思想感情和行为方式与法院整体价值目标保持相同取向，从而自觉地约束个体行为，有效防止违法违纪事件的发生。

四是激励功能。优秀的法院文化使法院群体成员深知其所在组织及自身存在的社会价值和意义，进而产生职业尊荣感和崇高使命感，激励他们奋发向上，以高昂的士气勤奋工作，忘我工作。

五是感召功能。法院文化一旦形成比较固定的模式，就会通过各种渠道对社会产生深远影响。先进的法院文化能够展现法院和法官的良好形象，让当事人及社会公众更加了解法院和法官，增加公众对法院和法官的认知、信赖和赞许程度，不断增进社会对法院工作的理解、信任和支持，从而推动法院工作健康有序地发展。

3. 法院文化的构成与内容

法院文化由四个层次构成，即表层的物质文化、浅层的行为文化、中层的制度文化和深层的精神文化。表层的物质文化是指法院的建筑、设施和装备以及包括干警着装、法官服饰、法庭的布局和装饰、法槌的使用、工作环境、办公环境等所构成的器物文化，是法院文化最为直观的文化要素。浅层的行为文化是指法院群体在审判活动、研究培训、生活娱乐和人际交往中产生的活动文化，包括法院审判及管理工作中长期形成的习俗、礼仪、习惯、成文或虽不成文但已约定俗成的行为准则等。中层的制度文化即法院管理文化，是指法院在从事审判活动、管理活动中形成的与法院司法精神、价值观念等意识形态相适应的法院规章制度和组织机构等，其中包括法院的审判管理制度、行政管理制度以及党风廉政、职业道德考评、审判纪律作风整顿措施等的确立和完善。这一层次是法院文化中规范人和物的行为方式部分。深层的精神文化是法院文化的核心层，是法院文化的源泉，是指法院在审判活动、管理教育活动中所形成的独具法院特征的意识形态和文化观念。它包括司法精神、法官的职业道德、工作目标、群体意识和行为规范，它是法院文化的基础和核心内容，决定着其他三个层面的文化，而其他三个层面的文化则反映和强化精神文化层面的内容。

法院文化作为一种较为复杂的社会文化现象，蕴含了"公正、平等、中立、文明、高效、敬业、关怀"等丰富的内容。公正即公平正义，它是司法的永恒主题，是法治文化的核心所在，是法院最珍贵的公众形象，是法官的毕生追求。在现代法治社会，司法公正更是一种价值、一种精神、一种理想而被倡导和追求。平等即严格执行实体法和程序法，强化各类市场主体平等对待意识，在审判实践活动中对各类市场主体坚持在适用法律上一律平等。中立是指审判权作为居中裁判性的权力，在法律上处于一种中性的、超然的状态，它要求法官在解决矛盾纠纷中保持中立，不偏不倚，唯法律马首是瞻，始终保持居中裁判地位和公正形象。文明即司法文明，它体现了一种进步，一种境界。法院是最文明、最民主、最讲理的地方，法官理应成为最文明的人、最高素养的人。高效即增强效率意识，自觉将执法活动与社会节奏相协调，严格遵守法律规定的办案时限，把效率要求贯穿于立案、审判、执行等各个环节，尽量缩短办案周期，切实提高办案质量。敬业即恪尽职守、爱岗敬业。因为法院是维护社会公平正义的最后一道防线，法官是纠纷冲突的终局裁判者，司法工作维系着社会的安全、人民的福祉，容不得半点的疏忽和马虎。面对日益繁重的审判任务，如果没有对事业的执着和热爱是做不到的。关怀蕴含了人本主义的现代管理理念。对外要践行司法为民宗旨，关注民生，维护民权，化解民怨，保障民利，彰显司法的人文关怀；对内要注重情商管理艺术，发挥情感的力量，以情感人，尊重、理解、关心、爱护干警，要善于用伟大的事业凝聚人心，用崇高的精神鼓舞人心，用真挚的情感滋润人心，用适当的待遇吸引人心，把情商管理贯穿于法院管理的始终。

4. 法院文化建设的必然性

文化作为一种软实力，是社会经济形态上升到一定层次的必然反映，具有无穷的生命力与竞争力。法院文化是法院在其自身发展进步过程中的一种必然反映，法院文化建设自然成为法院向更高层次发展的一种必然要求，对于改善欠发达地区法院现状，推进法官职业化进程，实现"勇争一流"的跨越式发展目标具有举足轻重的战略意义。

（1）法院文化建设是中国民主法治发展进程加快推进的必然选择。中国几千年的封建社会是以儒家思想为指导的专制社会。法文化的基本特点是礼法并重，以礼为主，强调礼治，具有"明德慎罚""出礼入刑""德主刑辅"这样一些浓厚的儒家伦理化色彩；重视德治，以德为主，重调解、息事宁人、平争止讼；实行人治，皇权至上，法自君出，重群体，轻个人，重义务，轻权利，重实体，轻程序，法律体系不分。除了中央设置有功能相对单一的司法机构外，地方一般没有设置单一的司法机构，地方司法权一般由行政部门来执掌，司法和行政机关高度合一。所以，中国封建社会的司法文化具有浓厚的盼清官、盼明君的民众期望，谈不上有什么民主法制的传统，法律被看成是不好的东西，普通百姓不喜欢法律，在这种法文化的熏陶下，法文化体现的是道德文化，追求的是秩序与和谐，强调的是打击与惩罚，在这种历史语境中不可能有法院文化建设问题。民国期间，仿照西方体制，出现了现代意义的法院雏形，但也是昙花一现。新中国成立后，由于计划经济和政治意识形态方面的影响，特别是"文革"十年动乱，法律被政策取代，司法被严重异化，也没有出现真正意义上的法院文化建设。改革开放尤其是"依法治国"基本方略的提出，具有中国特色的法院文化才开始显现。特别是十六大提出"大力发展社会主义文化"历史性时刻的到来，法院文化才真正走入了发展的快车道。

纵观中国法院文化建设由无到有，由冷到热的过程，并非单纯的社会现象，它反映的是我国社会主义民主法治建设、和谐社会建设的必然要求，它体现了当前我国法院物质建设取得重大进展的同时，要推动法院整体工作和队伍素质上新层次、新台阶，必须尽快破解文化这一软实力的"瓶颈"问题，注重软实力的竞争，而法院文化建设将起着根本性、基础性、长期性的推进作用。

（2）法院文化建设是加快法官职业发展进程的必由之路。法官作为纠纷裁判者，承担着维护社会正义的责任，是法律的化身和代言人，是社会的精英，是高于一般人的特殊群体。职业的特殊性决定了法官必须有一套自己的价值理念、道德操守、思维方式、语言风格和行为方式。法官在法庭上的言谈举止直接影响到人民群众对国家司法文明的认知，直接影响到人民群众对司法的信赖度，直接影响到人民群众对国家司法的评价。法院如何引导法官树立正确的人生观、世界观、价值观，如何真正做到德化于自身、德化于本职、德化于社会，如何实现"公正司法，一心为民"的宗旨，答案就是要大力加强法院文化建设。第一，法院文化建设有助于法官职业意识的养成。法官职业意识包括法律至上的理想信仰、公平正义的价值观念和理性客观的思维方式等。法官的职业意识不是天生的，法院文化通过渐入人心的方式，循序渐进地对法官的心理意识进行影响、改造，相对于说教式的外部"灌输"方式，它是一种内部的"培养"，是一种环境的熏陶。第二，法院文化建设有助于法官职业技能的提高。在法院文化建设中，通过举办法论坛、邀请专家讲座、与高校开展协作、设置"法官书屋"等文化形式，能多渠道提高法官素质。通过引导、培植等各种途径将公正、公平、正义等理念渗透到法官审判的各个环节，会在法官心中形成法律思维的指导原则，从而提高其职业技能和裁判水平。第三，法院文化建设有助于法官职业道德的确立。法院文化对法官职业道德的形成能发挥"过滤器"的作用，能形成一个文化"保护圈"，使之区别于外部的文化环境，对外能免受和自觉抵制不良思想的侵袭，保持良好的职业操守。对内能形成法官集体的共同精神，进而内化为法官心中的道德准则，控制和约束自己的行为。第四，法院文化建设有助于法官职业形象的树立。法官们的工作非常辛苦，但是为什么社会上有些地方对法院和法官的总体评价并不太高，告状难、申诉难、执行难、人情案、司法腐败现象等指责时有耳闻，法官违法乱纪的现象不时发生，司法权威和公信力受到极大挑战。究其原因，法院文化建设的缺失是一个重要原因。因此，加强法院文化建设，以积极向上的文化作为法院的价值指引和导向，已成为新世纪人民法院一项十分迫切的光荣使命和重要任务。法院文化有助于培养法官的职业气质,引导法官树立求实、严谨、刚直、廉洁、文明等职业形象,使法官成为社会上受信任和尊重的人。第五,法院文化建设有助于提升个人修养,促进法官综合素质的提高。通过举办歌咏、演讲、体育竞赛等各种文体活动,可以活跃法官业余文化生活,创造轻松愉悦、张弛有度的工作氛围,有助于法官更加深入广泛地了解历史,了解社会,把握大局,把握形势,做一个头脑清醒、博学睿智的人;有助于法官艺术品质的养成和审美情趣的提高,从而提升裁判的境界和水平。

(3)法院文化建设是改变欠发达地区法院现状,实现跨越式发展的有效途径。历史的发展,社会的进步,人民的期待,对法院工作提出了新的更高要求。全国各地法院都在积极努力地加强自身建设,以适应时代的发展,满足人民群众日益增长的司法需求。然而我们不能忽视的现实是:一些法院,尤其是少数基层人民法院,法官的专业知识、工作能力、职业素质、道德操守还不是很高,有的法官没有牢固树立公正司法、一心为民的意识,不能正确对待和行使手中的审判权,以权谋私;有的法官没有正确的职业道德观,廉洁自律意识和道德水准较低,作风拖拉,甚至有的审判人员主观臆断,官僚主义严重,损害了法院形象,败坏了法院声誉;法院的管理比较松散,制度失之于零散、缺乏系统性,失之于局部、缺乏全面性,失之于随意、缺乏规范性;法官的职业保障不到位,导致法官群体心理不平衡,影响了队伍稳定,造成了优秀人才流失等,这离党和人民对法院的要求相去甚远。

近年来,一些法院的实践证明,开展法院文化建设有益于改善法院现状,完善法院形象,促进法院发展。河南省巩义市人民法院通过大胆摸索,借鉴先进法院成功经验,确立了"文化建院、制度治院、人才兴院、改革强院"的工作思路,从思想品德、职业道德、社会公德和家庭美德教育入手,引导法官树立正确的世界观、人生观和价值观,激发法官敬业爱岗、积极向上、自强不息的精神,营造了一个浓厚的审判文化氛围,强化了法院管理,提升了法院形象,促进了法院发展。山东省东营市中级人民法院把法院文化建设作为一项根本性、基础性和长期性工作推进,打造出了具有共同价值理念、职业素质、道德操守、精神风貌、文化品位的司法共同体，取得了显著成效，被最高人民法院授予"全国法院文化建设先进单位"荣誉称号。上述法院开展法院文化建设的生动实践，为我们提供了有益的经验，也为我们实现"勇争一流"的跨越式发展目标指明了道路。

二、法院精神文化建设

1. 精神文化建设在法院文化建设中的地位

文化主要由四种要素构成，即符号、价值观、规范、物质。法院文化建设包括精神文化建设、行为文化建设和物质文化建设。所谓精神文化是指在长期的审判和管理实践中，为实现法院发展目标，由法院群体共同参与创造，为社会进步所要求和期待的，为群体成员所认同和遵守的共同意识。它是以心理、观念、理论形态存在的法院文化，较之于行为文化和物质文化而言，处于核心地位，是法院文化建设中的主要矛盾和矛盾的主要方面，离开或弱化精神文化建设，谈法院文化建设就是舍本逐末，成为无源之水。

（1）精神文化决定法院文化的本质。法院文化是价值观念、思维模式、行为准则及与之相关联的物质表现的总和。而法院文化的精神要素是法院在审判、管理和教育活动中形成的独具法律特征的意识和价值观念，包括理想信念、道德规范、价值观念、管理理念、群体精神等意识形态。这种意识形态的价值观念反映了法院群体的共同认识和追求。它指引着行为文化、物质文化建设的方向，因而决定了法院文化的本质。

（2）精神文化建设是法院文化建设的核心基础。法院物质文化是以有形的实物形态存在的文化，是法院在长期的审判与建设实践中逐步积累的、凝聚为法院精神文化实质而创造的物质环境的总和，是法院精神文化在物质上的体现。法院行为文化以法院精神文化为根本指导思想和最高原则，它是精神文化通过规章制度、行为规范在法官整体或个体行为上的体现。物质文化、行为文化都是以精神文化为基础而发散在物质上、行为上的外在表现。因而精神文化处于核心和灵魂的地位。

（3）法院文化功能主要体现在精神文化的功能上。法院文化作为一种理性和自觉的文化，具有其独特的功能。法院文化的功能主要体现在精神文化的功能上，具体表现在：

其一，精神文化中的价值观体现了法院文化的"导向功能"。法院群体中的每一个个体是跟随着精神文化中倡导的价值观来摆正自己位置和作出自己的行为决策，精神文化引导法院群体为实现法院共同发展目标而自觉地努力工作，最终实现整体的价值认同。

其二，精神文化中的理想、信念、目标和追求体现了法院文化的"凝聚功能"。理想、信念、目标和追求是一种整合法院群体的黏合剂。将个体凝聚起来的力量主要是一种心理力量。正是精神文化中的群体共同意识才会促使每一个个体心往一处想、劲往一处使，朝着法院的共同目标奋力拼搏。

其三，精神文化的内容体现法院文化的"激励功能"，精神文化建设中共同价值观念、发展目标、管理哲学、群体精神、现代司法理念等内容，都是激励法院群体士气的标准，它对于每一个个体是"无形的精神驱动力"，使他们懂得他们所在的组织及本人的社会价值和意义，进而产生了职业尊荣感和崇高的使命感，并在实践中以优秀榜样为参照系，不断修正自己的差距，自觉地为国家、为社会同时为实现自己的人生价值而开拓进取。

2. 法院精神文化的现状分析

法院作为正式的社会组织，是由一组相互依存、相互联系的角色构成的，并在我国特有的经济制度、政治制度、文化制度的基础上形成的具有中国特色的群体职业结构。综观我国的审判队伍的发展，这群特殊群体的精神文化现状，远未达到人们所期待的"社会精英"的层面。"法官职业的非专门化、权力运行的行政化，司法行为的大众化、职业道德的失范化"，而由此形成精神文化层面上的缺失，主要表现为：

（1）群体共同价值观念淡薄。法院内部成员之间价值观念不一，大多数法官有了一定的价值观念，但分散、零碎，尚未形成一种共同的群体意识，少数法官在纷繁复杂、光怪陆离的社会现象面前心浮气躁、追名逐利，由心灵的异动导致行为的异动，有的甚至走上犯罪的道路，极大地毁损了法官在社会上的形象，降低了社会公众对法官特殊职业的整体评价。

（2）发展目标不明。一方面，一些法院特别是基层法院根本就没有发展目标，满足于完成审判任务，案件不出问题、队伍不出问题。当然也就没有目标的追求。另一方面，法院普通成员认为发展目标是领导考虑的事情，是领导的"政绩"需要，与普通干警没有关系，因而缺乏群体为共同目标努力的意识和行为。

（3）法院管理方法缺乏科学性和系统性，以经验型管理为主，很少涉及法院中人与人、人与物、人与审判规律的摸索及总结。

（4）缺乏法院群体精神。尽管不少法院提炼了一些本法院的所谓"法院精神"，但仅仅停留在文字层面上，并未达到将其作为一种群体意识并作为法院审判与管理实践发展提供富有时代性和世界性的精神动力这样的高度。

（5）司法理念模糊。少数干警没有司法理念概念，认为司法理念和审判工作没有关系或关系不大，以致在错综复杂的法律关系和社会关系面前，茫然不知，束手无策。

通过以上分析，我们不难看出，目前法院的精神文化作为一种心理状态不能说是健全的。最高人民法院原副院长刘家琛指出："当前，法官违法违纪现象不时发生，使法官和法院的形象大打折扣，司法权威和公信力受到了极大的挑战，问题究其原因，与法院文化的缺失不无关系。"法院群体属于自觉性角色，即法院群体成员在承担其角色时，应当明确意识到自己正担负着一定的权利义务，意识到个体与集体的关系，意识到个体行为与集体荣誉之间的联系。这就要求法院群体成员去承担其各自的社会角色时，明确意识到自己的社会地位，确定内在的法律自律意识规范，树立起职业的荣誉感，这就是法官职业道德教育的首要目标——"德化于自身"。也唯有如此，才能使法院群体成员在职业行为和日常行为中表现出为正义献身的精神，敢于负责的品格，乐善好施的人文情感，两袖清风的节操和甘于寂寞的境界。而法院精神文化建设正是朝着这个目标努力的有效载体。

三、法院的制度文化建设

倡树制度文化，充分发挥制度的约束作用，实现用制度管人，按制度办事。探索和制定一套切合法院实际的管理制度，通过健全和完善党组议事规则、审判委员会工作制度、执行工作制度、审判监督制度、司法行政管理制度、安全保卫制度、审限跟踪制度等各项管理制度，推进法院制度建设。注重规章制度的落实，充分发挥政工科、办公室的督察落实作用，坚持日常检查、谈话诫勉、重大事项报告等。强化对法官行为的监督，严格流程管理。将规章制度落实情况与岗位目标考评、法官业绩考评紧密结合，实现各项工作的量化管理。法院制度文化即法院的管理文化，在法院文化建设中起着纽带作用。一要建立有效的管理机制，贯彻科学发展观，按照司法内在的基本规律，经过实践调研，制定一系列有效的规章规度，做到用制度管案、管人、管事，形成公正司法的机制、清正廉洁的机制、奋发有为的激励机制等，保障和促进各项工作的有序开展。二要注重制度创新和落实，坚持与时俱进。

法院规章制度既包括对人管理的制度，也包括对事和对物管理的制度；既包括党务方面的规章制度，也包括政务和审判事务规章制度。但是，法院文化管理坚持以人为本的思想，注重本成员的意识、思想及其与行为的关系。

1. 目标责任制度

目标责任制度是指根据党和国家的中心任务，结合法院工作的情况，制订工作计划、奋斗目标，并把总体目标量化、细化，层层落实到各个部门、具体岗位和每个群体成员，做到各司其职。目标责任制度的功能：一是促进审判工作发展。通过目标责任确定工作计划、奋斗目标，并把整体工作目标量化、细化到各位群体成员，从而能够保证法院各项任务顺利完成，促进审判工作的新发展。二是调动群体成员的积极性。目标责任制将法院目标任务公正、公平、科学、合理地分解到每位成员手上，并配之以奖惩措施，能够激发起群体成员的工作热情，调动成员的工作积极性。目标责任制度的设计原则应确定为：一是科学、合理、公正、公平。二是发扬民主、实事求是。三是责、权、利相统一。目标责任制度的确立程序为：首先确定本院的总体目标；其次依据总体目标确定本部门的工作目标；最后确定个人目标。这样自上而下地把法院的总体目标层层分解落实到每个部门及每位成员，形成一个完整的目标体系。

2. 考核制度

考核制度是指法院对群体成员的思想、品行、工作态度、能力、工作实绩等进行的评价，以此来判断群体成员与其所从事工作是否相称，对群体成员发展趋势作出某种预测的制度。

考核制度的功能主要体现在以下几个方面：一是考核制度是组织人事管理的重要环节。经常或定期对群体成员的工作表现、能力等情况进行全面考核，并根据考核的情况进行奖惩、升降，对激励群体成员勤奋上进、提高审判业务水平和工作效率有着重要的促进作用。二是考核制度是发现、选拔优秀人才的基础。考核能够实事求是地评价群体的工作实绩、工作态度，为正确识别群体成员，掌握每个群体成员的长处和特点奠定基础，有利于发现人才，并为领导正确使用人才提供科学的依据。三是考核制度是加强监督、落实岗位责任制的一项重要内容。在实行的岗位责任制中，规定了责任制、考核制、奖惩制"三位一体"的原则。其中，考核是中心环节。在岗位责任制中的责、权、利三个方面是否得到落实，必须通过考核制度来判断。

考核制度的设定必须坚持以下几项原则：一是实事求是。能否坚持实事求是，直接关系到群体成员考核的成败。群体成员考核如果违反了实事求是的原则，不使考核的结果推动真实性和正确性，甚至会造成误用干部等后果，丧失考核的价值。因此，在考核群体成员时要实事求是地客观公正地评价，切忌主观臆断。二是立体考核。所谓立体考核是对群体成员要多观点、多层次、多角度地进行考核。具体地包括领导评定、同事评定、群体评定和自我评定。立体考核的目的在于把考核工作做深、做细。通过大量的深入细致的考察了解，听取各方面的意见，全面地了解考核对象的情况，避免片面性。三是严格科学。考核必须严格而有科学性，否则不但不能真实全面地反映每个群体成员的情况，不利于选拔和选用干部，而且会产生消极因素和严重后果。所谓严格科学，主要是指：要有明确而严格的考核标准，且考核的要素和具体标准必须明确、客观、合理；要有严格科学的考核方式；要有严肃认真的考核态度，反对好人主义和不负责任的态度；要有严肃认真的考核规程，做到考核制度化，这样才有利于衡量群体成员的素质。四是信息反馈。所谓信息反馈，就是考核的结果与被考核的群体成员本人见面。考核结果与本人见面，是考核民主性的重要手段。坚持信息反馈原则，一方面使本人知道工作中的优点和不足，以便再接再厉，发扬优点，克服缺点；另一方面有助于防止考核中出现的主观片面和各种偏差，保证考核的公平合理。

3. 奖惩制度

奖惩制度是按照有关规定，对法院群体成员实施的奖励和惩处。因群体成员表现突出或有特殊贡献而给予荣誉或物质利益，以资鼓励称为奖励；因群体成员有过失而给予惩罚或处分，称为惩处。

奖惩制度通过对群体成员奖励或惩罚来调动其工作积极性，引导规范其行为。具体地讲，奖惩制度有以下功能：

（1）有利于法院群体成员潜能的发挥；心理学家研究表明，在良好的激励环境中，人的潜力发挥的作用，是缺乏激励环境中人的潜力发挥作用的 3~4 倍，这是群体成员激励制度即奖惩制度能够起到的重要作用。

（2）有利于群体成员素质的提高。提高法院群体成员的素质，不仅可以通过培训来进行，奖惩制度也是一种很好的途径。

（3）有利于树立法院的良好形象。奖惩制度通过对群体成员奖励或惩罚，规范着群体成员公正执法，文明服务，不断强化服务意识和服务水平，从而树立人民法院的良好执法形象。

奖惩制度的制定需要遵循一定的原则，主要有：

（1）公正平等，实事求是。无论是奖励还是惩处，只有使用得当、恰如其分，才能使正确的行为得以继续，不正确的行为得到弱化而终止。这就要求奖惩工作应遵循公正平等、实事求是的原则。一方面，对群体成员的奖励，无论大小，只要符合奖励条件的，都要给予相应的奖励；反之，凡是不符合或未达到奖励条件的，应坚持原则，不能滥竽充数或降低条件给予奖励。另一方面，对群体成员惩处应以规定为准绳，做到纪律面前人人平等，使惩处工作做到事实清楚、处理适当。在贯彻这一原则时，要注意防止凭领导人的好恶来决定奖惩的做法。

（2）奖励与惩处相结合，以奖励为主。奖励与惩处是相辅相成的，二者缺一不可。放弃奖励，就无法通过对群体成员需要的满足来引导群体成员的行为，也无法激发出新动力。同样，放弃惩处，就放弃了对违法的警告和约束，造成对违纪行为的放纵，法规纪律也就失去了应有的作用。从法院队伍建设的现状看，经过几年的努力，法官素质有了较大水平的提高，具有较高的思想政治素质、好的审判业务水平和严肃认真的工作态度。在工作中犯了错误的群体成员，经过批评教育后，一般是可以更正的。所以，在实践中，贯彻群体成员奖励与惩处相结合、以奖励为主的原则，力求充分调动群体成员的积极性。

（3）精神奖励和物质奖励相结合，以精神奖励为主。群体成员存在着物质需要和精神需要，奖励方式应该相应地做到物质奖励精神奖励相结合。应以精神奖励为主，激励群体成员充分发挥和挖掘各种潜能，为审判工作更好地服务于政治稳定、经济稳定、经济发展、人民安居乐业贡献自己的力量。正因为精神奖励是群体成员的高层次需要，是促使群体成员不断发展进步的强大动力，所以，奖励工作中应以精神奖励为主。

（4）惩处与教育相结合，以教育为主。在实际工作中要坚持惩前毖后、治病救人的原则，注重对群体成员的思想政治教育工作。犯了错误的群体成员，要在搞清事实的基础上，通过摆事实、讲道理，进行严肃批评，帮助他们认识改正错误；在对群体成员进行处分时，要根据错误动机、性质、后果，力求恰如其分地确定处分的种类，避免因处分不当而影响惩处的效果；对犯错误的群体成员进行惩处后，不能冷眼相待，不闻不问，应经常关心他们，帮助他们振奋精神，以实际行为改正错误，争取在工作中做出新贡献。

四、法院行为文化建设

法官作为社会正义的守护神，需要具有良好的职业道德和文化品位。因此，加强法院文化建设，必须切实规范法官的司法行为、言谈举止、人际交往等，努力培育法官符合职业道德要求的行为模式，确立法官共同的行为准则。具体而言：一是抓好党建、廉政、思想等文化阵地建设，不断提高法官的思想觉悟和职业道德素质。法官的素质和职业道德水平不仅要靠自律和锤炼，更要靠先进文化的熏陶。法官职业文化可以促进法官建立起有效的自律机制，形成法官职业道德同质化，从而不断提升法官形象，树立司法权威。二是高度重视司法礼仪建设。司法礼仪的真正意义在于它不仅通过庄严、神圣的形式，激发出一种心理冲击，使社会公众对司法产生敬畏和尊崇，而且强化了法官对公正裁判的角色感知，时刻提醒法官规范自己的行为，谨慎履行自己的神圣职责。三是不断加强法院制度文化建设。法院制度文化是法院行为文化的重要组成部分。它通过对法官职业群体的行为设定一定的准则，对司法行为和心理进行合乎目的性要求的调整，从而达到规范司法行为，提升法院形象的目的。各地法院应大力加强制度文化建设，不断规范法官的职业行为，从而促进法官公正司法，增强社会公众对司法的认同感，维护和树立司法权威。

行为文化是指法院群体在审判活动、研究培训、生活娱乐和人际交往中产生的活动文化，包括法院审判及管理工作中长期形成的习俗、礼仪、习惯、成文或虽不成文但已约定俗成的行为准则等。

1. 法院成员行为准则的构建

（1）行为准则的基本要求。法院成员的行为准则的基本要求有如下四个方面。

1）合法性。法院行为准则的每一条款都必须符合国家法律和立法精神。这是行为准则的基本要求，是行为准则存在的前提和基础，是群体成员自觉遵守的强大驱动力。坚持这项要求就是要对行为准则的内容进行认真审核，避免那些看起来很重要但不合常理的要求。

2）一致性。一致性是指法院成员行为准则与法院司法理念保持高度一致并充分反映司法理念，成为司法理念的有机载体；行为准则与法院规章制度充分保持一致，对群体成员行为的具体要求不得与法院规章制度相抵触；行为准则与道德规范的要求相一致；行为准则的各项要求应该和谐一致，不能出现相互矛盾。在这一要求指导下制定的规范性要求容易被群体成员认同和自觉接受，有利于形成法院文化的合力，塑造良好的法官形象。

3）针对性。针对性是指法院成员行为准则的内容要求必须从法院的实际，特别是从法院群体成员的行为实际出发，以便能够对良好的行为产生激励和正强化作用，对不良的行为产生约束和负强化作用，使得实施行为准则的结果能够达到预期的目的。没有针对性的行为准则，即使能够对群体成员产生一定的约束，但由于不符合法院及全体成员的实际，是不会产生好效果的。

4）可循性。行为准则要便于群体成员遵守和对照执行，其规定应力求详细具体。如果不注意坚持这一要求，规范要求中含有空洞的、泛泛的提倡或要求，甚至口号，不仅无法遵照执行，在执行过程中走样，而且也会影响整个行为准则的严肃性，最终导致整个行为准则为一纸空文。

（2）法院成员行为准则的内容。主要有如下四个方面。

1）司法职务方面的准则。一是司法公正，二是司法效率，三是司法廉洁。

2）司法纪律方面的准则。一是考勤纪律。没有严格的考勤纪律或不能严格执行，则必造成法院作风的涣散，损害法院在人民群众中的威信。二是保密纪律。法院群体成员由于工作之便，会接触不少机密，保守这些机密是一项重要纪律。三是工作态度。法院群体成员工作要积极主动，尽职尽责，严谨务实，一丝不苟。四是形象纪律。法院群体成员要自觉维护法院的良好形象。

3）司法礼仪方面的准则。一是仪表仪容。法院群体成员在工作期间要做到遵守着装规定保持每天服装清洁整齐等。二是礼貌用语。法院群体成员应习惯使用礼貌语，对脏话、粗话应禁止使用；三是基本礼节。接待当事人时一定要热情、礼貌、周到，严禁对当事人采取冷淡粗暴的态度。

4）庭审方面的准则。一是庭审语言。庭审中法官的语言要符合现代语法规范，这是当事人能够正确理解的前提。庭审语言以法言法语和常用书面语为主，少用或不用口语和方言。二是公开审判。公开是现代司法活动一项基本要求，是人民群众对司法工作的基本要求，也是确保司法公正的一项重要措施。三是庭审纪律。良好的庭审纪律可以确保审判活动的顺利进行，维护法律的权威和尊严。

2. 职业道德规范的构建

法官职业道德规范是法院群体成员在履行司法职能或从事与法律相关活动时，在法官执业范围内逐渐形成的比较稳定的道德观、道德行为和道德关系的标准。

（1）法官职业道德规范的特征。主要表现在如下五个方面。

1）重大的责任性。法院群体成员代表国家适用和执行法律，只有严格执法，法才能起到应有的作用，因为法院是社会正义的最后一道防线，如果法院群体成员不能把持好这一关口，就会影响到国家法治进程和社会政治、经济的稳定和繁荣。

2）独特的表率性。法官代表国家对社会纠纷作出裁判，是社会正义的守护者。社会对法官及法院的评价，除来源于其裁判的案件是否公正外，法官自身的形象也有重要影响。在社会公众的心目中，法院群体成员的形象应该是神圣而高大的，法院群体成员也只有具备这样的形象，其对纠纷作出的评判才更容易被接受。

3）鲜明的献身性。法院群体成员应当对法律无限忠诚，以法律为事业，守得住清贫，耐得住寂寞，抵得住诱惑，这就需要其具备勇于为法律献身的精神。

4）更大的强制性。一般说来，道德主要是靠社会舆论，靠传统习惯和人们的内心信念起作用，这需要的是自觉遵守。法院群体成员在职业道德遵守上有一定的强制性特点。这是因为法官职业道德的特殊性决定了法院群体成员一旦违反了职业道德，往往不仅仅是个道德问题，同时也是个违纪或违法问题。

5）更强的自律性。道德的基础是人类的精神自律，道德是人内在的自主、自为、自觉、自愿的行为，从本质上讲不是迫于外在力量的作用，其强制性也是以自觉性为前提的。法院的审判工作要求法院群体成员应当把自己的职责内化为个人内心的信念，成为职业责任心，在任何时候、任何地方、任何情况下都能够约束自己的言行。

（2）影响法官职业道德的因素。主要有如下六个方面。

1）历史文化因素。我国的古老的历史文化因素及当代意识形态都影响甚至决定着我国司法职业道德，例如"人情""关系"是中国社会和谐共存的基础之一，也直接影响着法官职业道德标准的形成和确定。

2）国家政治体制结构。国家司法体系在国家政治体制结构中的位置对国家司法的影响重大，这同时也就决定着司法职业道德标准的确立。我国法治建设较晚，司法机构在国家政治体制中地位也越来越高，这种变化为人民法院提高法院职业道德标准、树立司法权威创造大好时机。

3）诉讼模式。不同的司法文化传统集中体现在诉讼模式上，这就有了所谓"当事人主义"与"职权主义"之分，这种区分同时也影响了司法职业道德的内容。随着制度的进步和发展，随着审判方式改革的深化，我国的法官职业道德标准也将受到影响。

4）法院群体的素质。一个国家的法官素质高低，直接影响着司法职业道德标准的高低。对我国而言，与法治发达国家相比，我国法院群体素质还有很大距离，但也应当看到，法院群体的整体素质在近二十年发生了重大变化，这为我国建立高水平的职业道德标准奠定了基础。

5）法官待遇。我国法官的待遇低与司法条件落后是法官职业道德水准不高、独立程度不够、司法廉洁形象不佳的原因。但对一名有责任心的法官来说，应以神圣的使命感和高度的政治觉悟从事这一伟大事业，自觉遵守高标准的职业道德准则。

6）法官职业的形成方式。法官是从社会中产生的一个职业群体，但在不同的国家，法官的产生方式不同，而这种法官职业形成方式上的差别在一定程度上影响着法官职业群体的内涵、水准和内在的价值。我国法官职业形成方式对法官的职业道德要求的特别性相对较弱。

（3）职业道德规范内容的确立。法官职业道德规范的内容丰富而且复杂，并且是不断发展变化的，越来越丰富，涉及的领域越来越宽泛，主要包括以下五个方面。

1）保障司法公正。司法公正是审判工作的生命和灵魂，是每一个法官的神圣职责，也是法治国家的重要标志。基于此，司法公正成为法院群体成员应当遵循的职业道德规范。司法公正要求法院群体成员在处理各类案件过程中，既能运用体现公平原则的实体规范确认和分配具体的权利义务，又能使这种确认和分配的过程与方式体现公平。

2）维护审判独立。审判独立是实现司法公正的前提。审判独立作为一项宪法原则，确认了审判权的专属性和独立性，是依法治国的基石和法院组织制度的基础；作为一项审判活动准则，它确保审判权的公正行使，使审判活动成为公民维护自身权益的最后一道屏障。这就要求法院群体成员要树立审判独立意识，积极支持那些旨在保障审判独立的原则得以实现的制度和改革措施，并以自己的言行承担审判独立的义务，做维护审判独立的表率。

3）提高司法效率。司法效率与司法公正共同构成司法正当性的两个方面。司法效率包括三层含义：一是指迅捷作出公正判决并在需要时予以执行；二是作出的判决和进行的执行活动花费的司法成本合理；三是公正判决的实现率较高。

4）保持清正廉洁。保持清正廉洁，是对法院群体成员道德素质的一项基本要求，这是法院群体成员公正履行司法职责的前提。我国正处于经济体制转型时期，作为社会人的法院群体成员面临诸多诱惑，同时，现行法律机制的不健全，给法院群体成员在审判过程中留下相当的自由裁量权，而这种自由裁量权既可用来伸张正义，也可被用来作为个人谋利的资源，故为维护司法公平，保障社会正义的实现，法院群体成员必须保持清正廉洁的本色。

5）遵守司法礼仪。司法礼仪是司法活动的主体在司法活动中应当遵守的礼节、仪式和其他交流与行为的态度和方式。法院群体成员必须遵循司法礼仪，这是司法活动对其提出的特殊要求：司法礼仪有助于提高法院群体成员的形象及公众对司法机关的公信力；有助于让当事人产生信赖感，有利于解决当事人之间的纠纷。

3. 司法礼仪：行为文化构建的突破口

司法礼仪是可以直接被观察到的司法活动中的行为模式和规范，包括法官的法言法语、法官的衣着打扮、法官以及司法辅助人员在庭审过程中的仪态，以及为了表达对于法律信仰或态度的一些仪式性的做法。仪式本身是一种沟通的手段，传达了一套经时间和多次反复性实践后高度浓缩的有关社会关系的安排和一般性的信息和知识。在法院文化中，司法礼仪或仪式首先构成了一种叙事方式，保留着法院作为一个社会系统自身的历史记忆，如西方法院中的法官都穿法袍，有的国家法官还戴假发，庭审过程中使用法槌，这都是源自其不同的历史。其次，司法礼仪一方面增强了法院审判过程的神圣性，另一方面强化了法官的角色扮演意识。实际上，西方法院审理案件过程所展现出来的很多仪式化的东西，除了传统使然，就是基于对于法律的信仰。这一点可以从伯尔曼的《法律与宗教》中得到印证。"法官袍服、法庭布置、尊敬的辞令等符号应当不仅使法官本人，而且也使审判过程中的所有其他参与者必须摒除个人癖好、个人偏见，以及先入为主的判断。同样，陪审员、律师、当事人和参与审判的所有其他人，也因为开庭仪式，严格的出场顺序、誓言、致辞的形式以及表明场景的其他许多仪式被赋予他们各自的职责。"法庭审理中证人的宣誓仪式、法官进入法庭时全体起立对法官致以敬意等都属于司法礼仪，它们并不是随心所欲或心血来潮的无聊之举，而是代表在法院这个场域中，法官和当事人之间的关系安排，也传达出法院中法官有关公众信息和法庭审理中的常识性知识，向人们展示它们构成了可以直接感知到的法院文化。而法官的穿着打扮，也让穿上法衣的法官从社会角色进入法官角色，行使法官的权力。从总体上讲，司法的剧场化的真正价值在于它们通过距离的阻隔来以法律的态度和方式处理法律的问题。

当然，司法礼仪还包括法官以及法院工作人员对于当事人以及相关人员的尊重和如何使用法言法语。这实际上是一个相互的过程。在法庭这个场域中，法官如何分配法庭中的对话结构，如何让法庭辩论成为交流的空间并达成共识，也受法院文化的决定。假定法庭的话语空间是一个恒定的范围，在这个范围内，如何公平的而不是均等的分配机会，这是公平审判的核心问题。在这样的话语空间当中，旁听者和书记员保持沉默，把有限的空间留给法庭的参与者，法官尽量少说话，把话语空间腾出来；证人只说自己知悉部分的事实，把大量的空间留给了诉辩双方。

对于当代中国法院中的司法礼仪，在基层法院而言，可能会是奢侈品。因为法官田间地头式的调解不需要礼仪，法官角色不断转换（今天是法官，明天是行政部门领导）以及法官无法真正独立决定案件的终局判决（受到审委会、外界力量的影响等）都构成了司法礼仪成为奢侈品的理由。实际上对于基层法院而言，司法的广场化和司法的剧场化之间一直存在矛盾，当然这些问题也可能存在于高级别的法院。问题的关键不在于法官是否穿了法袍，而在于礼仪之下作为支撑的法官的心态和态度。司法礼仪是由庭审法官以及法院工作人员和当事人、案件旁听人共同完成的，具有相互性。当事人可以通过法官以司法礼仪所呈现出来的心态和态度看出自己应当对法律和司法审判活动报以什么样的期许。反过来，这种期许也规制着当事人在法庭审理活动中自己所采取的对策。如果人们看到法院的诉讼活动可以运送正义，就会把纠纷诉诸法院，法院将会很有威望，而人们看到法院很有威望，也就会影响他们对法律的观点。

以一个遭人热议的事情为例，"据报道，1 月 3 日，在某县人民法院的审判庭上，记者看到了不少'怪现象'：女审判员庭审期间穿着一款红色带毛领的羽绒服，并在庭审中打手机；书记员也身着便装，一边抽烟一边听案；更让人意想不到的是，原告正在做陈述时，审判长的手机响了，他掏出手机通话近 1 分钟，原告只能'知趣'地停止陈述。"对此事众说纷纭，本身就意味着公众对这种行为的不满。而涉事人员对此有解释，穿羽绒服和便装是因为审判庭中没有暖气，很冷，打电话是因为法官也是人，也有家长里短各种烦恼之事需要处理。尽管事情的背后有很多的客观因素交织其中，如很多西部法院的法官由于经济上的因素，办案条件差，人员流失状况严重，仅留的法官素质不高。但无论如何，这件事情反映出，在该基层人民法院，法官对于法律的心态起码是不积极的，他们对于当事人并不具有平等的态度，对于自己的职业也没有很深的神圣感和角色认同，这并不是法院自身的形象问题，而是可能引起我国司法权威整体性降低。

由此，应当加强法院行为文化建设，树立良好社会形象。社会公众对法官和法院的印象直接源于对法官行为的认知。因此，建设法院行为文化要注重法官和其他工作人员的仪表、言谈、举止、交往，努力培养符合法官职业要求的行为方式。法官要从服饰穿戴、待人接物等点滴小事做起，使自己的言谈举止体现公正、高效、廉洁、文明的职业特征。要遵守司法礼仪，注重司法文明。在庭审中，规范庭审用语，提高庭审驾驭能力，平等保护当事人诉讼权利，保障审判活动顺利进行。在业外活动中，要严格遵纪守法，遵守社会公德，自觉约束言行，注重个人形象，杜绝任何与法官形象不相称的、可能影响公正履行职责的不良嗜好和言行，避免社会公众对司法公正产生合理怀疑。法院将积极创造条件，规划建设健身房、阅览室等文化设施，倡导法官开展书法、摄影、歌咏、体育等丰富多彩、喜闻乐见的文体活动，丰富干警文体生活、陶冶情操、提高修养。

五、法院物质文化建设

威严庄重、布局合理、沉稳大气的有形物质环境不仅会对法官公正裁判产生无形的积极影响，而且会对社会公众产生无以替代的感知作用。法院通过物质文化建设向公众凸显法院文化底蕴和公正精神，能够有效增强公众对法院司法裁判的认同感和满意度，以此来塑造自身良好的司法形象。具体而言：一是搞好审判法庭建设。审判法庭要做到威严庄重、布局合理、设置完善，外观造型上要体现"沉稳大气"，给当事人和社会公众敬畏和尊崇之感。二是搞好办公场所建设。办公场所要经济实用、庄严庄重，要处处体现出法院的公正、中立、权威的精神风貌。三是搞好司法装备配置。配置司法装备要适应审判工作的特点，不断满足审判工作的发展需要。

法院物质文化又称为法院环境文化，是以有形的实物形态存在的文化，是法院在长期的审判与建设实践中逐步积累的、凝聚着法院精神文化实质的，为了实现法院职责和推行法院规章制度和行为准则而创造的一切物质环境的总和。

1. 法院物质文化的内容

（1）审判场所。审判场所是法院依法审理各类案件和诉讼参与人参与诉讼的场所，它包括立案场所、接访场所和庭审场所。审判场所是法院物质环境的窗口，几乎是每个诉讼程序都经历的区域，诉讼参与人在法院的主要活动被限制在该区域内。审判场所是法院开展审判工作的基本工作条件，是切实贯彻法院公开审判原则、确保司法公正的必然要求，是法院方便人民诉讼、司法为民的必然体现，同时也是适应建设现代化审判机关的必然趋势。

（2）办公场所。法院的办公场所是法院群体成员处理法院各项日常工作事务的场所，它主要包括法院群体成员的办公室以及与法院审判与管理工作相关的会议室、接待室、档案室、图书室等。办公场所是法院物质环境的中心区域，是法院群体成员完成日常审判、管理工作的集中工作区域。法院办公场所是法院得以正常运转的基础，办公场所的环境影响着法院群体成员的生理和心理，并进而影响法院整体工作质量和效率。

（3）生活场所。法院群体成员生活场所是法院群体成员生活、休息和娱乐的场所。它主要包括就餐场所、健身场所、休息场所、住宅等生活和文体娱乐设施。生活场所处在法院物质环境的后勤保障位置，法院群体成员生活、休息和娱乐都集中在该区域。法院群体成员生活场所是法院各项工作的开展和广大法院群体成员生活必不可少的，生活场所的建设和不断改善，可以有效地解除法院群体成员的后顾之忧，使他们以更多的精力投入到法院审判管理工作中，从而提高法院整体工作水平。

（4）司法装备。法院司法装备是指与法院审判与管理工作密切相关的物质设施和装备的总称。它主要包括机械、交通通信、办公设备等设施。法院司法装备是法院开展审判和管理工作必不可少的物质条件，尤其是在科学技术高度发展的今天，发达的交通通信工具以及办公网络设施等在法院审判与管理工作中的运用越来越成为必需，对于提高法院的工作水平也起着至关重要的作用。

（5）执行场所、教育培训场所和法警训练场所。执行场所是法院进行执行工作的场所，教育培训场所是对法院群体成员进行教育培训的场所，法警训练场所是法院司法警察进行日常训练的场所。执行场所是法院执行工作的特定场所，是实现法院裁判、维护司法权威的重要工作区域；教育培训场所和法警训练场所是法院群体进行培训和训练、提高法院群体素质的特定场所，对于法院审判和管理工作亦发挥着重要作用。

2. 法院物质文化管理的含义

法院物质文化管理是指人民法院在推进法院现代化建设过程中，为彰显法院精神文化、实现法院职责和推进法院规章制度和行为准则的实施，从法院的物质环境实际出发，有目的地设计、规划法院的物质环境设施并予以实施的过程。法院物质文化管理在建设现代化审判机关、推进司法改革过程中有着重要意义：

（1）树立司法权威的需要。社会主义法治是一个系统工程，是立法、执法和守法的有机统一。加强法治建设，需要加强立法和执法的软件建设，同时也需要加强法治的硬件建设，为严肃执法提供必要的物质条件。现实生活中存在一些执法不符合程序的问题，如应公开审判没有公开审判，应执行的案件迟迟得不到执行，有相当比例是因为现实客观的执法条件造成的，受到落后的物质装备的制约。特别是在基层法院和一些经济落后地区的法院，连最基本的审判设施也不具备。这些问题的存在，极大地损害了法律的尊严，破坏了司法的权威。

（2）保证法院完成审判工作任务的需要。进行法院物质文化管理，是法院开展审判工作的物质基础和保障。人民法院要充分发挥审判职能作用，实现司法公正，更好地为改革、发展、稳定大局服务，就必须借助于庄严肃穆的审判场所、性能优良的交通工具、传递迅速的网络设施等现代化的工作场所，交通、通信工具，以及其他能够充分体现现代司法理念的基础设施。人民法院要想进一步提高法院群体的政治、业务素质，确保案件的审判质量和效率，就离不开大量的信息资源和较为完善的培训设施。总之，加强人民法院物质装备的管理是由人民法院工作性质、主要职能和司法行为的特点所决定的，进一步加强法院物质装备的管理，有利于保证审判活动的顺利进行，有利于保证人民法院审判工作优质、高效地完成。

（3）提高法院整体管理水平的需要。随着社会主义民主法治建设的加强，人民法院的工作范围不断扩大，审判任务日益繁重，执法要求愈来愈高。与此同时，法院群体队伍逐步壮大，内部分工越来越细，物质装备亦大量增加。基于此，加强和改善法院整体管理，不断提高管理水平，就成为新时期法院工作的关键所在。提高法院的整体管理水平，除了要有科学的管理方法外，更重要的是改善管理的物质条件。近年来，部分有条件的法院适应建设现代化审判机关的要求，加大了法院物质建设的投入，建起了威严肃穆的审判场所、办公场所和性能优良的培训场所，购置了先进的通信设施、数据交换系统、信息交流技术等，管理水平提升到一个相当大的高度，使法院的管理水平上了一个台阶。

（4）推进法院改革发展的需要。随着社会主义市场经济的发展，依法治国进程的加快，人民法院为适应形势的发展，在不断推进改革。这些改革的推进，需要法院物质装备的保障和支持，如推行审判流程管理，就少不了信息处理、案件管理的自动化和技术化，进一步加强办公自动化法院审判管理的网络化管理就成为一个关键；人民法庭和审判庭法院审判活动的基本场所，也是宣扬社会主义法治的主要窗口，逐步成为体现司法正义的象征，继续强化这方面的建设和管理，是人民法院改革促发展的紧迫需要。所以，人民法院在现阶段必须大力推进物质装备的建设和管理，以促进人民法院的改革和创新。

（5）加强法院文化管理水平的需要。法院文化是由法院精神文化、法院制度文化、法院行为文化和法院物质文化组成的一个整体。法院物质文化是法院精神文化的物化形态，一方面，法院精神文化以物质环境作为媒介传达给外界，物质环境以其外在的形式体现法院群体的精神状态并以其特定的实物形态将这种精神状态传达出去；另一方面，物质环境也只有蕴含一定的精神因素才能称为文化，单单的物质设备，对法院的意义是不大的。法院物质文化又是法院制度文化和法院行为文化的载体。一方面，法院职责的实现和法院规章制度及行为准则的执行有赖于一定的物质环境；另一方面，物质环境的建设也应围绕法院的职责、规章制度及行为准则进行。一个法院，仅有很高的精神境界和很健全的规章制度而缺乏相应的物质环境是很不现实的，并且也不能代表法院文化的全貌。

3. 法院物质文化构建的基本要求

（1）体现文化底蕴。法院精神文化是通过物质环境等载体体现出来的，物质环境只有蕴含了精神文化于其中才可以称得上是物质文化。所以，无论是进行审判场所或者是生活场所的建设，还是进行办公场所的改造和司法装备的配置，都要紧紧围绕法院精神文化的内涵，充分体现法院文化的底蕴。

（2）体现人本精神。法院物质建设应当充分体现出以人为本的精神。首先，审判法庭的建设要充分体现方便群体诉讼的原则，接待部门应设置在窗口位置，要有专供当事人行走的通道、休息室，要有供当事人查询的触摸式电子查询系统等。其次，办公场所的建设既要体现规范约束法院群体成员的原则，又要体现为法院群体成员创造舒适、方便的办公条件的原则，因此要求环境优美、整洁舒适。最后，生活场所的建设要体现从优待警，尽力为法院群体成员提供全方位的优质后勤服务。

（3）便于科学管理。法院物质建设要始终围绕提高法院水平，便于法院实现规范化管理进行。比如，为了使法院审判工作的秩序更加规范，就要在进行法院物质建设时，按照功能的不同将审判场所、办公场所、生活场所进行功能分区，并实现适度隔离；为了提高管理的质量和效率，就有必要引进先进的计算机网络管理技术，实现法院内部的局域联网等。

（4）做到统筹规划。法院的物质建设是一个长期的系统的工程，因此，我们在进行法院物质建设时要有发展的眼光，做到整体协调，统筹规划。在时间上要有近期目标和长期规划，做到循序渐进，逐步形成规模；空间上要充分利用现有条件，走改、扩、建三条路，分阶段、有计划、有步骤进行。

（5）坚持经济适用。法院的物质建设要综合考虑当地的经济发展水平、法院工作实际情况等因素，既要满足当前的需要，又要有长远发展眼光；要符合法院审判工作的需要，又不能铺张浪费。总之，应当根据各法院的实际情况，因地制宜，合理确定建设规模和功能。

4. 法院物质文化建设的基本格局

（1）法院物质文化建设的功能区域。人民法院物质建设大致可以分为审判、办公、执行、教育培训和法警训练五个功能区域。显而易见，这五个区域存在交叉，理论上作如此划分的原因，主要是为了使得论述更为集中和清晰。

1）审判区是建设格局的核心设施。审判区的建立，一方面为到法院进行诉讼的群众提供了明确去处，极大地方便了群体诉讼；另一方面，也使公开审判原则得到全面的贯彻和实施，从数量和环境上为公开审判提供了支持。

2）办公区是建设格局中的基础设施。一方面，法院在审理案件过程中，除开庭审理外，还有大量庭前、庭后工作，这些工作需要一个相对安静和保密的工作环境；另一方面，法院作为一个组织机关，日常工作中有大量的内部行政事务需要处理，这也需要一个相对独立的办公环境。

3）执行区、教育培训区和法警训练区是法院建设格局中的特定设施。这三个区的建设受法院自身物质条件的制约，一些法院可能难以达到这种分区的要求。这些区域的建立，有利于法院执行工作、教育培训工作和司法警察工作的顺利进行。

（2）法院物质文化建设的目标和要求。这里主要阐述审判区和办公区的建设目标和要求。

1）审判区的建设目标和要求。审判区的建设目标是体现现代司法公开、司法中立、司法效率等司法理念，维护司法权威，实现司法为民。

审判区的建设要求有以下几点。

一是布局规范。首先，审判区的整体布局要体现规范管理的要求，法官通道、活动区职责要与其他诉讼参与人通道、活动区隔离；其次，在审判庭内部布局上，要做到以审判区为主，并实现审判区与旁听区的隔离；再者，适用于不同类型案件开庭审理的审判庭，应根据案件的性质进行相应的布局。

二是功能齐全。审判区的建设应符合审判工作的需要，首先审判法庭的类型要齐全，应当包括一定数量的大、中、小型审判庭，以容纳不同数量的群众旁听；其次是配套用房齐全，应当配调解室、合议室、不同类型休息室等专用房；配置法警值班室、押解室等法警用房；配置新闻发布中心、监控室等审判管理用房；配置立案大厅、接访大厅等接访用房。

三是外观威严。审判区作为法院审判案件的法定场所，其外观应当充分体现其威严为主要特色；因此在外观设计上，应以"稳"为主，体现力量与威严；在外观装饰上，应选用能体现司法威严的装饰材料，各种材料之间的色调要协调。

四是设施先进。审判区应当安装微机、打印机设备，实现立案庭审的微机化，实现微机局域联网，做到整个审判流程的计算机网络化管理。

2）办公区建设目标和要求。办公区的建设目标是经济实用、美观大方。即办公区的建设以给工作带来方便为主，同时，也要注重营造良好的工作环境。

办公区的建设要求因办公的性质不同而有不同的要求，以日常工作中经常使用的办公室、会议室为例作一说明。

a. 办公室的建设要求。一是要符合法院的实际，以实用为主，不能追求豪华、气派。办公室的装修、陈设、装备应当首先考虑法院的财政状况。二是符合各部门的业务特点。法院内部有许多业务行政部门，不同的部门办公方式有很大的不同，应根据不同部门业务特点，设置不同的办公环境，购置不同的办公设备。三是方便舒适。方便舒适的工作环境能够使人心情舒畅，使工作于其中的法院群体成员产生一种积极向上的工作情绪，有助于提高工作效率。

b. 会议室的建设要求。会议室是法院必不可少的办公配套用房，可分为大、中、小不同类型。其共同的要求，一是布置简单朴素。会议室的主要用途是召开会议，由于使用频率有限，因此，会议室的建设以满足会议使用要求为限，不需要过多装饰。二是配备良好。会议的效果通常借助一些设备，如音响设备，直接关系到会议内容的传达和会议目标的实现，就要求有良好的音响设施。

第二节　法院文化建设工作方法的创新

一、法院文化建设的误区

随着法院文化建设的兴起，近年来全国各地法院掀起了文化建设的热潮，具体形式多种多样。其中部分法院积累了一定的有益经验，取得了一些可喜成绩，有力地促进了法院建设的发展，但在实践中仍然存在着不少误区。

1. 片面论

在有些领导和法官看来，法院的本质工作就是执法办案，案件质量上去了，其他工作自然就搞好了；有的法院通过增强宣传口号的文化气息，将文化建设一带而过；有的法院只注重硬实力投入，而忽视软实力建设，只注意浅层次的、外在的、直观的文化建设，而没有进行深层次、内在的规划和策划，依然停留在组织群众文体活动等表面形式上。片面论的另一种表现就是认为什么问题都可以用法院文化来解决，什么东西都可以说成法院文化，把法院文化当个筐，什么都往里面装，追求立竿见影的表面形式和短期效果。或者把法院文化建设当成一项政治任务看待，没有与文化紧密联系，忽视法院文化的特质内涵，不进行长期扎实的苦心经营和时间积淀。

2. 无关论

有的法院在进行文化建设时，没有把这项工作真正摆到应有的高度去重视，没有号准脉、找对路、下对力，很多法官没有从内心深处了解法院文化的重要性，认为法院文化建设是领导的事，是综合行政部门的事，与自己无关，自己只需要办好案就行。有的人认为法院文化建设是无用的"务虚"的东西，只有"花瓶"的点缀作用而无实际功效。

3. 功利论

实践中有些法院不考虑自身的条件、环境，也不管是否适合自身法院的个性，采取照搬照抄的做法，其硬性嫁接的结果必然导致"怪胎"出现，不伦不类，法院文化的功能不能得以彰显。文化因各地的地理、历史、人文、社会制度的差别而有所不同，有的法院不考虑法院所处的外部环境，提出一些超越外部环境或者与社会发展不相适应的措施，关起门来建设法院文化，自然是欲速则不达。

二、法院文化建设工作方法的创新

1. 法院精神文化建设的创新

法院精神文化是一个由诸多观念要素组成的系统综合体。它以法院共同价值观念为基础，以法院发展目标为导向，从哲学的角度以科学的方法论对法院审判与管理实践加以指导，目的在于大力弘扬群体精神和法官现代司法理念。因此，法院精神文化的构建必须紧紧抓住五大要素，以系统科学理论和辩证观作指导，在理论与实践结合的基础上系统地优化和升华法院文化。在实践中应当着重把握好以下几个问题。

（1）"原则"是统领。法院精神文化建设的基本原则是法院群体的思想行为发展规律，法院群体司法活动发展规律所要求、所决定的，是法院群体精神文化建设实践经验的理论概括和科学总结，是调整法院群体共同意识最基本的出发点和指导原则，是贯穿于诸要素的总纲和精髓。它包括以下几个方面的内容。

1）党的领导原则。作为统御法院群体的主导意识，法院精神文化具有政治性，必须坚持党的领导，以党的路线、方针、政策为依据，体现党的政治路线、思想路线并为之服务。这不仅是正确建设法院精神文化的重要保证，同时，也是社会主义法治理念中对政法工作的必然要求。对此，法院的全体成员不能有丝毫动摇。

2）公正与效率主题原则。公正与效率是 21 世纪人民法院工作的主题，公正是司法的生命与灵魂，是法院精神文化永恒的主题。效率，就是效益，人们的合法权益得不到及时保护，违法行为得不到及时制止，就难以谈得上社会公正。人民法官要把锲而不舍地追求司法公正、提高司法效率，作为最崇高、最光荣的职责和毕生的追求。同时，公正与效率也是现代司法理念的主要内容之一。只有树立起公正与效率的现代司法理念，才能在纷繁复杂的社会关系和法律关系面前，洞若观火，明察秋毫。

3）集体主义原则。这是指法院群体应当共建集体主义文化意识体系和价值参照体系，通过文化理念使群体成员共享集体主义文化规范、价值观念和目标取向，以便进行共同的价值认识、判断和选择，从而增强群体成员对本职工作的自豪感、使命感、认同感和归属感，使其产生强烈的集体意识和强大的凝聚力和向心力。

4）"以人为本"原则。人是法院文化理论和实践的中心和主旋律，在精神文化建设中，要高度关注人的多层次需要，特别是精神上的需求，重视人的价值和自我实现，使法院的每个个体找到在群体中的位置，在本职工作岗位上实现自己的人生价值。

5）司法为民原则。要求法院群体要以"忠诚、为民、公正、廉洁"的政法核心价值观为指导，以最广大人民群众的根本利益作为行为的出发点和归宿点，在法院精神文化范畴中浸渍为人民服务的精神，培养法官群体为人民服务的共同意识，使其自觉地坚持站在人民利益的角度去思考处理问题。

（2）"内化"是关键。在目前人民法院硬件设施和外在条件逐步得到好转的形势下，注重从硬到软、从外在到内在的发展与转化势在必行。所谓法院精神文化的内化是指法院群体成员认识、接受法院精神文化诸观念要素，并以其为内容，在思想观念上确立一种内在的自我控制的行为标准，从而在价值判断、选择、取向等方面与群体采取一致行为的社会化过程。法院精神文化的五大要素内容是法院整体对其成员的期待和要求，即希望成员具有什么样的价值意识，履行什么样的社会角色，成为什么样的人。"内化"就是迫使法院群体成员自觉或不自觉地接受法院精神文化的诸观念要素，在社会化的过程中对这些观念要素采取认同的态度，作为自己内在的、自我控制的行为标准，并在价值判断选择、取向等方面和群体采取一致的行动。法院精神文化建设的内容设计得再完美，若得不到群体成员的认同并达到"内化"的结果，也只是纸上谈兵、空中楼阁，只有得到"内化"，群体成员对法院工作才会产生自豪感和使命感，对法院产生认同感和归属感，从而激发法院群体成员的内在潜能。它是一个个人自我价值被群体价值同化、整合的过程，也是法院新的群体共同意识建构形成的过程。

徒法不足以自行。文化是制度的精神意蕴，它决定着制度的价值取向和实际效果。文化之于制度，就好比灵魂之于肉体。精神文化建设诸观念要素的确立及内化，有助于法院制度的贯彻。它不仅使人们在理智的层面上认同并接受它，而且有助于在情感的层面上尊重并信任它，更在于实践中执行它、维护它。如果我们仔细观察，对于一个行业性群体而言，伦理道德水准的高下主要并不取决于外部的监督和控制，关键在于是否能够建立严格的自律机制。法院精神文化内化的途径是多种多样的，并在实践中不断得以丰富。主要有教育培训、舆论灌输、典型示范、实践锤炼、主题活动、制度规范等。

（3）"创新"是灵魂。与一般的文化生产一样，法院精神文化建设首先是对人类社会司法实践活动的总结、提炼，同时，要力求有所发明、有所发现、有所创造，并不断赋予法院精神文化新的时代特征，从而把法院精神文化推向更高阶段。法院精神文化建设不是简单地重复已有的文化特质，而是不断地将审判管理实践中的经验和智力成果进行再创造、再提升。因此，它是一种创造性的建设，是一种创新活动。

一要在敢于扬弃，在大胆探索的过程中实现创新。创新是对传统在继承基础上的扬弃，要敢于对"权威""书本""经验"持怀疑态度，做到诚信而不迷信，继承而不固守，运用而不拘泥，借鉴而不照搬，让敢于扬弃、勇于创新的观念深入人心，成为法院干警的自觉行动。同时创新也是一个探索的过程，只要有利于法院精神文化建设，明确了目标，找准了方向，就要探索不止、创新不息。

二要在把握重点、破解难点的实践中谋求创新。法院的精神文化建设是一个长期的系统工程，诸观念的"内化"是难点，也是最好的切入点，在解决的过程中可以起到"牵一发而动全身"的效果。难点之所以难，是因为一般的方法难以攻克它，必须采用一些非常规的措施才能有效，这就为我们谋求工作的创新带来了机遇，我们可以在思路、方法、机制等方面寻求新的突破口使工作的创新成为一种常态。

三要在彰显个性与联系实际的结合中寻求创新。首先，要把握好社会主义先进文化的共性与法院精神文化的个性。法院精神文化是社会主义先进文化的组成部分，又具有相对的独立性。要结合审判的特点，不断总结和吸纳社会先进文化的精华，构建符合社会发展和时代主流的法院精神文化。其次，要把握好法院系统的共性文化与地方法院的个性文化。精神文化建设有宏观上的要求和目标，但并不是每一个法院的建设模式都是一样的，基层法院文化的地域性、民俗性、差异性，决定了创新的可能，要结合地域文化和民俗风情，培养出富有地域特色的精神文化。

总之，法院精神文化建设是法院文化建设系统工程中的一个处于核心地位的子系统，我们要以持之以恒的耐力和不断扬弃的魄力，既从中国国情出发，又借鉴西方文明的优秀成果，通过不断的努力，真正使我们的法官成为"法律理念的塑造者，法律传统的守信者，法律秩序的缔造者，社会运行的领航者"，使法官真正做到"德化于自身，德化于本职，德化于社会"。

2. 制度文化建设的创新

管理的方式有强制性和非强制性两种。强制性管理即传统的刚性管理，是以规章制度为中心，凭借制度约束、纪律监督、奖惩规则等手段进行管理，这是 20 世纪通行的泰勒管理模式。柔性管理是相对于刚性管理提出的，它以人为中心，在研究人的心理和行为规律的基础上，采用非强制性的方式，依据共同的价值观和文化、精神氛围进行人格化的管理，在人们的心中产生一种潜在的说服力，从而把组织意志变为个人的自觉行动。柔性管理的最大特点在于它主要不是依靠外力，而是通过说服教育、感情投入、关心体贴、形象影响、激励尊重、心理沟通等，从内心深处激发群体成员内在的潜力、主动性和创造性，使群体成员能够做到心情舒畅、不遗余力地为组织不断开拓新的业绩，成为组织的力量源泉。柔性管理的特征表现为，内在重于外在，心理重于物质，身教重于言教，肯定重于否定，激励重于控制，务实重于务虚。

柔性管理应遵循如下基本原则。

（1）身教重于言教。对法院群体成员进行遵守法院规范的教育有多种形式，如树立典型、学习规范、反例警示，其中运用较多的是言教，而效果最好的是身教。能否使知行一致，促进法院规范得以更好地执行，法院领导的模范带头作用具有巨大而潜在的影响力。

（2）执教重于执纪。执教是从群体成员的心理出发，循循善诱，因势利导。柔性管理通过感情交流、典型示范、分析问题等深入群体成员的内心世界，激励群体成员的精神，约束群体成员的行为，使之自觉主动地遵守法院规范。对于不遵守规范的，不能听之任之，而是要采取先行教育的方式，晓之以理，动之以情，促使其认识到自己的错误。在教育疏导无效的情况下，为了教育大家，鞭策后进，必须执行有关纪律。但执纪容易产生副作用。所以，要以执教为主，深入群体成员进行内心教育，提高群体成员遵守法院规范的积极性、主动性、自觉性。

（3）个体重于群体。法院规范是针对群体而言的，只考虑群体的普遍性，但是在规范每一群体成员的行为时，不能不考虑群体成员的个体性。法院应该承认个体的特殊性，每位成员都有不同的性格、爱好，都有不同的知识、技能和潜力。因此，顺利实现法院规范，应强调个体的特殊性，因人而异，有针对性地做好工作，促使其形成自觉遵守法院规范的意识。

柔性管理的实施方式包括以下几种：一是教育培训。法官的一举一动都代表着形象，关系法院的权威。法院规范必须贯彻到法院群体成员的日常工作中去，方法主要有讨论与座谈、模范报告、示范演练等。二是激励尊重。人人都有自尊心，都需要得到鼓励和赞扬。法院规范的实施过程中，法院规范的执行和贯彻者应多听取群体成员的意见，尊重其想法，让他们发表自己的意见，以明确的方式表示对他们行为的赞许。三是情感沟通。法院规范的执行者和贯彻者应经常深入群体中进行接触、交流，了解管理中存在的问题，征求法院群体成员的意见，并有针对性地制定举措，激发群体成员的工作积极性，消除可能产生的消极情绪。

3. 物质文化建设的创新

随着法院系统外部环境建设的推进，法院的物质环境得到了明显的改善。办公场所达到了规模合理、功能齐全的标准，满足了正常的办公、服务审判、方便管理的需要；司法装备的标准化、现代化使人民法院的执法条件得到改善，这些在相当程度上为法院文化提供了彰显平台，也进一步提升了法院群体的职业形象。但是，法院物质环境建设和管理实践中也出现了一些不和谐的因素，具体表现在：一是总体规划不足。有的法院建设中没有总体规划或规划不足，带有随机性和任意性，缺乏长远打算和具体目标，有时会顾此失彼，难以达到整体效果。或者重复建设，资源利用率不高，或者轻重缓急不分，冲击建设重点，造成各项工作的被动。二是科技含量不够。现代科技的发展对法院的各项工作产生很大的影响。在法院物质环境建设过程中，很容易出现忽视设施中科技含量的倾向，有的法院建起气派的办公、审判大楼，但可能缺乏必要的科技设施，如保密设施、信息网络设施、安全监视设备等；也有的在建设过程中，缺乏对科技发展的合理预见，导致日后工作的被动。三是管理力度不强。某些法院重建设、轻维护，或者缺乏现代管理技术和专门的物质装备管理人才。一方面，不能充分发挥物质设施的技术效能；另一方面，由于管理维护不够，一些可以通过修理升级的技术设施被闲置，造成资源浪费。

在新的形势下，必须站在新的高度，总结经验和不足，确保法院物质文化建设得以持续改进，推进法院文化管理。首先是树立全局意识，加强总体规划。法院在建设时，要确定思路，统筹兼顾，确保重点。既考虑实现法院职能和满足司法需要，又要从法院实际出发，合理配置资源，避免随机建设，加强规划性建设、体系性建设、文化性建设。其次，加强物质设施管理，提高使用效益。确保各项设施能够物尽其用，提高使用率、延长使用寿命；完善相应的管理制度，充分发挥相关管理部门和人员的管理职能，从建章立制着手，从规范化管理上狠抓落实，用规章、制度进行约束；制定相关配套管理措施，包括管理技术人员的引进和持续培训，相关技术信息的接收、引进和采用，力争最大限度地发挥现有物质设施的效能。最后，要加大科技投入，提升管理质量。电子无纸化办公是时代发展的必然趋势，法院运用现代化的手段，大力普及信息技术，优化工作环境，大大提高审判工作质量和效率，既节省了诉讼当事人的诉讼成本，又节省了司法资源。

4. 法院文化建设的现实工作方法

一是法院文化建设必须以组织领导为基础。任何一种文化都不是自发形成并发展的，而是通过一大批有识之士总结、倡导、推广而成。法院文化建设的关键在于领导，领导要身先士卒，身体力行，充分发挥倡导作用、典范作用、推动作用。在法院文化建设，各级法院的领导班子是法院发展的龙头，作用十分关键。领导者首先是倡导者、宣传者。领导者的模范行为是一种无声的号召，对法官干警起着重要的示范作用。因此，在法院文化建设实践中，领导班子要高度重视，统一思想认识，集思广益，科学决策，民主管理，把法院文化建设摆上重要位置和列入重要议事日程，积极宣传法院文化精神，在思想上积极引导大家参与法院文化建设活动，以领导者的高度重视、积极倡导和亲自实践推动法院文化不断地丰富和发展。

二是法院文化建设必须以法治理念带动。法院文化建设的核心是培养法官树立"忠诚、为民、公正、廉洁"的政法干警核心价值观，以推进法官职业化建设、专业化建设为目标，以法为是，以法为上，崇尚法治，严格以社会主义法治理念指导审判工作。法院文化建设既是一个现实推进的过程，更是一个理念更新的过程。只有在先进理念的指导下，法院文化建设才能少走弯路，才能沿着正确的方向前进。

三是法院文化建设必须以人为本全面开展。法院文化建设的主体是人，而法官又是人民法院文化建设的主力军。法院文化建设必须坚持以人为本。法院文化建设的目的是以先进的文化思想教育人、引导人、激励人，因此，法院文化建设应当始终把培养法官良好的思想品质、高尚的道德情操和正确的价值取向作为出发点和落脚点。同时，还要看到，人不仅是文化教育的对象，更是文化建设的主体，只有充分发挥法官群体的主动性、创造性，才能推动法院文化建设。为此，在法院文化建设的实践中，必须始终坚持以人为本，确立法官的主体地位，既重视人的因素在审判实践和法院管理中的决定作用，又充分调动和发挥法官在审判工作和法院建设发展中的主观能动性和创造性，理解、尊重、关心、培养法官，满足他们的物质与精神需求，把实现法院的整体价值和实现法官的个体价值统一起来，始终围绕如何进一步提高法官思想素质和职业能力为中心开展。以社会主义政法核心价值观为指导，既兼顾法院文化建设活动的广泛多元性，以抓精神文化、物质文化、廉政文化建设为主，又兼顾法院其他文化建设活动，努力营造出法院文化建设的大气候，推动和促进法院文化多元化的融合发展。

四是法院文化建设必须以创新机制保持活力。创新是一个民族进步的灵魂，是一个国家兴旺发达的原动力。新时期法院文化的发展方向就是要与时俱进，不断创新。法院文化作为法院精神的支柱，应不断赋予新的含义和丰富的内容，通过不断的创新和改革，让它充分发挥应有的功效，永远充满活力。从这个意义上来说，创新是法院文化建设能否取得更大成就的关键所在。尤其是在法院文化建设工作已见成效的现有起点上，要推动法院文化建设的创新发展和再创造法院文化建设发展的高起点，就必须从法院文化的内容形式、体制机制、传播和传承手段等方面有所创新。当然，创新不是脱离实际的跟风，而是结合自身法院文化建设的工作实际，兼顾法院文化因素和法院自身特点，坚持"有利于法院审判工作、有利于法官素质提高、有利于体现法院良好精神风貌"的"三个有利于"原则，创新机制，规范法院文化建设的管理。

五是法院文化建设必须以推动审判工作为目的。法院审判工作的开展，要有一定的物质装备和审判设施作保障，法院的物质文化建设是法院开展审判工作的物质基础和保障。法院权威的树立，法院管理水平的提高、工作效率的提高、法官群体素质的提高则需要以法院的精神文化和廉政文化建设为基础。法院的文化建设工作的好坏直接影响到法院审判工作的良性开展。从这个角度来说，法院文化建设与审判工作相互联系、密不可分。一方面，法院司法审判活动中所形成的符合时代需求的思想观点、思想方法和思想品德催生了法院文化；另一方面，法院文化的形成又是司法改革实践中探索出来的审判、执行司法实务经验以及法院思想建设、业务建设和队伍建设经验的总结和提炼。

六是法院文化建设必须以调研宣传争取支持。针对人民法院与社会公众的信息严重不对称的状况，在抓法院文化建设的同时，还要从党和国家、社会公众的要求和期望出发，进一步加大法院文化建设调研和新闻宣传工作力度，加强与新闻媒体的沟通和合作，有效实现与社会公众的沟通、交流、联系和互动，使其切实成为法院更新观念、转变作风、树立形象、联系群众、改善执法环境、弘扬司法文明的有效途径。通过开展调研，探索法院文化建设路径，总结法院文化建设先进经验。通过宣传，充分展示人民法院和广大法官在文化建设中的风采。以定期或不定期组织新闻发布会等多种方式，让社会了解法院、理解法官，增进全社会对法院和法官的尊崇感、信赖感，努力为人民法院营造良好的执法环境，在全社会树立崇尚法治、遵守法律、信任审判机关的良好局面。

三、法院文化建设的路径

法院文化建设是一项系统而长久的工程，包括法院精神文化建设、法院物质文化建设、法院制度文化建设、法院行为文化建设、法院学识文化建设几大子系统的建设，需要不懈地坚持与努力。

1. 加强法院精神文化建设，塑造灵魂

法院精神是人文精神与法治精神的有机结合，是法院文化的灵魂，是激发法官事业心和责任感的内在动力。它处于法院文化的最核心层，决定和影响着法院物质文化、行为文化与制度文化等，是法院文化建设的重中之重、难中之难。

（1）提炼法院精神内核。要以"司法为民"为核心，以"公正与效率"为本质，融合社会主义法治理念，深入考察法院的发展历史、所处的地理人文环境、法官群体的思想状况，深入挖掘总结，提炼出符合法院发展、能够凝聚人心、体现现代人文关怀、独具特色的法院文化精神内核。要注意处理好共性与个性、借鉴与创造的关系，既要看到法院文化精神必须包含的法治精神共有元素，对别国或别地区法院的有益经验加以借鉴；也要避免盲目模仿，生搬硬套，必须结合每个地方法院自己所处的地域特色，融入当地的风土人情、人文历史等特有因素进行提炼。这样的法院精神植根于现实土壤，具有良好的人文基础与群众基础，更显厚重，也更富有生命力、感染力与号召力。同时，要采取"院训"等具有感召力和影响力的形式，将法院文化的精神种子播种于法官心间，将法院文化的精髓渗入法官的血液，以此获得法官的内心确认，从而自觉将其作为价值追求和行为准则。

（2）培育法官职业精神。法官职业精神是法院文化精神的根本，培育法官职业精神是塑造法院文化精神的关键。一要增强法官尊崇法治的职业理念。法官应当以法律的价值标准，用法律的思维和逻辑观察、分析和解决矛盾纠纷，法官不信仰法律，不信仰正义，良法也会成为死法。法院文化努力的方向是要培养法官树立法律至上的信念，以法为是，以法为上，崇尚法治，要以推进法官职业化、专业化建设为目标，严格用"忠诚、为民、公正、廉洁"的核心价值观指导审判工作。要通过长期坚持不懈的建设，使我们的法官成为法律理念的塑造者、法律传统的信守者、法律秩序

的缔造者、法律运行的领航者、法律正义的完善者。二要提高法官执法为民的职业意识。法官是人民的法官，法院是人民的法院，法官必须体现执法为民的职业风采，必须把法院的工作扎根于民众的支持和信赖之中，在执法中体现出对当事人应有的人文关怀和人格尊重，体现出法院必要的亲和力和法官应有的人文情感，体现出一心为民的服务意识和公仆作风，体现出爱民、为民的耐心和诚心，具有亲民、护民的爱心和细心。三要提升法官清正廉洁的职业操守。法官既是时流的明镜，又是人伦的典范，手握大权，肩负重任，处于社会矛盾和重大纷争的"风口浪尖"，仅仅知法、懂法远远不够，还必须廉洁自律、正身守道。如果没有良知和忠诚的优秀品质，即使有再丰富的专业知识，也可能成为玩弄法律者的帮凶。所以，法院的精神文化建设必须致力于提高法官清廉为本、守中持平的职业操守，确保法官不为钱所累，不为利所伤，不为色所惑，不为名所困。四要营造法官团结务实的职业氛围。法院是以法官为主体的职业群体，法院必须极力营造法院团结进取、敬业奉献、昂扬向上的工作氛围，引导法官形成兢兢业业、任劳任怨、认真负责、一丝不苟的精神，充分调动法院群体的积极性、创造性，减少摩擦，互相体谅、密切合作，建立良好的人际关系，形成团结和谐的气氛，获得社会更多的关心、理解和支持。

（3）丰富精神培养方式。精神的培养，是一个循序渐进、潜移默化的漫长过程，要联系实际采取多种文化形式把法院精神文化要求贯穿于法官日常工作之中，使之受到教育和启迪。一是抓好普遍教育。采取专题研讨、系统学习、专家讲座、知识竞赛、调查研究等生动活泼的文化形式，对法官进行理论灌输。二是抓好个别教育。采取警示教育、个别批评、限期整改、离岗培训等方式，使思想引导与法纪措施相结合，教育法官遵守道德规范，守住道德防线。三是抓好教育引导。既加强对在岗时段的教育管理，又注重向业余时间延伸，引导法官模范遵守职业道德、社会公德和家庭美德，在单位做个好干警、在社会做个好公民、在家庭做个好成员。通过法官精神的培养，使法官树立正确的世界观、人生观、价值观、权力观、地位观、利益观，增强政治意识、大局意识、宗旨意识、责任意识，认真行使权力，公正高效审判。

2. 加强法院物质文化建设，夯实基础

物质建设是法院的一项基础工程，是法院文化的物质载体，它以外显的形式最直观地体现着法院文化的文化底蕴和独特的价值取向。为此，结合地域特色和法文化内涵，营造符合法院职能特点和现代司法理念的法院物质文化氛围，有利于传播法治文明，展示法院良好形象。

（1）审判法庭建设。审判法庭是向社会公众展示法院精神的主要窗口，是法院审判案件的法定场所。审判法庭建设必须符合审判特性，显示审判特质，要做到功能齐全、规模适中、布局规范、设施先进。在外观设计上要以庄重、威严为主要特色，在造型上应以"稳"为主，体现力量与威严，在外观装饰上应选用能体现庄重、威严的深色装饰材料，色调要协调，使人产生敬畏、尊崇的感情。要通过审判法庭的规范化建设，传播公平、公正、严谨、严肃的理念，唤起公众具有终极意义的充满激情的法律信仰；同时影响法官行为，促进法官行为的规范化，以助于法院职业理想、职业追求、职业理念、职业思维和职业操守的养成。

（2）办公场所建设。办公楼是法院处理各项日常工作事务的场所，是法院工作得以正常运转的基础。良好的办公环境能给人带来美的享受，使人身心愉悦。因此，办公楼建设应规模适宜、经济实用、外观庄重，尽量营造出一个美观大方、令人赏心悦目的工作环境，使干警心情舒畅，精神饱满，在享受中工作，在工作中享受。同时要融合地域文化特色，运用多种形式体现法院建筑与其他大楼的本质区别，如：独角兽的运用，法官专用通道的设立；采用浮雕方式，将中外法制发展进程、法院发展历史进行画面式展示；将"法"字的几十种写法形成一面文化墙；在适当的场所（会议室、走廊）悬挂凸显法院文化内涵的法律格言和名家名句；为曾经对法院作出突出贡献的法官以及法学理论功底深厚、审判经验丰富的资深法官张贴标准照，确立他们在法院中的带头地位，发挥其示范效应和榜样作用；建设法院荣誉室或展览馆，充分展示法院建设的历史和成就、光荣

与梦想，增强法官的荣誉感和责任感。

（3）网络文化建设。以电子计算机、互联网为代表的现代科技日新月异，催生了网络文化。法院网络文化建设自然成为法院顺应时代发展的一项重要物质文化建设内容。要增加法院办公科技含量，加强通信设备、交通设备、网络设备等司法装备建设，利用现代科技，信息化技术，广泛开展富有思想文化特色和积极向上、活跃精神、洗礼心灵的一些文化栏目与网页板块，开设法官论坛、电子书库等建立法院网络文化阵地。

3. 加强法院制度文化建设，创新机制

法院制度文化即法院管理文化，居于法院文化的中层，在法院文化建设中起着上下联系的纽带作用。建设法院管理文化要融入现代管理理念，建立起培养法官群体意识和规范法官道德行为的制度化管理模式。

（1）以"科学、制衡、激励、稳定"为要求，建立有效的管理机制。要善于运用文化形式将在长期实践中创造出来的法院管理制度固定下来，丰富和完善法院管理文化，使其成为公正司法的机制、清正廉洁的机制、激励人才辈出的机制。具体要求是：科学、制衡、激励、稳定。科学，就是要符合司法内在的基本规律，经得起实践的检验，能够确保公正和效率，产生良好的社会效果。制衡，就是要合理配置审判资源，在法院内部形成既分权制约又符合效益原则，确保司法公正的法治管理模式，建立确保防止司法腐败的长效机制。激励，就是要形成一个鼓励先进、鞭策后进、催人奋进的机制，并通过机制的管理，给予每个干警公平的机会，使得每个人的能力都能得到充分发挥。稳定，就意味着不朝令夕改，意味着科学、合理，意味着成熟、完善，稳定的机制有利于建立稳定的秩序，有利于凝聚人心、公平竞争。

（2）坚持以人为本，发挥制度刚性功能的同时注重制度的人性化设计。要在具体工作实践中充分发挥已稳定下来且行之有效的制度化管理文化的功能，使其在执法活动中既发挥硬性的法纪制约作用，又发挥软性的道德制约作用，使两者相互交融、相互促进、相得益彰，促进司法公正高

效。要重视干警个人因素在审判实践和法院管理中的重要作用，做到理解人、尊重人、关心人、培养人，创造各种条件满足干警的物质与精神需求，努力营造崇尚法律、尊崇法官的良好氛围。要建立谈话、谈心制度，及时掌握干警的思想动态，为其解除思想顾虑和减缓工作压力，采取召开家属座谈会、定期家访、节日慰问等形式，帮助干警解决子女上学、家属就业等问题，拉近与干警的距离，从而调动干警的工作积极性和主观能动性，使其安心工作，乐于创业。

4. 加强法院行为文化建设，树立形象

社会民众对法官乃至对法院的印象直接源于对法官行为的认知，建设法院行为文化要注重规范法官的仪表、言谈、举止、交往，努力培养符合法官职业要求的行为方式，以树立法院和法官在人民心中的良好形象。法官要从服饰穿戴、待人接物等点滴小事做起，养成符合职业特点的行为习惯，使自己的言谈举止体现公正、高效、廉洁、文明的职业特征；要坚定政治信念，自觉维护司法公正，提高司法效率；要坚持审判独立，保持司法廉洁；要加强职业修养，培养职业道德，要遵守司法礼仪，注重司法文明。在庭审过程中，法官要规范庭审用语，提高庭审驾驭能力，遵循和维护庭审秩序，平等保护当事人诉讼权利，保障审判活动顺利进行。在日常工作中，法官要使用规范、文明、准确的语言，保持态度谦和，举止得体，乐于助人，不得粗暴对待群众。在业外活动中，法官要严格遵纪守法，遵守社会公德，自觉约束言行，注重个人形象，杜绝任何与法官形象不相称的、可能影响公正履行职责的不良嗜好和行为，避免社会公众对司法公正产生合理怀疑。此外，法院应积极创造条件建设图书室、阅览室等文化设施，定期组织审判沙龙等活动，努力创造宽松、和谐、健康、高雅的文化氛围，适时开展丰富多彩、生动活泼、喜闻乐见的文化活动，丰富法官业余文化生活，陶冶法官情操，提高法官修养。

5. 加强法院学识文化建设，提升底蕴

丰富的法学理论功底和厚实的文化底蕴是人民法院工作的基础。在大

力打造学习型社会、倡导终身学习的今天，牢固树立"终身学习，学无止境"的学习理念，加强教育培训，全面提升素质，对于一些基础差、底子薄的法院显得尤为重要。要以打造"学习型法院"为平台，以培养和造就"学者型""专家型""复合型"职业法官为目标，加强法官的政治思想、法学理论、学历提升教育和业务技能培训。教育培训坚持政治与业务相结合的原则、学用一致原则、讲求实效原则，把培训目标系统化、培训工作经常化、培训内容丰富化、培训过程阶段化、培训形式多样化，使教育培训由"事业型"向"素质型"转变、"勤政型"向"善政型"转变、"感性型"向"理性型"转变、"单一型"向"复合型"转变、"应命型"向"开拓型"转变，营造浓厚的学习氛围，教育法官树立充分尊重司法过程正当性和当事人主体尊严的程序意识，树立公平、效率与效益并重的价值取向，培养全球化的法律意识，努力培养高素质职业化法官群体，为建立法院"人才高地"奠定坚实的基础。

法院文化建设是一项基础性工作，也是一个庞大复杂的系统工程，必须长远规划、统筹安排、积极稳妥推进，必须坚持与时俱进、开拓创新，必须有全体法官及法院工作者的积极参与。唯有如此，法院文化建设之花才能绽吐芬芳，在审判工作和法院队伍建设中发挥重要作用。

参 考 文 献

[1] 欧阳康. 哲学研究方法论 [M]. 武汉：武汉大学出版社，1998.

[2]［英］马克·布劳；石士均译. 经济学方法论 [M]. 北京：商务印书馆，1992.

[3] 杨仁寿. 法学方法论 [M]. 北京：中国政法大学出版社，1999.

[4]［德］马克斯·韦伯；杨富斌译. 社会科学方法论 [M]. 北京：华夏出版社，1999.

[5] 舒国滢，王夏昊，梁迎修. 法学方法论问题研究 [M]. 北京：中国政法大学出版社，2007.

[6] 最高人民法院办公厅. 大法官论审判管理 [M]. 北京：法律出版社，2011.

[7] 谭世贵. 法院管理模式研究 [M]. 北京：法律出版社，2010.

[8] 沈志先. 法院管理 [M]. 北京：法律出版社，2013.

[9] 苏永钦. 司法改革的再改革 [M]. 台北：台湾月旦出版社，1998.

[10]［美］马丁·夏皮罗；张生等译. 法院：比较法和政治学上的分析 [M]. 北京：中国政法大学出版社，2005.

[11]［英］罗杰·科特威尔；潘大松等译. 法律社会学导论 [M]. 北京：华夏出版社，1989.

[12]［法］孟德斯鸠；张雁深译. 论法的精神 [M]. 北京：商务印书馆，1982.

[13] 韩德明. 侦查原理论 [M]. 北京：中国人民公安大学出版社，2005.

[14]［美］欧文·费斯；师帅译. 如法所能 [M]. 北京：中国政法大学出版社，2008.

[15]［美］达尔；李柏光，林猛译. 论民主 [M]. 北京：商务印书

馆，1999.

[16]［美］诺内特，塞尔兹尼克；张志铭译．转变中的法律与社会：迈向回应型法［M］．北京：中国政法大学出版社，2001.

[17] 王洪波，宋国梁．风险预警机制［M］．北京：经济管理出版社，2002.

[18] 马克斯·H. 巴泽曼，迈克尔·D. 沃特金斯；胡平，张磊译．未雨绸缪——可预见的危机及其预防［M］．北京：商务印书馆，2007.

[19] 李玉杰．审判管理学［M］．北京：法律出版社，2003.

[20] 黄金龙．关于人民法院执行工作若干问题的规定：实用解析［M］．北京：中国法制出版社，2000.

[21] 霍力民．强制执行的现代理念［M］．北京：人民法院出版社，2005.

[22] 沈德咏，张根大．中国强制执行制度改革理论研究与实践总结［M］．北京：法律出版社，2003.

[23] 胡志超．执行威慑机制研究［M］．北京：人民法院出版社，2008.

[24] 王少南主编．法院执行实用管理学［M］．北京：人民法院出版社，2009.

[25] 最高人民法院执行局编．法院执行理论与实务讲座［M］．北京：国家行政学院出版社，2010.

[26] 严军兴，管晓峰主编．中外民事强制执行制度比较研究［M］．北京：人民出版社，2006.

[27] 沈志先主编．法院文化［M］．北京：法律出版社，2012.

[28] 全国法院审判管理经验推介［J］．审判周刊，2012 (7).

[29] 倪寿明．把握法院文化建设的三个逻辑环节［J］．人民司法，2012 (13).

[30] 孙辙，朱千里．积极主动或谦抑克制："审判管理权"的正确定位与行使［J］．法律适用，2011 (4).

[31] 胡夏冰. 审判管理制度改革: 回顾与展望 [J]. 法律适用, 2008 (10).

[32] 顾培东. 公众判意的法理解析 [J]. 中国法学, 2008 (4).

[33] 吴啟铮. 网络时代的舆论与司法 [J]. 环球法律评论, 2011 (2).

[34] 胡铭. 转型社会刑事司法中的媒体要素 [J]. 政法论坛, 2011 (1).

[35] 龙宗智. 论建立以一审庭审为中心的事实认定机制 [J]. 中国法学, 2010 (2).

[36] 朱苏力. 审判管理与社会管理——法院如何有效回应"案多人少" [J]. 中国法学, 2010 (6).

[37] 邱美荣. "危机管理与应急机制"国际学术研讨会综述 [J]. 国外社会科学, 2006 (6).

[38] 李浩. 司法统计的精细化与审判管理——以民事案件平均审理期间为对象的考察 [J]. 法律适用, 2010 (12).

后 记

在这个春意盎然的季节里，这本书画上了句号，而我对于法院工作方法论这个命题的思考却只是一个逗号，我的又一次心路历程则刚刚开始。

对于所从事的事业勤于思考，是一种工作态度，甚至可以说是一种思想境界和道德风范。亦如霍姆斯所说："生活既已将我卷入到法学之中，我就应当全力以赴，尽我力之所及，一丝不苟地来展现这一行业的美好前景，以表明它是举世之间至高无上的事业"。这种境界虽不能至，但我心向往之。多年的法院工作使我经常在有意无意之间会去思考一些影响法院工作的根本性的问题。在理念、制度和方法之外，我提出并试图通过探讨法院工作方法论的有关问题，来探寻解答提升法院管理水平、有效促进司法公正和效率等难题的根本因素和路径。

卡多佐说："方法论提供了钥匙，却无法使我们亦如反掌地发现和揭开秘密。它给我们的，与其说是一把钥匙，不如说是一条线索，如果我们想汲取它的精华，必须自己逐步建立和发展它"。如此，我在本书中对法院工作方法论进行的探讨，并非是要提供一种解决法院管理工作问题的万能钥匙，而是提供一种思考和解决的角度和方向。虽然我是尽力朝着这个方向努力，但还是有心有余而力不足之感。

在这本书付梓之际，我的心绪久久不能平静。首先，我要感谢我的导师夏从亚教授，在我攻读博士学位期间，对我的学习以及工作、生活给予了悉心的指导和关怀。本书从研究方向的选定、写作过程的指导到最终的出版，夏老师都付出了大量的心血和劳动。

本书的完成，同样离不开原中国石油大学（华东）人文社科学院李娜、李凤霞、董岩等老师给予的无私帮助，在这里我也向他们表示我诚挚的谢意。

本书在写作过程中还参考了国内外诸多学者的研究成果，在此一并致谢！

本书完成之际，我并没有如释重负的感觉，反而有种如履薄冰之感。一方面我深知本书尚存诸多不足之处，甚至是逻辑上的漏洞；另一方面更是因为我通过法院工作方法论的研究，更感法院工作的任重而道远。但是，既然选择了远方，便只顾风雨兼程，我会一直为此付出我的努力。

二〇一四年三月二十日